……的饗宴

和食的饗宴

徐靜波 著

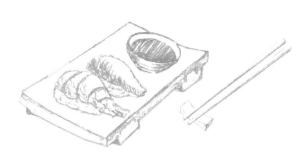

中和出版
OPEN PAGE
中

目錄

料理篇

茶 酒 篇

料理篇

江戶時代完成了日本的傳統料理
—— 前近代日本飲食史簡述

緋紅的晚霞漸漸褪去了燦爛的光色，暮色遊遊蕩蕩地降臨了下來。澀谷 109 大廈的周邊，各色櫥窗和店招，射出了或淺紫、或明黃、或湛藍的柔和的光彩。「Royal Host」，「燒肉居酒屋韓の台所」，「串燒專門佐五右衛門」，「美食廚房白木屋」，「豚骨專門店ラーメン七志」，雖然並無濃烈的肉香飄蕩在街頭，卻在在都讓人感受到了日本飲食的魅力。

2013 年 12 月 4 日，在阿塞拜疆首都巴庫舉行的聯合國科教文組織非物質文化遺產政府間委員會第八屆會議上，經過 24 國委員的審議，日本的和食入選需要保護的世界非物質文化遺產。這是迄今為止一個國家或民族的飲食首次被整體列入在世界遺產的名錄中，使得原本就已經風靡人半個地球的日本飲食獲得了更高的世界性的認可。2015 年 5 月在意大利米蘭開幕的世博會上，日本就主推飲食文化，借世博會的平台，向全世界展示日本飲食文化的魅力。

日本官方提交的申請報告中，強調了傳統的日本飲食獨有的四

個特性。其一是「多元的新鮮的食材以及對其原有滋味的尊重」；其二是「講究營養平衡的健康飲食生活」；其三是「表現了自然的秀美和季節的變換」；其四是「與年節活動具有密切的關係」。其實對於日本飲食史有一些知識的人，大致可以看出來，就傳統的日本飲食而言，除第三和第四兩個特點比較符合事實本身之外，第一和第二兩個特點都未必準確。自 8 世紀起至 19 世紀中葉，日本基本上是禁絕肉食的，因此食材多元的說法未必能成立。食材倘若比較單一，也就難以達到「營養平衡」。然而，反觀今天的日本飲食，在這四個方面都可謂是出類拔萃的。

我這裡用了「傳統的日本飲食」和「今天的日本飲食」這樣的表述，確實，這是兩個不同的概念，雖然都具有鮮明的日本特色，其實它的內涵和外延都發生了很大的變化。把今天日本人餐桌上的食物展示在傳統飲食最後形成的江戶日本人面前的話，兩百年前的人一定會大驚失色：這難道是日本料理？

這裡我們稍微俯瞰一下日本飲食的歷史。事實上，近代以前的日本，其國土和民眾基本上只限於本州、四國和九州這三個大島及周邊的一些島嶼，一般並不包含今天的北海道和沖繩。

就像絕大部分領域的日本文化一樣，日本飲食文化在它發生的一開始，就與東亞大陸，準確地說是中國大陸和朝鮮半島產生了非常密切的關聯。大約在公元前三四百年之前，原本與東亞大陸相連、後來因海平面的下降而漸漸形成的日本列島上，已經經歷了大約將

近一萬年的繩文時代，在這一時期，島上的居民主要依靠採集、狩獵和捕撈的方式來獲得食物。大約在中國的戰國後期和秦始皇統一中華的時候，九州的福岡附近突然出現了稻作或者說是農耕文明，青銅器和鐵器也陸續出現。後來的考古學和歷史學研究證明，農耕文明和金屬文明在日本列島上都不是原發性的，而是自東亞大陸傳來的。公元前 4~ 前 3 世紀前後自東亞大陸傳來的農耕文明，對日本列島的文明進程和文化發展所產生的影響是革命性的。伴隨着農耕文明的傳來，中國大陸和朝鮮半島上的一些居民開始移居至列島。

為何在這一時期有數量不少的移民過來，史書上有些語焉不詳的記載，史學家也有過一些比較合理的推測。公元前三世紀，徐福率三千童男童女出海東行，尋訪蓬萊仙島，找尋長生不老之藥是一例。不過徐福一行是否抵達日本列島，雖有種種傳說和記載，卻並沒有可靠的考古證據。春秋時的吳越一帶，也常有海民為避戰亂而出海冒險，恐怕會有一些人幸運地登上了列島。而可能性更大的，是來自朝鮮半島的移民。公元前一千年左右，中原地區的青銅器已經傳入半島，黍子、高粱、粟等逐漸開始種植，而後自中國江南一帶傳來的稻米耕作也在半島南部的平原地帶傳開。春秋和戰國時期，一部分人為避戰亂而向東遷徙至半島，衛滿朝鮮的建立就是漢人的勢力在半島擴張的一個實例。後來漢武帝消滅了衛滿朝鮮，在半島的北部設置了樂浪等四郡，大陸的文明進一步傳來。這一時期，來自大陸的漢人和半島上的原住民又陸續向南，渡海來到了日本列

島。於是，自前4~前3世紀開始，先是在九州的北部，以後陸續擴展到東部，出現了青銅器和鐵器的金屬文明和作物種植的農耕文明。現在的日本學者，比較認同從朝鮮半島的南部和中國的東部沿海傳入的可能性。日本的考古學權威之一的寺澤薰在所著的《王權誕生》中指出：「探究日本水稻種植的來源，可以一直追溯到長江中下游流域，這一點看來不會有錯。」經過數百年的傳播，水稻種植漸漸擴展到了四國和本州的大部分地區。與水田作物同時發展起來的還有旱田作物，比如稗、粟、陸稻、麥、豆類、桃、瓜果、紫蘇等。

一般普及類的日本飲食書籍大多強調自公元三百年前後的彌生時代晚期開始，列島上的居民就開始形成了「稻米加魚類」這一日本人最基本的食物特徵。對此我想說明兩點。

第一是「稻米加魚類」也不能說是日本獨有的飲食形態，在稻米傳入日本列島或是更早的時候，至少在中國的長江中下游一帶（古時稱之為「楚越之地」），早已形成了「飯稻羹魚」這一基本形態，兩千多年前司馬遷在《史記·貨殖列傳》中記述說：「楚越之地，地廣人稀，飯稻羹魚」。稍後的班固在《漢書·地理志》中也說：「楚有江漢川澤山林之饒，……民食魚稻，以漁獵山伐為業。」不過，這裡說的魚，多為江河湖泊中的捕獲物，這與日本有較大的不同。但是從整體上來看，長江中下游地區與日本的大部分地區緯度相近，氣候相似，物產多有相同處，因此，日本文化與中國長江中下游流域有一定的近似性。

第二是水田開發的成本和自然條件要比旱田高不少，且早期的水稻產量比今天要低很多，一般的民眾還難以奢侈到以白米飯為主食，即便到了近代情形有所好轉，一般人依然難以達到三餐皆有米飯的狀態。據 1919 年日本政府內務省衛生局保健衛生調查室對全國各地的調查統計和學者的調查，城市居民的日常主食中大米佔到了約 70%，周邊居民為 60% 左右，而農村地區只有 40% 左右甚至更低。後者除了新年、重大的節日之外，純粹的白米飯是難以享用的，日常主要是各種穀物的混雜食物。他們所收穫的稻米相當大的一部分被強制作為租稅繳納給了地主和各級政權。全體日本人真正能夠盡情享用白米飯，一般認為是到了經濟高速增長的 1960 年代。

　　由於稻米具有單位產量高、吃口好、熱量高、種植區域廣、儲藏和搬運比較方便等諸多優越性，對稻米的喜好和崇拜的思想便逐漸在列島的居民中浸潤和滲透。成書於 712 年的日本最早的典籍《古事記》中記載了與稻作相關的神話，而宮廷所舉行的大殿祭的祝詞中則將日本稱為「豐葦原之瑞穗國」，這裡的瑞穗，主要是指稻穗。在這樣的思想影響下，有關稻米栽植和收穫的祭祀活動也在各地蓬勃興起，從至今依然留存着祈年、新嘗、神嘗等國家級以及各地區形式規模不同的祭祀活動中，可以看出自古以來日本人對稻作的敬畏、崇拜和感恩的心態。有時日本人甚至將自己與稻米之間的關係作了誇大性的描述，在對稻米進行神化的同時，對食用稻米的日本人自己也進行了某種程度的神化，這一傾向在昭和前期

（1926~45）尤為明顯，「稻米加魚類」的概念滲透至一般日本國民的心靈中。

在說到「稻米加魚類」這一日本人的基本食物特徵時，這裡還想糾正一個常識性的誤解。日本儘管盛產魚類，但是在近代以前，由於捕撈技術的落後，運輸和倉儲業的不發達，再加之現代冷藏業尚未誕生，能夠吃到鮮魚，尤其是新鮮海魚的人口是很有限的，海魚大多被加工成了魚乾或醃製品，而淡水魚類實際上佔了近代以前日本人食用魚中不小的比重。除了部分湖泊外，日本的河流大多為湍急的溪流，因此淡水魚的品種與中國有很大的差異。生長於湖泊或河口的鯉魚自古以來一直被推為淡水魚的上品；溪流中的香魚在夏間最為肥碩，捕獲後抹上鹽直接燒烤，是古今日本人憧憬的美味；而日本人對河鰻的喜好，在世界上大概也是名列前茅的。

經過了幾個世紀部落國家紛爭的時代之後，7 世紀初，以奈良地區為中心的大和政權大致掌控了列島的大部分區域，遣隋使和遣唐使帶來了東亞大唐帝國的先進文明，673 年即位的天武天皇是日本真正擁有天皇稱謂的元首，此後日本國名誕生，列島上大一統的中央朝廷登上了歷史舞台。710 年前後仿照大唐的都城建成了平城京，也就是奈良，日本歷史上第一次出現了規模宏大的京城（此前曾有藤原京等宮廷），史稱奈良時代。794 年前後，又營造了在格局上與長安幾乎相同的條坊制的平安京，也就是後來的京都，史稱平安時代。這兩座京城的登場，孕育出了王公貴族階級以及典雅精緻又

有些病態的宮廷生活，日本歷史上將這些宮廷貴族稱之為「公家」，與後來問世的武士階級的「武家」相對應。「公家」的飲食生活，因遣唐使的傳播，受到唐代中國的影響不小，被稱為八種唐菓子的梅枝、桃枝、餲餬、桂心、黏臍、饆饠、鎚子、歡喜團即是在此前後傳到了日本（雖然這八種唐菓子已在中國本土和日本漸趨消失）。有一個時期，宮廷中曾時興過牛乳和乳製品的食用，這也是唐朝帶來的飲食時尚。

　　說到這一時期日本飲食史上最重要的現象，就是肉食禁令的頒佈。曾一度出家到吉野做僧人的天武天皇登基以後，在全國廣播佛教。有感於佛教的五戒中首戒的不殺生，在 675 年下令全國禁止肉食：「詔諸國曰，自今以後，……莫食牛馬犬猿雞之肉。以外不在禁例。若有違者罪之（原文為漢文）。」詔書中禁止食用的牛、馬、犬、猿、雞，都是與人非常親近的類似家畜（除了猿）的動物，而其他則不在禁食之列，換言之，在山林中捕獲的野生動物似乎並不在禁止的行列，而且河海湖泊中捕撈的水產品，也不視作有生命之物。奈良時代的聖武天皇更是深深地皈依佛教，他在 737 年下令禁止屠殺禽獸，似乎效果並不太顯著，於是在 743 年正月再下詔書，規定自該月的 14 日開始 77 日內禁止殺生並嚴禁一切肉食。大皇的權威似乎還不足以「威震天下」，之後在 745 年 9 月再次發佈詔書，規定在三年內禁止天下捕殺一切禽獸。在奈良時代中後期即位的孝謙天皇是一位女性，也信佛，主張禁止殺生，在她的任內也曾下詔禁止殺

生和肉食。自 7 世紀後半期至 8 世紀中後期，幾乎歷代天皇都一再下令禁止肉食，雖然開始時民眾並不願遵守，因此才有了禁令屢屢下達的記載，但經過了信佛的歷代天皇一再努力後，至少在王宮貴族的飲食中，四腳的哺乳動物基本絕跡，偶爾會有少量的飛禽。當然，京畿之外，尤其是居住在山林地帶的民眾，未必都嚴格遵守皇家的禁令，時時還會在山林中獵捕野豬和山鹿等野生動物，在民間偷偷地食用，作為滋補身體的藥膳。但耕牛肯定是在被禁止列，而且家畜的飼養也一直沒有發展起來，自奈良以後一直到近代以前，肉食原則上在日本人的飲食中消失了。指出這一點非常重要，它決定了傳統日本飲食的基本性格，這一點與世界上絕大多數的民族不同。也正是這一原因，此後中國大陸和朝鮮半島的飲食文化雖然依舊對日本產生着一定的影響，但由於肉食的禁止，也就極大地削弱了這一影響的廣度和深度。在此前提下，逐漸形成了具有日本地理和歷史特點的、具有鮮明日本風格的飲食文化。

當然，其時的琉球並不在日本的管轄之下，14 世紀末最後統一的琉球王國，受中國大陸和東南亞文化的影響頗大，對於肉食毫無禁忌，歷代王朝的紀年，也一直沿用明清的年號，受中國朝廷的冊封，類似於中國紅燒肉的豬肉「角煮」，一直是琉球地區的名物。如今，日本本土雖早已進入了肉食時代，但豬內臟或者豬頭仍被排除在食物之外，而琉球人則視為美食，以此而言，琉球文化與中國大陸文化的血緣更為密切。

12 世紀下半葉以後，中央朝廷日漸式微，群雄並起，日本出現了鎌倉和室町這兩個由幕府將軍實際主政的幕府時代。鎌倉幕府的執政者都是來自於沙場的武士，日常生活剛健質樸而相對粗陋，飲食生活乏善可陳。室町幕府則是建在京都的北側，朝夕與宮廷苑囿為鄰，難免受到「公家」文化的薰染，飲食生活也漸趨程式化，初步形成了傳統日本料理的格局，其標誌之一是「本膳料理」的出現。

室町時代的上層武士常常在自己的宅邸中招待主君。整個的宴飲由酒禮、饗膳、酒宴三部分組成。本膳料理指的是其中的「饗膳」部分。此處的「膳」，在日語中解釋為盛放飯菜的食盤或食案，相當於中國的「案」，最初也是從中國傳過去的。初唐時的顏師古在《急就章注》中解釋説：「無足曰盤，有足曰案，所以陳舉食也。」《後漢書・梁鴻傳》中説：「妻為具食，不敢於鴻前仰視，舉案齊眉。」這裡的案，顯然是食案。室町時代的膳大多是一種有腳的方形或長方形漆器食案，腳有貓足或蝶足等式樣，至江戶時代末期逐漸改為無足的食盤，一直延續至今日。本膳料理的程式有些複雜，且在江戶時期已遭人廢棄，對今天我們所説的傳統日本飲食，影響甚微，在此不述。

我們（包括日本人）今天所認為的傳統的日本飲食，其實最後完成於大約三百年前的江戶時代中期。當然，仍然處於肉食禁止的時代。大家今天耳熟能詳的刺身、壽司、天麩羅、烤河鰻、烏冬麵、蕎麥麵，也是在江戶時代才呈現出今天的姿態。其主要原因，大概

有如下幾點。

第一點是政局相對穩定，社會比較安定，未發生過大規模的戰爭，一直到近代的大幕開啟之前，可以說既無內亂也無外患，差不多是日本歷史上最為安定的一個時期。奪取了政權的德川家族，為了有效地維持統治，將全國分為若干個藩，德川幕府為了控制這些大名，於 1634 年要求各大名將自己的妻兒移居到江戶作為人質，於是江戶城內出現了眾多的常住群體，這在相當的程度上造成了江戶城市的繁榮，最終都促進了日本飲食業的發展。

第二點是當局實行了日本歷史上從未有過的長達 220 年左右的鎖國政策。16 世紀的下半期，來自葡萄牙、西班牙和荷蘭的傳教士和商人紛紛登陸日本，南蠻貿易也使得大量海外的商品流入日本市場，一時引起了日本社會的變動，尤其是基督教的傳播和蔓延使得新興的德川幕府感到了威脅。為了防止並最終消除這一威脅，1635年幕府廢除了一切海外貿易，禁止所有的船隻離開日本，同時也禁止所有在海外的日本人回國，當然，外國的商船就更不允許進港了。除了長崎一隅可與中國和荷蘭兩國進行有限的通商和斷斷續續的朝鮮通信之外，德川幕府幾乎斷絕了與列島之外的所有聯繫，除個別現象（如來自中國的明末清初的朱舜水、隱元和尚）之外，法律上既禁止任何日本人去海外，也不允許任何外國人在日本列島登陸，這在列島的歷史上也是絕無僅有的。在這樣的環境之下，日本人得以充分地消化咀嚼已有的傳統文化和已經吸納的外來文化，在兩百多

年的江戶時代創造出了燦爛成熟的具有江戶特色的日本文化，並最終完成了日本傳統的飲食文化。

第三點是政治、經濟和文化中心的東移。在 17 世紀之前，日本的中心地區幾乎一直在西部，彌生時代的中心在九州北部，到大和政權時轉移到了奈良一帶，以後京都周圍始終是政治經濟和文化的中心。歷史上雖曾有過鎌倉時代，但一直未能形成大的氣勢，不久政治文化中心又移往京都一帶，因此，總體來說，整個列島的中心一直在西部日本。江戶幕府剛剛建立的時候，這一情形依然繼續了幾十年，期間大阪作為一個港口和商業都市，在曾經十分繁榮的「堺」的基礎上，不斷興盛和發展，在商業和町人文化方面超越了京都，人口達到了 35 萬。但江戶幕府 260 多年的統治改變了這一局面。在德川家族的經營下，江戶從一個偏遠的小邑，雖然經歷了多次毀滅性的火災，但在 18 世紀末已經發展成為人口將近 150 萬的大城市，產生了較之大阪更為繁盛的市民文化，日語稱之為庶民文化或町人文化。與此同時，京都一帶雖然仍保持着相當的文化魅力（日文稱之為「上方文化」），但 17 世紀以後的日本文化絢爛成熟的呈現，其中心舞台畢竟東移到了以江戶為中心的東部日本，這是毋庸置疑的事實。因此，相對於傳統的具有貴族色彩或武士精神的前代文化，江戶文化更具有庶民的內涵。這在飲食文化中表現得尤其明顯。很多日本式的傳統食物，最初都是街頭食攤上的小吃，以後逐漸登入大雅之堂，經改造和修飾後，成了高級料亭「獻立」（食單）

中的招牌菜。

由於長達 260 餘年的政局穩定和社會安寧，再加之幾乎與外界隔絕的孤島狀態，已經在近兩千年的歷史積澱中逐漸形成的具有列島特色的日本文化，在江戶時代便漸漸地蘊積、醞釀、催發、生長出諸多成熟的形態和樣式，獲得了空前的發展，以至於現今人們所熟識的日本傳統文化，大部分竟是在江戶時代才正式定型、正式登場、正式展現出身姿的。此外，建築上書院式樣的最終形成和成熟，陶瓷業的發展和興盛，醬油的出現和普及，也都與飲食文化的發展足跡密切相關。

飲食業，尤其是飲食產業的興起，與城市商業或者消費階級的存在是密切相關的。說起來，日本的商業，尤其是城市商業的興盛，真的是非常晚近的事。從 7 世紀末的藤原京到 8 世紀的平城京（奈良）和以後的平安京（京都），日本也是有過像樣的都城的。但這些城市的格局基本上沒有脫離過中國唐代都城長安的範式，基本上都是棋盤式的格局，大致獨立隔絕的街坊形式是其基本特點，甚至比長安更倒退。奈良和京都雖然設有東市和西市，但規模其實很小，行市的時間也很短，交易的內容相對貧乏，而且那時尚未形成充分的貨幣經濟，從城市商業的基本特徵來看，是很不充分的。更重要的一點是，城市的功能完全是以宮廷為中心的，居住在城市中的基本上都是王公貴族、政府官吏和和各類僕役，幾乎沒有真正的城市居民，因此也就無所謂市民階級。這一情形，在鎌倉時代和室町時

代也沒有根本性的改變。

中國《清明上河圖》中的情景，日本要遲至六百多年以後的江戶時代才出現。首先是江戶作為一個大城市的成長和崛起。1603年德川家康將幕府正式設置在江戶時，江戶還只是一個在歷史上名不見經傳的普通「城下町」（以日本式城樓為中心形成的城鎮），此後因為幕府當局實行了「參勤交代」制度以及要求各大名妻兒長住江戶以作人質，開始了「天下普請」的大建設。幕府要求各地大名派出勞力參與江戶的擴建，削平山頭，填埋窪地，架橋造屋，大興土木，到了1633年的時候，新的城市已經輪廓初現，漸成規模，到了18世紀前期時，江戶已是一個擁有100萬人口的大城市了，而這龐大的人口中，町人階層無疑是最具活力的一個階層（無論是在經濟上還是文化上）。町人一般指居住在城市中的工商業者（其中不乏腰纏萬貫的豪商），同時也應該包含在江戶從事城市建設的工匠和從事各種城市經濟活動的手工業者階層，或許可以稱之為近代以前的市民階級。以江戶為中心的城市飲食業的興起和發展，乃至於日本傳統料理的最終形成，都與這一階層具有極為密切的關係。

由於整個社會的相對安定，在江戶迅速成長的前期，作為傳統都市的京都以及在室町時代後期已經逐漸崛起的大阪也在城市工商業上獲得了相當的發展。大阪的興盛得益於它的地理位置。海運、河運以及廣大的腹地，使得它成了一個貨物的集散中心，尤其是江戶成了全國的中心以後，西部的許多物品往往經過大阪運往東部，

於是，商業也隨之繁榮起來，人口達到了 30~40 萬，其中不乏一擲千金的富商。京都在一般人的印象中是一個傳統文化積澱比較深厚的都市，這自然是不錯的，但是京都實際上從江戶時代初期開始也出現了一定程度的轉型，商業，尤其是以吳服（日本傳統服飾）業為中心的紡織、印染業等手工業躍居全國首位，在江戶時代中期，人口也達到了 40~50 萬。當時京都、大阪與江戶並列，被人們稱之為三大都市。

當城市中出現了大量消費性的市民以後，各種蔬果市場和魚鮮市場也就應運而生，城市中的物流體系統漸漸形成。另外，由於社會相對安定，人們可以自由旅行，去各地參拜著名的寺院和神社，加之「參勤交代」制度的實行，「五街道」沿途驛站旅舍的落成，帶來了人們對於餐飲業的需求。日本最早出現的餐飲業，就是起源於寺院和神社門前的各種食攤，隨後傳播到京都、大阪等城市，最後在江戶形成了一個規模龐大的餐飲業，並最終導致了日本料理的全面形成。

江戶城裡誕生的第一家真正的飯館是 1770 年開在深川洲崎的「升屋」。「升屋」的主人是一個雅好風流的人物，他在門面、庭院、屋內的陳設用具上都頗費了一番功夫，當然價格也不菲，出入此處的大都為經濟富裕的上層人物和商人，各地藩主派駐在江戶城裡的所謂「留守居」的人物也常常在此招待客人，因此又被稱為「御留守茶屋」。在這之後，比較出名的料理屋還可舉出「四季庵」、「平清」、

「金波樓」、「梅川」、「萬八樓」等，大都是些沿河而築的風景優美的酒樓飯館。

18世紀末期，興旺一時的「升屋」漸趨沒落，取代它地位的是「八百善」。「八百善」以取料精細、服務上乘為特色，在江戶文人的筆記中留下了這樣的逸事。有幾個對於美食已經厭膩的客人，來到「八百善」，點了茶泡飯。等了許久才見侍者端來了醬菜和茶，於是立即在米飯中注入茶湯開始品嘗，滋味果然非同一般，一問，才知道這茶葉用的是上等的宇治茶（宇治乃京都一地名，以產上等茶著名，猶如中國的龍井），並特意請了飛毛腿去玉川上水的取水口取來上等好水烹茶。一結帳，竟要一兩二分，相當於今天的15萬日元，價格之高昂，令客人咋舌。「八百善」最興盛的時期是在文化‧文政年間（1804~30年），此後由於幕府針對社會上的奢靡之風，頒佈了厲行節儉的政令，「八百善」本身也恰好遭遇了火災，於是便衰敗了下來。

在茶屋或是料理茶屋開始興盛的時候甚至是在此之前，京都、大阪，尤其是江戶的街頭，陸續有挑着食擔的行腳商出現在人口稠密的街區，他們或穿街走巷，沿途叫賣，或在十字街口擺下固定的食攤，吸引各路主顧。因為在江戶城內，居住着相當數量的各類工匠和手工業者，他們處於社會的中下層，挑着食擔的行腳商或是固定的食攤，主要是滿足這一階層的需求。這樣的行腳商，日語叫做「振賣」，而食攤，日語則叫做「屋台」，這種食攤，並不是今日可以

隨便用車推着移動的攤床，而是一種相對固定的設施，沿着街面搭建起來，有頂棚，除非有大名的行列經過，一般並不隨意拆除。

排列在江戶街頭的食攤的種類主要有這樣一些：用醬油調味的蔬菜或魚類、天麩羅、烤河鰻、壽司、麥飯、御田（一種將魔芋、豆腐、芋艿、魚肉卷等用醬油調味後燒諸多時的菜餚）、烤團子、烤白薯、牡丹餅（一種用糯米或粳米做的、配有豆沙餡或芝麻的圓形食品，狀如牡丹）、炒豆子、煮雞蛋、新鮮水果、麵湯、蕎麥麵、魷魚乾等等。手捏的壽司、天麩羅、烤河鰻，這些今天的日本人仍在經常食用的最富有日本風味的食物，或者被今人當作是傳統日本料理的食物，當年就是在這些食攤上誕生的，它的歷史，應該從 18 世紀中葉開始。

刀工、裝盤與食器
—— 日本食文化的三大特點

　　囿於社會和經濟發展的水平，相對於其他的文化領域，日本飲食文化的最終形成和完成是比較晚的，因此，相對而言，它受其他的相關領域文化的影響也是頗為明顯的，這也使得它與整個日本文化的基本色調比較和諧，同時以它獨特的形式進一步詮釋了日本文化的基本特性。

　　10 世紀中期前後開始，隨着遣唐使的廢止和唐的沒落，日本的對外文化交流相對處於比較遲緩的狀態，傳自大陸的文化逐漸在列島上浸滲、蔓延，與原有的本土文化融通交匯，慢慢催生出一種不同於大陸文化的、具有本土色彩的新的文化形態，歷史學家將其稱為「國風」，以區別於外來的「唐風」。那一時期，朝廷的政權操縱在外戚的攝政（輔佐天皇施政的官員）和關白（在天皇之下卻實際執政的官員）手中，宮廷中的王公貴族和擁有巨大莊園的豪族們則優遊歲月，沉湎於管弦絲竹，徜徉於林泉山水。遊園，宴飲，吟詩作歌，差不多成了貴族們的主要生活內容。由此積聚和滋生出的精神，大

致有兩個方面，一是感受的纖細精緻，另一是氣象的狹小萎靡。這雖是平安中後期貴族階級的精神，卻對後來整個日本民族的審美意識都具有深遠的影響。另有一個表現在藝術（尤其是雕塑藝術）上的特徵，文化史家石田一良把它歸結為「調和的美」（「調和」一詞或可譯為「和諧」），並認為這是該時期形成的日本古典美，即具有繪畫的造型美而缺乏雕塑的厚重質感。毫無疑問，這些都會在日後的飲食文化上烙下頗深的印痕。

這一時期前後，假名文字逐漸形成，由此誕生了《古今和歌集》等純日本式的歌謠集和《土佐日記》《蜻蛉日記》《枕草子》等各類記錄個人經歷和人生感歎的日記體文學和隨筆文學。11世紀初《源氏物語》的問世，標誌着日本文學已經進入了一個相當成熟的階段，後來本居宣長將其美學精神歸結為「物哀」，這後來與「幽玄」、「閒寂」等構成了日本人的基本審美意識。其他領域，諸如美術上，大和繪雖然在筆法上尚未完全擺脫中國繪畫的影子，但已具有明顯的日本風味。與中國畫主要以人物、花鳥、山水為題材的畫作不同，大和繪主要描繪四季景物的變化，而且往往不是單幅的製作，春花、夏草、秋月、冬雪，注重的是人們對四季變遷的細微而敏銳的感受，這一類畫人們稱之為「月次繪」。這種美學追求，明顯地影響到了日後的日本料理文化。

鎌倉時期，禪宗正式傳入日本，其影響已完全突破了佛教本身，滲透到了日本人的國民精神和所有的文化藝術領域中，或者說是激

活了日本人精神生活中原本就有的相似的因子，並得到了熱烈的共鳴，其具體的結晶是室町時期以禪僧夢窗疏石為傑出代表的造園家的誕生和鹿苑寺、西芳寺等一批禪意濃鬱的秀美庭園的出現。這種在視覺和觸覺（尤其是造型和色彩）上對美的精緻經營，與日本料理的基本美學追求是一致的。還應該提到的是茶道文化，本書對此將另設一章論述，此處不贅。不過，最終完成於 16 世紀後半期的茶道與而後最終完成的日本料理，在內在的精神上具有極大的共通性。

若以最後完成於江戶時期的日本料理來看，其源流大概有四個方面。其一是熾盛於平安時代的公家（宮廷、貴族）「有職料理」，其特點為繁瑣、精細；其二為鎌倉後期逐漸興起的禪院料理，其特點為雅致而講究禮儀；其三是鎌倉、室町時期的武家料理，其特點為儉素質樸；其四是長期存在於民間，而在江戶時期蓬勃發展起來的庶民料理，其特點為形態多樣。一般來說，最後形成的日本料理，似以第一、第二兩方面的影響為大。日本飲食文化中，講究食器且食器的材質和色彩又偏重於質樸和素雅這一特點，大抵也與這兩個因素有關。日本在古時即已採用「配膳式」，與現今的分食制有點相近。公家時期，宮廷中的王公貴族生活頗為豪奢，且又講究等級，為體現不同的身份，各階層的人所用的食器也不盡相同，因此食器一開始就為人們所注重，而現今人們在食器的材質和色彩上的趣味，似乎與茶文化的興起和演變更有關聯。

在考察日本飲食文化的特徵時，我想應該將其放置於日本的自

然環境、社會經濟發展歷程及由此產生的日本文化的總體精神這些背景之下來加以細微把握。根據我自己對日本飲食的演進過程的考察和完成於江戶時代的日本傳統料理的研究，這裡將其具有文化意味的特徵歸結為三點。

1. 對食物原初滋味和其季節性意味的纖細感受

在前文中曾經述及的日本式的食物結構是「稻米加魚類」，這裡，稻米我們可以將其擴大的理解為以稻米為主體的穀物和各類蔬果，魚類當然也包括了海水和淡水中的各類水產品。與肉類食物的禽獸相比，穀物、蔬果甚至水產品的生長期和品質受季節變化的影響要大得多。自古以來，長期處於濕潤溫和、植被豐富、四季分明的自然環境中的日本人，對日月星斗、春風秋露的細微變化養成了非常纖細的感受力，對周遭植物的興衰枯榮傾注了非同尋常的關切，這使得他們對於食物原料的所謂「食材」有着十分細膩的分辨力。另一方面，在近代以前，尤其是在 17 世紀以前，由於經濟發展水平的制約和海外貿易的不充分，日本的動物油和植物油的產出非常之少，砂糖和各類香辛料也一直是珍稀物品，在日常食物的烹調中用得非常之少，這也逐漸養成了日本人對「食材」本身的細緻的體味能力。

在日語中，有關食物材料有兩個頗有意思的詞語，一是「初

物」，另一是「旬物」。前者是指穀物、蔬果等在收穫季節中第一批採摘的物品，姑且可以譯為「時鮮貨」，後者是指正當收穫季節的當令食物。這兩個詞語都可以用來指水產品，但作為肉類食物的禽獸似乎不在其列。「初物」和「旬物」往往是在食材滋味最為鮮美的時節。

對「初物」的癡迷，緣起於室町時期的社會風潮。當時上層社會不少人相信食用「初物」能夠長壽，一時受人追捧，這一風氣逐漸浸滲到了民間。進入江戶時期後，隨着社會的相對穩定和城市經濟的繁榮，飲食業發達起來。1630 年，在幕府御膳所當廚師的日根九郎衛正重寫了一本《魚鳥野菜乾物時節記》，根據不同的月份對「初物」作了較為詳細的記載。1787 年時又出了一本記述「初物」的書刊《七十五日》，書名源自當時的一句俗諺「吃了初物，可以多活七十五日」。同時期，甚至還上演了一齣名為《初物八百屋獻立》（「八百屋」為蔬菜舖之意，「獻立」是日本料理中菜譜的說法）的戲劇，可見當時「初物」的人氣。1776 年出版的《初物評判 福壽草》，則對初出的鰹魚、鮭魚、酒、蕎麥、鮎魚、松茸、新茶、茄子等一一作了評判，而其中的鰹魚，則是當時的江戶人最為癡迷的。有的人為了吃到這一季節第一次捕獲的鰹魚，不惜帶了銀兩趕到碼頭去等待，以期獲得最時鮮的物品。為迎合這種心態，當時甚至利用了可能獲得的技術和設備（比如用油紙搭建的棚屋，焚燒木炭的取暖設施等）來營造蔬果的溫室栽培，以期時令蔬果能賣出高價。如

此的癡迷者雖然只是一部分的富裕階級，可作為一種社會風潮，卻影響到了普通民眾的價值判斷，以至於今天的日本人對於「初物」和「旬物」仍然非同一般地醉心。此外，對於蔬果的產地，也是到了近似挑剔的講究。在日本，頌揚某一道菜餚製作得精美時，往往會提及構成這道菜餚的各種食材的產地和出產季節，烹飪的手藝自然是關鍵的因素，食材本身也決不能忽視。當然，日本以外的民族並非沒有這樣的區分和感受，但像日本人那樣細膩和講究恐怕是罕見的。

除了「初物」和「旬物」之外，日本人還非常在意從飲食中獲得四季不同的感受。對四季變化的敏感，至少可以追溯到平安時代。上文提到的《古今和歌集》和《新古今和歌集》（1205 年）中，已經有了許多對四季的纏綿的吟詠，以至於在後來的連歌、連句和俳句中形成了數量眾多的「季語」，即所謂的季節之語。在詩歌中，甚至都不必出現對季節景象的具體描繪，只需有一個「季語」，就足以令人產生對這一季節的翩翩聯想。這種思想體現在飲食上，大概開始於16 世紀下半期的千利休茶道中的「茶懷石」料理。限於當時運輸和冷藏技術，體現四季感的菜餚未必都是當令的時鮮物，但一定是這一季節最美味或最有代表性的食物。比如豆腐，新鮮大豆的上市是在每年的 11 月份，但美味豆腐的製作不能百分之百地採用剛收穫的新大豆，而必須摻入一定比例的陳年大豆，到了 12 月和 1 月份，陳大豆的比率將逐次遞減，而到了 2 月份，就應該全部採用新的大豆了。新大豆經過兩個月的冬季儲存後，滋味最為純正，若配以清冽

的山泉水磨製，其特有的香味和色澤達到了最佳狀態，因此這時餐桌上的豆腐，絕對就是佳品，而令人聯想到的季節，就應該是 2 月。

在傳統的日本料理中，「吸物」是一道很能體現真滋味的菜餚。說是菜餚，其實它只是一碗滋味清淡、沒有任何油星的湯，裡面的內容只是一小塊剔除了骨刺的魚肉或是雞肉，但必定會有當令的蔬菜同時入內。此外，還會有一小片樹葉的嫩芽或柚子皮漂浮在上面，嫩芽無疑是告知季節的信號，而柚子皮的差異也時時透露出季節的消息，青柚子的季節，柚子開花的季節，柚子成熟的季節，柚子苦澀的季節，時時都讓食客感受着時令和季節的變遷。

時至今日，即使日本料理的內涵已經發生了相當的變化，對季節感的追求依然是廚師和食客們所孜孜不倦、樂此不疲的雅事。尚是春寒料峭的時節，一碟精緻的菜餚邊，橫亘着小小的一枝紅梅，帶來了新春的消息；冷雨瀟瀟的夜晚，形狀奇異的餐具上點綴着數朵含苞待放的櫻花，令人聯想到了雨後的落英繽紛。今天稍微上點檔次的日本料理店，只要你還存有一點雅興和細心，幾乎每次都能感受到四季交替、時令轉換的氛圍。當然，不能否認的是，隨着溫室栽培的普及、生物技術的發達，食物的季節感是越來越趨於淡薄了，用櫻花、紅葉和柚子表現的季節信號，往往也成了昔日留存的風雅了。

接下來的問題是，儘管對食材是相當地講究，對時鮮是十分地留意，但烹調畢竟要大動干戈，水火齊上，諸如中國菜的一道松鼠

鱖魚，一道魚香茄子，滋味雖則美矣，食物的原味卻幾乎已經難以辨識，日本料理又當如何處置？

原來傳統的日本料理，其烹製手法與滋味濃鬱的中國菜、法國菜、墨西哥菜大異其趣。被稱為自室町時代一直延續至今的烹調流派四條流的第四十一代傳人四條隆彥在他的著作《日本料理作法》中宣稱：「日本料理有一條原則，即其美味不能超過材料原有的滋味。」具體而言，就是「止於該材料所具有的滋味的最高點，禁止對此進行進一步的加工。」另一位日本料理的研究家奧村彪生在其論文《料理的美學──東西比較論》中也說：「日本料理當體現出材料所具有的真味，儘可能不用火工。」這樣的說法，在習慣於吃熱食的中國人看來，簡直是匪夷所思。

這裡就引出了日本料理的一條原則，即刀工勝於火工。奧村彪生在《料理的美學──東西比較論》中開宗明義、直言不諱地說：「日本料理是倚仗庖丁（菜刀）的文化。」四條隆彥對此進一步解釋說，每一種事物都有它本身內蘊的真味，能將這種真味不借助火工（或儘可能少地借助火工）、不借助其他的調味料（或儘可能少地借助其他調味料）開發出來就是上好的廚師了。若要添加一點風味或是風情的話，大抵只能在不損壞食物材料本身所含有的香味和滋味的原則下進行。他又用了個比喻說，做中國菜、法國菜差不多如混合運算中的加法，不斷地添加各種東西進去，最後與材料合成一體做成一道菜，而做日本菜是做減法，將其浮沫撇去，將有礙真味的多餘

的汁水抽去，稍加調味或不調味，便成一道日本菜。

因為儘量少用火工，刀工便最見功夫。日本料理文化中，有「板前」一詞，「板」即砧板，「板前」者，砧板師傅之謂也。在日本的廚房中，「板前」佔有最高的地位，而具體做菜的「調理師」則聽從他的指揮。這不僅是因為刀工的好壞在很大程度上決定了日本料理的精良與否，而且還在於「板前」必須具有識見，他要決定某種材料應怎樣製作才能保持或引發出它的真味，對於各種食物材料必須具有廣泛的知識並具有敏銳的季節感。對於不少具有代表性的日本菜來說，只需要上好、新鮮的材料和嫻熟精良的刀工就足夠了，比如說「刺身」，這個最具和風、最為典型的日本料理。

惟其刀工的重要，日本菜的製作對於刀具也極為講究，名「板前」使用的刃物都是由名匠手工製作的，其中又分為切菜刀、出刃刀、柳刃刀、薄刃刀，切章魚的有章魚刀，切河豚魚的有河豚魚刀，此外還有金槍魚刀、海鰻刀、河鰻刀等等。廚房的刀具如此細分，在其他國家大概是罕見的。每一種材料入盤時的厚薄大小、形狀樣態都十分講究，只有刀工漂亮，才有「盛付」的漂亮。吃的時候只需蘸一點醬油或是放入了山嵛菜（俗稱芥末）泥的醬油，就可充分領略到食物原有的真味。需要用火工的，也只是簡單的煮、焯、蒸、烤、炸，且竭力避免重用香辛料或濃油赤醬，以免損害食物原有的真味。

有一些食物，即便不用刀工，也儘可能少用其他烹調法。比如夏天最為肥美的鮎魚，從溪流中捕獲上來後，去除少許的鱗片，也

並不剖腹開肚取出內臟，便抹上了鹽，插上鐵條直接放在火上燒烤，不用其他任何的調味品，在日本人的眼中，這才最具真味。

　　不過，近代以後，隨着西洋飲食的迅速傳入和中國菜在日本的傳播，上述這種儘可能不使用火工、儘可能少使用調味料的傳統烹製法正在受到極大的挑戰。四條隆彥自己也承認：「個人的好惡暫且不論，從根本上來說，菜餚絕對是滋味濃鬱的比較好吃。」事實上，烹製手法的單一，在某種程度上來說，既是傳統日本料理的特點，也是它的弱項之一。近代日本的門戶開放以後，外來的飲食迅速改變了日本人日常飲食的內涵並大大擴充了它的外延，這決不是「崇洋媚外」這個詞語可以簡單說明的。這一現象與中國的情形形成了一個比較鮮明的對比。中國人的飲食樣式和內容，經歷了數千年的深厚積澱，在宋代時已經基本完成，無論是食物的材料還是烹製的方式，都極其豐富多樣且相當成熟，近代以後，雖然各色西洋文化也相繼傳入中國，卻在飲食上未能從根本上動搖這一既定格局。而在今天的日本，「和洋中」三足鼎立已經構成了當今日本人餐桌上的一個基本格局，年輕一代的口味正在發生着劇烈的變化，菜餚的烹調手法也愈益多姿多彩。

2. 對食物形與色的高度講究

　　對食物形與色的高度講究是日本飲食文化的第二個特徵，具體

的體現，是餐食的盛裝，日語中稱之為「盛付」。

　　將食物裝盤時完全不注意它的形狀和色彩搭配的民族大概是極少的，而像日本那樣對此刻意講究，並將此推向極致的民族大概也是極為罕見的。在日本，一個廚師水準的高下主要取決於兩點——刀工和一雙裝菜的筷子。對於刀工，中國人頗能理解，何以區區一雙筷子竟也有如此重要的地位，不免有點令人費解。很多年前中國曾播過一部日本電視連續劇《女人的胸懷》，講述一家溫泉旅館的故事。劇中大量出現的鏡頭是廚房，但裡面幾乎沒有我們中國人所熟識的爐火熊熊、熱氣蒸騰、廚師手持鐵鍋麻利地翻炒的場景，大量的倒是帶着白帽的廚師拿着一雙長筷往盤中攝放着甚麼的場景。這便是筷子的功夫。中國的各色菜譜在介紹各款菜餚的烹製方法之後，最後一句話差不多總是千篇一律的「出鍋裝盤」，而在日本的烹飪藝術中，將鍋中做熟的食物直接傾倒在盤中幾乎是難以想像的。甚麼樣的食物選用甚麼樣的食器，在盤中或碗碟中如何擺放，各種食物的色彩如何搭配，這在日本料理中往往比調味更重要。

　　講究「盛付」這種視覺上的美，最初也許起源於對神佛和先祖的供奉。早先人們為了祈求神佛的庇佑，往往在上供時競相獻出美食佳饌，且一般以堆放得高且滿為上，日語中稱之為「高盛」。爾後人們為了取悅神佛，又漸次在饌食的盛放上竭力使其顯出引人食慾的誘人色彩和形態。另外，在平安時代（約公元 8 至 12 世紀前後）的貴族中也已頗講究菜餚的盛放，在宮廷中誕生了以悅目為目的的「供

御」和「大饗料理」，此後在鐮倉時代曾有所衰弱，至室町時代又逐漸為上流社會所注目。

　　日本料理中這一注重形與色的美學追求，從更為直接的淵源上來說，應該是與日本 16~17 世紀的美學風格有關。鐮倉時代的主流文化可以説是武家文化，比較崇尚儉樸質素，相對而言也比較缺乏高雅的學識。到了室町時代，一方面武家開始主動地汲取公家的文化因子，一方面也是受了禪宗的影響，於是在 14~15 世紀先後誕生了北山文化和東山文化。北山和東山文化雖然已經具有了很濃鬱的日本風味，但在建築和繪畫上，傳自南宋的禪宗樣式和水墨畫的影響依然是非常明顯的。到了 16 世紀，在連年的戰亂中，一時獲取了政權的當政者們總是想要以各種方式炫耀自己的權威和權力，於是，注重裝飾效果的、講究構圖配色的狩野派畫風便應運而生。狩野家族歷代都受到權貴的青睞，在織田信長和豐臣秀吉當道時，都是顯赫一時的御用畫家，德川家族獲取了政權、開創了江戶幕府時，又再度左右了日本的畫壇，繼續保持主流意識形態的地位。狩野派的畫風是精緻華美，金碧絢麗，有點像中國宋代的院體畫。在 17 世紀，又興起了一支有影響力的畫派，即宗達‧光琳畫派。這一畫派更加注重裝飾效果，作品多為屏風畫和扇面畫，構圖奇特而色彩濃豔，具有貴族式的古典風情。這些畫風所倡導的趣味，引領了當時社會的時尚，明顯左右了中上層社會的喜好。而傳統的日本料理，就完成於 17 世紀的下半葉至整個 18 世紀，其美學追求，顯然受到

了狩野派和宗達·光琳派畫風的極大影響，十分注重形與色的裝飾效果，同時又受這一時期茶文化的影響，注入了相當的禪風禪意，在鮮豔中融入了幾許空靈和雅致，因此，色彩上並不感覺很濃麗，在總體表現上，顯得十分地和諧。

在上好的日本料理屋裡，面對擺放在桌上的各色料理，説是在觀察一幅幅立體的繪畫作品或是一件件精美的工藝擺設大概毫不過分。以我個人的經驗而言，一次有幸造訪京都的高級料亭「茂里」，那裡的「盛付」實在讓我讚歎不已。

「茂里」距離縱向流經京都市區的鴨川不遠，自松原街折入一條地面上鋪着長方石塊的小巷，幽靜的巷邊有一幢舊式兩層樓屋宇，淺淺突出的低矮的屋檐下垂懸着幾片顏色暗舊但潔淨的布簾，日語稱之為「暖廉」，上面書寫着半是篆書半是隸書的「茂里」兩字。進入店內最引人注目的是一長溜可以望見廚師操作的吧台式餐桌，據説這是用一整棵扁柏做成的，白淨的一長條，沒有任何接縫，不施任何油漆，木材紋理清晰。所用的食器自然是精心挑選的，但更注重的是與菜餚的搭配。首先上來的是「先付」，即下酒菜。在一個稍顯粗厚的白色底盤上，置一個切開的青色柚子，自然內囊都已去除，內裡盛放的是切成條狀的根芋和切成丁狀的嫩筍，另一半（應該説是三分之一）的柚子成盂狀斜置於一旁，蒂頭上還綴帶着一小片青翠的葉子。還有一種也是供下酒的——在「懷石料理」中稱為「八寸」的酒菜。一個式樣粗拙的陶器內，分別擺放着醬黑色的用醬油煮成

的一小堆杜父魚，一小堆用小黃瓜片拌和的蝦肉，一塊用昆布捲起來的鯛魚肉，黑白分明，一小枝帶青葉的煮熟的微型蘿蔔，一個球狀的壽司，上置一枝紅白相間的薑芽，外配一株我不知名的青蔥植物，經精心配放後，宛如一件山水盆景。另有一品，也令人印象頗為深刻。在一個跡近墨色的細陶盤中，襯着一片綠菜葉，上面碼放着三片蒸熟切開的野鴨肉，色澤紅潤，肉上再束放着數十根細嫩的青蔥，綠菜葉邊是一撮薑黃色的調味醬。數種對比強烈的顏色在稍有釉光的深褐色陶盤中和諧地組成一幅雅致的靜物畫。

當然，在日本料理中，最能體現出其「盛付」藝術的，也許當是「刺身」了。一般吃過日本菜的人，在「盛付」上印象較深的大概也多是「刺身」。據江戶末期的風俗研究家喜田川守貞在《守貞謾稿》一書中的介紹，「刺身」的「盛付」講究一種山水的感覺，在平坦的大盤中，用切成細絲的蘿蔔在左前方堆成小山狀，上置一片青綠色的紫蘇，旁邊插放一支植物，便可使人聯想起蒼翠的遠山，再將切成花的魷魚、切成薄片的鯛魚排放在其下，猶如潺潺的流水，或者再配放幾枚紅色的金槍魚，置一朵黃菊，色彩就很悅目了。

這種對於料理的色與形的講究，在大量的外來食物，尤其是西洋菜和中國菜乃至於韓國菜頻繁湧入的今天，依然得以完美地留存了下來。外來的菜餚在烹製和裝盤的過程中，依然被嚴格要求講究色彩與形態，以至於這些外來的餐食在日本人的餐桌上出現的時候，往往會比本土顯得更為精緻和漂亮，至於滋味是否更為鮮美，

那就又當別論了。

3. 對食物器具和飲食環境的執着追求

　　京都西郊蒼翠的嵐山腳下，清水漣漣的渡月橋邊，綠影掩映之下有一處顏色暗舊的木門，木門邊的木椿上，掛着一塊小木牌，上面刻寫着「吉兆」兩字。據說，這大概是全日本最貴的料理屋。我從一本相關的讀物上了解到，午餐每人的起價是四萬日元，晚餐是五萬日元，貴得令人咋舌。陳設的典雅、用料的講究、廚師的技藝自然是價格高昂的原因，但還有一點卻是我們中國人難以想到的，那便是用餐的器皿。

　　對食器的講究是日本飲食文化的主要特點之一。當然，遍觀世界各地上水準的餐食，完全忽視器皿的大概沒有。中國陶瓷業的發達，陶瓷器的燦爛，近代以前在世界上常常是處於領先的地位。清代的美食家袁枚在其著名的《隨園食單》中說：「古語云：『美食不如美器』，斯語是也。……大抵物貴者器宜大，物賤者器宜小，煎炒宜盤，湯羹宜碗；煎炒宜鐵鍋，煨煮宜砂缽。」然袁枚的着眼點，大抵不離食物的烹飪，且中國民間的審美目光，易受宮廷文化的影響。故宮博物院中陳列的皇家食器，多為金杯玉碟，銀箸漆盤，圖案大抵為龍鳳仙雲，民間也多以此為「榮」「威」「富」「貴」。不過一般的庶民，注重的乃在於菜餚本身，進飯館很少人會留意用的是甚麼器

皿，店家一般對此也多無意識。

據我在日本的觀察和體驗，稍有點水準的料理屋及一般庶民的家庭，在餐具上都頗為用心。上面所提及的「吉兆」，專設有一器物庫，內藏有自桃山時代（16 世紀後期）以降的名家製作的食器數百件，在一般人眼中，大概均是可在美術館陳列的藝術品。「吉兆」依據不同的季節、不同的食物及不同的客人精心選擇不同的食器，有些價值連城的古董，依然被用作盛物的器皿，不過此時會專門指定某人持奉，並前後各有一人導引，以免蹣仆後摔破，而持奉之人，也定是戰戰兢兢、如履薄冰了。不用說，這一份價值，自然是算在了菜價裡。用餐的客人，雅好陶藝的也好，附庸風雅的也好，在進食的同時，一定會留意並欣賞盛物的器皿，於是主賓皆大歡喜。

食物的器皿，陶瓷器一直是主角。日本的陶器製作，據最近的考古發現，根據碳 14 的測定，始自 12,000 年前左右，這實在是很悠久了。不過在公元 5 世紀之前，差不多一直是一種質地比較酥鬆、燒製工藝比較落後的「土器」。之後，朝鮮半島過來的陶工，帶來了東亞大陸先進的燒製工藝，產生了日語稱之為「須惠器」（按其發音，也可以寫作「陶器」）的一種新型陶器。它是一種將耐火度高的黏土用製陶用的旋轉圓盤製作成型後，放入窯中經千度以上的高溫燒製後做成的結構細密、質地堅硬的硬陶器具。唐代的時候，中國的三彩技術傳入日本，日本正式開始了鉛釉陶器的生產，燒製出了光澤亮麗、色彩鮮豔的陶器。13~14 世紀，以現在的愛知縣瀨戶地區為

中心的製陶業蓬勃興起，日本的製陶技術走向了一個高潮，以至於如今的「瀨戶物」一詞成了陶瓷器的代名詞。16 世紀末，豐臣秀吉出兵進攻朝鮮，強行帶回來了一批陶工，其時中國的製瓷工藝早已傳入朝鮮半島。這些朝鮮陶工在日本的九州有田一帶，成功地燒製出了瓷器，由此日本的陶瓷器工藝不斷地突飛猛進，到了 19 世紀前期，基本上已經與當時的中國並駕齊驅了。日本人在飲食上對餐具的講究，一方面是由於陶瓷製造業的進步，另一方面是由於與此相關的茶道藝術的發展。從時期上來說，應該是 17 世紀前後。

　　日本人在飲食上尤為注重食器，這與一個名曰古田織部的人物也有很大的關聯。古田生活在 16~17 世紀之交，此時恰好是茶道已經在千利休的手中臻於完成，瓷器的製作技術也已經傳來。古田原先只是一名武將，曾受到豐臣秀吉等的重用，但也喜好風雅，曾拜在千利休的門下學習茶道，被稱為千利休的七大弟子之一。千利休死後，他被評為茶湯名人，成了大名茶的開創者。關鍵是他對陶藝，尤其是陶瓷器的製作極有興趣，相對於千利休的諧和的美，他更強調不均衡的美，在奇拙古樸中，甚至在凹凸歪斜中發現不尋常的美。他的這一美學思想，對後人影響甚大，他的弟子中有成就傑出的小堀遠州，在茶具製作、造園設計方面留下了優秀的遺產，對茶具的藝術追求，也推及到了餐具。17~18 世紀，傳統的日本料理開始形成，各色料理屋開始出現並逐漸走向高級化，料亭中的料理不僅食材講究，烹製精美，而且食器也極為考究，與食物的色形一起，構

成了視覺上的饗宴。

　　與中國人在食器的質材上崇尚金銀珠玉、色彩上喜好富華絢爛不同，日本人多用細膩的瓷器或是外貌古拙的陶器和紋理清晰的木器，色彩多為土黑、土黃、黃綠、石青和瓷青，偶爾也有用亮黃和赭紅來作點綴。中國的盛器基本為圓形，至多也就是橢圓形，其實世界各地大都如此。而日本人獨樹一幟，食器完全不拘於某一形態，除圓形橢圓形之外，葉片狀、瓦塊狀、蓮座狀、瓜果狀、舟船狀，四方形、長方形、菱形、八角形，對稱的、不對稱的，人們想到的或是想不到的，都可能出現在餐桌上。描繪在食器上的，可以是秀雅的數片楓葉，幾株修篁，也可以是一片寫意的波詭雲譎，一整面現代派的五彩錦繪，但總地來說，色彩大多都素雅、簡潔，少精鏤細雕，少濃豔鮮麗。筷子雖是從中國傳入，但即使王公貴族也幾乎不用鑲金銀或是象牙紫檀的材質，只是簡素的白木筷而已。現在費金數萬的高級料亭中依然如此。

　　早年黃遵憲在《日本國志·工藝志》中說：「日本陶器，論其純白雅素，實不如中國。而近日兼習佛蘭西法，於所造器，巧構式樣，屢變不窮，所繪花鳥，又時出新意，不習藍本，着色亦花豔奪目。」1850 年代初期曾隨培理（Perry）將軍訪問日本的美國東亞文化通威廉姆斯（S.W.Williams）在《日本的產物》一文中記述了自己當年對日本陶瓷器的印象：「該國國民製作出了出色的瓷器，品質也非常地優秀。而且，恐怕任何形狀的器具都能做出來吧。我們在店舖裡

所見到的作品大部分都是小型的酒盅和茶碗。陶瓷器雖然已經很普及，而且品質也都做得相當不錯，但還遠未達到中國人所使用的物品的程度。日本有幾個瓷器樣品，比我在其他任何地方所見到的都要顯得輕薄而光潔。對這樣高品質瓷器的需求正在增加。比較粗劣的陶器和不上釉的物品，價格比較低廉，而大多數作品都做得頗為雅致，形態千奇百怪。」

近年日本的瓷器製作，以我個人的觀察，已在中國之上，而為一般中國人所不屑的陶器，仍大行其市，其古拙樸野之狀，反而有一種不俗的藝術氣息。日本人的餐具中，也有用漆器的，偶爾也有玻璃製品，但一般都不會顯得太耀眼。

對飲食環境的考究，大概也是日本飲食文化的特點之一。1923年，名作家芥川龍之介受《大阪每日新聞》的派遣到中國來巡遊，在上海期間，遍嘗各色中國料理，覺得「小有天」等菜館的滋味「確實要比東京的支那菜好吃」，可是對中國菜館的環境，卻頗多揶揄嘲諷之詞：「總體來說，上海的菜館不是個令人舒心的所在。房間之間的相隔，即使是小有天，也是毫無風情的板壁。而且，桌子上的盛放食物的餐具，即使在以精美為招牌的一品香，也與日本的西餐館毫無區別。此外，雅敘園也罷，杏花樓也罷，乃至於興華川菜館等等，味覺之外的感覺，與其說令人愉悅，不如說是令人震驚。特別是有一次波多君在雅敘園招宴，我問侍者廁所在何處，他答道就在廚房間的水池裡解決吧。事實上已經有一個滿身油膩的廚師先我一步在

那裡為我做示範了。這真令我驚恐不已。」(《支那遊記》)當然，中國的實況並非都是如此，中國的士大夫階級其實也是相當講究的，《隨園食單》中就有許多細瑣的規定，李漁的《閒情偶寄》中就更講究居所的情趣了，但是一般的庶民，大概還真的沒有這份閒情逸致。這部分當受制於當時的經濟水平。

日本的武士，本來也是比較粗俗的，後來主動向僧侶階級靠攏，又積極模仿王公貴族的作風，慢慢地也有了幾分風雅。室町初期中上層飲茶之風興起，當時奢華的飲茶風氣很講究室內的環境，以後以「閒寂」為內在精神的「侘茶」雖然糾正了這些奢靡的風習，開創了簡樸素雅的氛圍，但這簡樸素雅，其實也是刻意營造出來的，茶庭和茶室的構建都有非常繁瑣的規矩（後文中將詳細敘述）。在江戶時期形成的「大名茶」，更多的是追求情趣。這種看似素樸實際卻非常精緻的嗜好，自然會影響到日後出現的料理店，尤其是料亭。而一般日本人的居所，本來就比較潔淨，這與其潔淨的自然環境也有關聯。這一點，早年去日本的外國人大概都注意到了。

1859 年曾在長崎擔任過英國領事的荷吉遜（C.P.Hodgson），在她的《長崎信札》中寫道：「每家店舖都有一個美麗的小庭院，種着幾株修剪整齊的樅樹、杜鵑和百合等，而且在小小的池塘中栽植着些水生植物，池中央有一股泉水噴湧上來，有很多的錦鯉在游泳。這使我感到十分的欣悅。因為由此我知曉了他們具有一種可說是精緻的趣味，不是我原先所想像的那種野蠻人。」「每一家店舖整個的

看上去都非常潔淨，因為人們都把鞋脫在街上，在屋內穿拖鞋，人們在進入店內或屋內時，都會把鞋脫在門口。我所走進的幾家商店和人家，都收拾得非常乾淨，店主也好家裡人也好，都穿着整齊，氣宇不俗。」1885年，當時在東亞頗享有文名的王韜應邀作東瀛之遊，一路受到日本友人的款待，在他的《扶桑遊記》中這樣記錄了日本的酒樓：「栗本匏庵（人名）招飲柳島橋本酒樓，為余餞別。柳島亦東都名勝所，其地村落參差，河水如帶，板橋垂柳，風景宜人。臨流一酒樓極軒敞，樓外之黛色波光與樓中之扇影衣香相掩映。」當時來自所謂文明之邦的英國人和中國人都有這樣的感覺，可見江戶末期和明治初期的日本，在飲食環境上已經頗為雅致了，也難怪芥川龍之介在上海會發出如此的感歎了。

如今的日本，經濟已經相當發達，物質上的水平，與當初自不可同日而語，但仍然鮮見屋宇宏大、樓堂相連的大餐廳，而多的是那種小巧雅致的店家，對飲食環境整潔乾淨的追求，則一如往昔。至於價格不菲的料亭，往往都坐落在僻靜的小巷內，綠蔭掩映，門扉輕啟，一般裡面都有秀雅的庭園，一泓池水，半堵假山，處處都可見經營者的良苦用心。即便是開設在大都市摩登大廈內的料理屋，也會掛出兩片布簾，點綴着幾隻古舊的燈籠，營造出些傳統日本的情調。這一點，我們在今日開設在中國的日本料理店中亦可略窺一二。在今天經濟發達的中國大都市，尤其是高檔的街區，當年芥川龍之介所描繪的景象大概已是昔日的西洋鏡了，但是在稍微偏

僻的鄉村小鎮，我們依然可以經常見到這些歷史的殘影（我自己曾在緊鄰南京的安徽省的香泉鎮有過印象深刻的經歷），而在日本，即便是偏遠的山陬海筮的小飯館，也大抵都是窗明几淨的。

傳統日本料理滋味的基底
—— 醬油和「出汁」

　　江戶時代日本料理的最後完成，與醬油的誕生和普及、砂糖進口量的增加和本土生產的開始是密不可分的，其中醬油的角色在某種程度上可以說起了關鍵性的作用，甚至可以毫不誇張地說，倘若沒有醬油這一調味料，日本料理就不是今天的這一面目，許多典型的日本料理甚至都無法最終成型。沒有醬油，就不可能產生真正的刺身（刺身必須蘸着醬油吃），就不可能有風行全日本的烤鰻魚（烤鰻魚的調味汁主要是醬油），就不可能有蘸着調味料吃的蕎麥麵條和天麩羅（其調味料主要也是醬油），甚至江戶中期誕生的「握壽司」一般也是蘸着醬油吃的。可以肯定地說，去除了醬油，就沒有今天的「日本味」，醬油是構成今天「日本味」的主樑。

　　很多日本人，包括一些專門的研究者，都認為醬油是日本獨特的產物，甚至認為是日本人發明了醬油，如今日本的醬油風靡全世界就是一個明證，油井宏子在《醬油》一文中認為：「醬油可以說是日本固有的東西。雖然在中國等地可以見到它的源流，但是我們所

稱為『醬油』的東西是日本獨特的物品。」平野雅章在《日本的食文化》一書中認為：「以大豆、小麥、食鹽、水為原料的醬油，是具有獨特鮮味和風味的日本獨有的調味料。」而中國的學者則是另一種立場。中國的食文化研究大家趙榮光在對醬油的歷史和生產工藝進行了深入研究後得出的結論是：「中國是『醬油』的祖母家，是中國人最早開始了醬油食用的歷史。」而事實究竟是怎樣的呢？下面，我根據中國和日本雙方的有關史料來作一個儘可能客觀的論述。

　　首先可以明確無誤的一點是，醬油起源於醬。中國在先秦時就已經產生了成熟的製醬法並普及了醬的食用，日本早年的製醬技術也是傳自中國，並形成了穀醬、肉醬（包括魚醬）和草醬三種主要形態。穀醬可以認為是後來的「味噌」（豆醬）的祖先，肉醬由於 8 世紀後歷代天皇出於佛教不殺生的戒律而倡導禁止肉食，後來就沒有發展，草醬則演變成了後來的醃菜或醬菜。產生了製醬技術的中國，在約兩千年前的漢代已經出現了醬油的雛形「清醬」，東漢末年的崔寔在《四民月令》中明確記載庶民百姓之家一年之內順時應節的生產生活大事，其中就有「正月……可作諸醬，肉醬、清醬」的確切文錄。以後在後魏賈思勰的《齊民要術》（約成書於公元 6 世紀 30 年代）中的菜餚製作法中，多次出現了作為調味料的「醬清」、「豆醬清」和「豉汁」，這雖然還不等同於今日的醬油，但顯然是出自於醬的液體狀調味料，將其視作原始醬油或是醬油的雛形亦無不可。

　　「醬油」一詞明確見於歷史文獻是在宋代，多見於文人筆錄，

如北宋文學大家蘇軾曾記載了用醴醋、醬油或燈心淨墨污的生活經驗：「金箋及扇面誤字，以醴醋或醬油用新筆蘸洗，或燈心揩之即去。」這大概是目前所見的「醬油」一詞的最早記錄了，雖然沒有用作調味，但這裡與醴醋並用，應該就是後人所熟識的醬油。而南宋人林洪在《山家清供》一書中所說的「韭菜嫩者，用薑絲、醬油、滴醋拌食，能利小水，治淋閉」，則無疑已是調味料的醬油了。由此可以斷定，中國至遲在宋代已經誕生了近似於今天意義上的醬油，醬油一詞也逐漸流佈開去，當然類似的稱謂也有不少，比如「豆油」，在相當區域範圍內與醬油是同一意義的詞語。

在1596年問世的李時珍的《本草綱目》中，有關於「醬油」製作工藝的明確文字記載：「豆醬有大豆、小豆、豌豆及豆油之屬。豆油法：用大豆三斗，水煮糜，以麵二十四斤，拌罨成黃。每十斤入鹽八斤，井水四十斤，攪曬成油收取之。」清代顧仲所編撰的《養小錄》中的記載更為詳細：「紅小豆蒸團成碗大塊，宜乾不宜濕，草鋪草蓋置暖處，發白膜，曬乾。至來年二月，用大白豆，磨拉半子，桔去皮，量用水煮一宿，加水磨爛。取舊麵水洗刷淨，曬乾，輾末，羅過半炒末內，酌量拌鹽，入缸。日曬候色赤，另用缸，以細竹篾隔缸底，醬放篾上，淋下醬油，取起，仍入鍋煮滾，入大罐，愈曬愈妙。餘醬，醬瓜茄用。」從宋以後的文獻來看，醬油在菜餚的烹製中使用已經很普遍了。明清時季，各地釀製醬油的醬園紛紛問世，如傳創辦於明世宗嘉靖九年（1530）的「六必居醬園」是其歷史較為悠久

者。此外，廣為人知的醬園還有諸如傳建於清康熙十七年（1678）的「王致和南醬園」、傳建於清乾隆元年（1736）的「桂馨齋」、傳建於清同治八年（1869）的「天源醬園」等，都是當時頗有規模的老牌醬園。

在日本的歷史文獻中，最早見有「醬油」一詞的是 1597 年刊行的辭書類的書籍《易林本節用集》，而這部書被認為是室町時代中期著作的傳抄本。另外，在 16 世紀中葉的貴族山科言繼的日記《言繼卿記》（記錄的內容自 1527-1579 年）中也有「薄垂」、「垂味噌」（一種從豆醬中分離出來的液體狀調味汁），說明 16 世紀中期日本已經出現了醬油或是類似醬油的物品，從文獻上的詞語出現來看，至少較中國晚了 450 年左右。無疑，醬油是從豆醬中濾瀝而來。在平安時代的 9~10 世紀刊行的《倭名類聚抄》可以見到「豆醬」一詞，根據當時皇家所藏的正倉院文書《正稅帳》的記載，各地作為稅收向朝廷貢納的醬類物品有「豆醬、真作醬、荒醬、末醬」等，這說明當時作為製醬原料的大豆和麥等的種植已經比較普遍，而醬的製作，由於當時商品經濟不發達，並沒有統一的技術和市場，在 16 世紀的室町時代末期之前，基本上都是各地農戶自己生產和儲藏，自給自用。這期間，「味噌」（此語據云來自朝鮮語的「蜜祖」，這一類型的食品製造技術也主要來自朝鮮半島，大致分為以大豆為原料的「豆味噌」和以麥為原料的「麥味噌」，也有兩者混用或加入大米的，「豆味噌」勉強可以翻譯為「豆醬」）是其主要的形式，而醬油的來源是將煮熟

的大豆、麥加入食鹽、麴子後發酵形成的味噌。

　　日本的醬油最早產生於味噌留下的液體，日語稱之為「味噌垂」，所謂「垂」，就是滴落下來的液體的意思。最初的「味噌垂」大概是自然產生的。後來人們發現這液狀的「垂」味道頗為鮮美，經其調味的食物尤其可口，於是開始有意識地收集和製作。「味噌垂」的製作方式是在一升的味噌內加入三升五合的水，將其熬製到三升左右，放入袋中紮緊後讓其垂滴，滴落的液體就是「味噌垂」，也就是製作技術比較原始的醬油。還有一種是「薄垂」，製作的材料配比大致相同，只是沒有煎熬這道工序，而是將其用力揉搓攪拌後垂滴。「垂」的滋味好壞，往往取決於味噌的製作如何。總之，16 世紀下半期到 17 世紀，也就是進入了江戶時代以後，日本的醬油釀造業開始起步，到了 18 世紀時，醬油的釀造業已經十分興盛，形成了數家規模宏大的製造商，加之流通業的發達，醬油的釀造和食用自西向東擴展到了整個日本。

　　由此看來，日本醬油的誕生似乎是獨立成長起來的，其實未必。首先，作為醬油的初始形態的醬的製作技術是從中國大陸傳來的，而作為日本醬油的直接來源的「味噌」又是來自朝鮮半島，而朝鮮半島許多農產加工品的源流往往可以追溯到中國大陸。因此，從根本的淵源上來說，還是與中國大陸有着千絲萬縷的關係。另外，很多日本書籍上記載，建長元年（1249）信州（現長野縣）的禪僧覺心到南宋修行，1254 年回國時帶來了徑山寺（金山寺）味噌的製法，醬

油的產生，主要是後人根據這徑山寺味噌改良而成的。但直到現在，我還沒有看到非常確切的原始文獻，不能肯定這一說法有多大的可靠性。另外，13 世紀中葉這種味噌的製法已經傳來，而最後醬油的誕生要到 16 世紀的中葉以後，這期間間隔了三百多年，似乎也過於漫長了。不過這倒從另一個側面顯示了日本醬油與中國的淵源關係。

日本的醬油釀造業是從關西地區（今天的大阪周邊）正式開始起步的。最早的大概要推紀州的湯淺（位於現在的和歌山縣西部，鄰近大阪）。1535 年時，當地的一個叫赤桐右馬太郎的人，對源於徑山寺的「味噌垂」進行改良，開始製作醬油，1586 年將一百餘石的醬油用船運往大阪雜魚市場的小松屋伊兵衛，開始了大規模的商業銷售，後來又得到豐臣秀吉的許可，被允許在各地銷售醬油，此後又受到當地諸侯的保護，一時醬油釀造業領先全國。不久，大阪西面的龍野（位於現在的兵庫縣西南部）也興起了醬油釀造，當地的圓尾孫右衛門開始是從事釀酒業的，後來轉入醬油業，由於市場的需求，規模漸趨擴大，成了大阪等的主要醬油供應地之一。1666 年創製出了淡口醬油，以後一直是淡口醬油的主要產地之一。

醬油的生產與當時日益興旺的日本料理相輔相成，市場迅速獲得了拓展。京都最興盛的時候，城裡有醬油舖 150 餘家，滿足了市內約 40 萬人口的需求，大阪則在 1764 年的時候，醬油舖的數量達到了 700 餘家，基本都是由本地或周邊地區的釀造商供應的。一時間，以醬油為調味料的食品贏得了很高的人氣，當時最負盛名的劇

作家近松門左衛門的淨琉璃（一種人偶戲）中出現了「烏冬麵和切麵，湯汁都要醬油味」、「您要甚麼口味的湯，醬油嗎？」這樣的台詞，醬油成了人們最喜愛的口味。

　　江戶時代初期，關西一帶的醬油通過船運傳到了以江戶為中心的關東一帶，立即受到了歡迎，當時大阪一帶運過來的醬油，其價格是米價的 3~4 倍，屬於高價商品。不久，江戶周邊的醬油釀造業也迅速興起，因為醬油釀造所需要的大豆、小麥、食鹽等江戶地區都有出產，釀造技術也迅速傳播到了關東，在今天千葉縣的野田、銚子等地形成了著名的醬油產地，17 世紀下半葉起步以後，在 18 世紀下半葉達到了高潮。享保年間（1716~1736）通過大阪運送到江戶的醬油曾經達到了 10~16 萬桶，但是到了 1821 年的時候，江戶每年所需要的 125 萬桶醬油中，有 123 萬桶已經是江戶周邊地區生產的了。到了 1858 年，由大阪輸往江戶的醬油銳減到了 700 桶，兩年之後更是降到了 500 桶，在關東的市場上幾乎已經沒有佔有量了。而野田等地，佔據了地理的優勢（只需 8 個小時就可運到江戶中心市場，這在當時而言可謂是極其便捷），這大大刺激了醬油生產的規模，以至於後來誕生了日本最大的醬油製造商「龜甲萬」（KIKKOMAN）。在銚子則產生了日本第二大的醬油企業 YAMASA（市場佔有率約為 8%）。

　　起源於室町時代末期、成熟於江戶時代中期的日本醬油，從類別上來説大致可分為淡口醬油和濃口醬油兩大類。所謂的濃口醬

油，就是一般人們所說的醬油，釀造工藝基本上與中國的相同，原料主要是大豆或脫脂大豆，充分蒸熟後，加入碾碎的小麥和麴子，使其繁殖出菌來，然後加入鹽水充分調和後，放入釀造罐內熟成，經過濾後就成了醬油，具有獨特的色、香、味。濃口醬油從功效上來說，還可分成烹飪的、蘸用的、涼拌的等多種，目前的市場佔有率是 83% 左右，一般來說，江戶一帶的關東人更喜愛濃口醬油。不過濃口醬油並不等於中國的老抽，其顏色和濃稠度沒有達到老抽的程度。

另一類是淡口醬油，最初是由兵庫縣的龍野和和歌山縣的湯淺的釀造商開發出來的，其製造工藝基本與一般的醬油相同，在大豆和小麥的處理上頗下功夫，鹽的含量稍多，大概比濃口醬油要多 10% 左右，因此口味稍鹹，有時根據需要還可加入糖化的大米。它的熟成時間比較短，因此醬油的顏色比較淡，口味比較鮮美，多用於精進料理、凍豆腐和豆腐衣等比較清淡的菜餚，能夠將材料原本的滋味充分體現出來。淡口醬油主要受關西人的的喜愛，目前市場的佔有率大約是 14%。從淡口醬油中又分化出一種白醬油，主要的原料是小麥，也放入熬製過的大豆，顏色很淡，主要的市場在名古屋一帶，多用於需要保持食物本身顏色的菜餚，比如烏冬麵的湯汁、煮蔬菜和魚等。此外還有少量生產的風味獨特的醬油，比如有一種稱之為「溜醬油」，它原本是在製造「豆味噌」的過程中分離出來的液汁，其基本功能與濃口醬油差不多，但更為濃稠，醬香也更濃烈，

更多地用於顯出燒烤食物的醬色和光澤，目前日本國內的生產量佔到 1.7% 左右。還有一種叫作「甘露醬油」，是將尚未進行加熱處理的醬油重新再釀造一次，滋味很濃，主要用於刺身和壽司的蘸用，目前只有山口縣柳井地區有少量生產。還有「刺身醬油」，顧名思義，主要是用於食用刺身時的蘸料，能進一步提升刺身的鮮味，一般都是小瓶裝，價格稍貴。

近代以後，日本的醬油製造商在技術革新和設備更新改良方面取得了很大的進步，使得醬油的品質不斷提升，現在有釀造商 3,200 家左右。進入 20 世紀後，中國開始引進日本的先進技術和設備，從原先作坊式的醬園發展為近代的釀造廠，如今中國的醬油產品也在日益細分化，品質明顯上升。不過就目前而言，日本醬油的品質在整體上似乎仍高於中國醬油，在國際市場上享有良好的口碑並佔有相當的市場份額。目前日本的醬油出口到世界上將近一百個國家和地區，在海外市場上，說起醬油，人們首先想到的是日本醬油。

其實，除了醬油之外。日本料理中還有一個極其重要的調味元素，那就是「出汁」（羅馬字可寫成 dashi），有時中文會將其譯成「高湯」或「海鮮湯」，其實這兩個譯名都不是很妥貼。在中文中，高湯一般是指用雞鴨豬牛等的肉或骨熬製出來的湯汁，海鮮湯的感覺是有很多海鮮食材的湯，而日語中的「出汁」與前者完全沒有關係，與後者基本也不相同。「出汁」是島國日本人在長期的歷史生活中積澱起來的一種飲食智慧的結晶。熬成湯汁的基本食材主要有鰹魚花、

昆布、沙丁魚的幼魚乾等。這裡分別稍加敘說。

　　鰹（日語讀作 katsuo），是一種生長於熱帶或溫帶的透明度較高海域的魚類，中國的海域應該也有，但長江口一帶的海域，因為受江河淤泥排出的影響，水體透明度不夠，很少見其蹤影。鰹魚體長可達一米左右，一般捕撈上來的約有 60 公分，背面呈暗青紫色，腹部為銀白色，新鮮時的魚肉呈暗紅色。日本人的使用方法，鮮度很高的話，可用來做刺身，或者稱之為「敲」（日語為「叩き」，讀作 tataki）的做法──將其表面稍加烤炙，用手或菜刀的背部敲打，使其肉質緊致一些，切成片狀（與刺身大致無異），撒上蔥薑末和調味汁食用。這兩者我都有吃過，不過鰹魚作為刺身的材料不算上等，它更多的是被用來製作鰹魚花，其基本製法是：將鮮魚去骨去皮去頭尾，縱向切成三段，蒸熟，然後在天然環境（現在未必是天然環境了）中晾曬，讓它發霉，再晾曬，如此反覆，直至堅硬如木頭，然後去除表面的霉斑，用刨刀刨成木材的刨花狀，就成了所謂的鰹魚花（日語為「鰹節」，讀作 katsuobushi）。如此製作的鰹魚花富含肌苷酸，具有獨特的鮮味，就成為日本人用來提鮮的主要材料。如今市場上，仍可見各種不同品質的鰹魚花，或者由調味品公司將其湯汁濃縮後製成顆粒狀的調味品。

　　昆布，中文有時稱為海帶，因棲息的海域不同，形態和品質也各不相同，一般而言，在水溫較低的北部海域，其寬度會比較大，肉質比較肥厚，因此北海道的昆布，尤其是西北部利尻島附近海域

捕撈的昆布，全日本出名。昆布在日本主要用於製作「出汁」，晾乾以後切成一段段，富有氨基酸，與鰹魚花等一起熬湯，能增加鮮度。

　　沙丁魚等小魚，用鹽水煮過以後晾曬成乾，用來做湯或熬湯。在中國也有，稱之為「海蜒」，我記得小時候夏天經常用海蜒加紫菜做湯，加點蔥花和麻油，也很可口。日本人做「出汁」，也常加上這樣的小魚乾（日語為「煮干し」，讀作 niboshi），小魚乾本身不吃，只是用來熬湯。現在的「出汁」，還常常加上乾香菇，用來增加鮮味和香味。這樣的「出汁」，用途極其廣泛，烏冬麵的湯、蕎麥麵的蘸料、「關東煮」等日本的各色「煮物」以及各種菜餚的調味料等，基本上都離不開「出汁」，它也成了日本料理具有日本風味的最關鍵的元素之一，具有非常鮮明的日本滋味。

「刺身」的由來和種類

　　日本料理中，最著名的也許莫過於刺身了。中國人名其為生魚片，大致是不錯的，當然它的材料並不局限於魚。我們現在所熟悉的刺身，通常是蘸着醬油和山葵泥吃的，這樣的吃法，形成於江戶時代。上文說到，醬油的普及，是在江戶時代的中期，因此，這樣的吃法並不古老。事實上，今日形態的刺身，其本身的歷史也不太久遠，因為在現代流通業（包括快速的交通和冷藏設施等）發達起來之前，在遠離海邊的山區（包括京都）要經常吃到新鮮的魚蝦並非易事。

　　刺身的前身應該是鱠，即將魚肉（也包括一部分其他肉類）切成細絲，拌上作料後食用的一種食品。鱠這個漢字，在遠古的中國文獻中就有了，大多寫作「膾」，而用「鱠」字表示時，多指魚類，有時兩者混用。鱠或膾，至少先秦就有了，《論語・鄉黨》中的「食不厭精，膾不厭細」，大概是人們耳熟能詳的詞句了。《禮記・少儀》中說：「牛與羊魚之腥，聶而切之為膾。」《說文解字》中解釋說：「膾，細切肉也。」這裡的肉，沒有明言是生的還是熟的，但從別的文獻

來看，大多是生的，因此雜食的豬不在其列。黎虎主編的《漢唐飲食文化史》認為，膾或鱠有如下的特點。第一，膾的原料大多指的是魚。如東漢辛延年的《羽林郎》中有「就我求珍肴，金盤鱠鯉魚」的句子。第二，用活魚和鮮魚。漢代枚乘的《七發》中有「鮮鯉之鱠」的詞語。第三，以薄切、細切為其刀工要領和特色。唐代杜甫的《觀打漁歌》中曾寫道：「饔子（指廚師）左右揮霜刀，鱠飛金盤白雪高。」這裡引用的文獻中，都是用「鱠」字。

　　日語中的「鱠」字，自然是從中國引進的，但是，它的發音只有訓讀，而沒有音讀，換句話說，這個詞所表現的意思，日本人的語言中原本就有，只是借用這個漢字來表達原本已有的語言。日語發音是 namasu。也許可以推論，列島上的居民，尤其是海邊的漁民，原本就有將魚肉或其他肉類切成細絲拌上作料食用的習慣。這樣的鱠，至少在我上文所引錄的室町時代的御膳料理的食單中就已經出現了，在更早的年代應該也有了。

　　刺身這個詞，也有寫作「指身」、「差身」，發音都是一樣的 sashimi。為甚麼會寫作「刺身」，有一種解釋是，當魚被切成一片片端上來時，食用者無法辨別盤內的魚究竟是何魚，於是便將該魚的魚鰭或魚尾插在上面，由此可知是何魚，於是有了「刺身」一詞的產生。這種解說未免有點牽強。也有的說，魚切成片狀，日語裡稱之為「切身」，「切身」似乎太不吉利，於是改成「刺身」。不過，「刺身」這個詞看起來也不舒服。這大概都是好事者事後想出來的種種

辯詞，未必可信，姑且存錄。

在室町時代的中原康富的日記《康富記》的文安五年（1448）的記錄中，出現了「指身」一詞，這大概是目前所能看到的較早的有關刺身的記載。在爾後的《四條流庖丁書》（16世紀）中曾用「サシ味」、「差味」這樣的詞來表示，雖然讀音都是sashimi，但是漢字或假名的表達法不統一，也說明了這個詞語在當時還沒有成熟。在江戶時代後期的國學家小山田与清撰寫的《松屋筆記》中這樣記載道：「從鱠中產生了刺身這樣一種名目，並由此誕生了一種刺身的製法，大概是起始於足立將軍（室町幕府的開創者和統治者）的時代吧。」至少在15世紀中期之前，現有的文獻中尚未出現有關刺身的記錄。

起初的時候，刺身和鱠之間的較大的區別在於鱠是魚絲，而刺身則是魚片甚或魚塊，調味料有生薑醋，用木魚花和梅乾、炒鹽和酒熬製的「煎酒」，用菠菜汁和醋、甜酒、鹽等拌合起來的「青醋」等等，與此前的鱠有點相近。請注意，江戶時代初期的刺身調味料中，還沒有醬油，也未必用山葵泥。18世紀以後，醬油和山葵泥逐漸取代了生薑醋等，到了19世紀，刺身所用的材料、調味料和裝盤形式漸漸定型，形成了與今日相近的刺身料理。

與刺身同時裝盤的，一般還有三類食物，日語分別稱為けん（ken）、つま（tsuma）和藥味，前兩者沒有漢字。けん的內容有蘿蔔絲、黃瓜絲和海藻等，つま有紫蘇葉、蓼的葉片、防風（植物名）的葉片等，藥味（日語中的「藥味」指的是蔥薑等去除腥味的植物）有

山葵泥、生薑等。けんは可以與刺身一起食用的，つまの功效是解毒殺菌，也可以點綴色彩，而藥味則可放入醬油中作為調料，也可直接塗抹在刺身上。

裝盤也頗有講究，單份的有「牡丹」、「薔薇」、「茶花」等種種形式，而多人食用的拼盤，三個品種的，有所謂的「天地人」的形式，還有模擬山川的樣式，儘可能使其形狀高低錯落有致，顏色搭配美麗協調。

還有一種刺身稱之為「洗」（日語寫作「洗い」，讀作 arai），一般是將鮮活的鯛魚、鱸魚、鯉魚和鯽魚等魚身白皙的河海魚切成薄片或絲，在清冽的山泉水中漂洗乾淨，使其肉身緊縮，脂肪流失，配上山葵醬油或是醋味噌，吃口清爽而富有彈性，適宜於夏季食用。在比較高級的溫泉旅館內，提供的豐盛的晚餐中，刺身一般稱之為「造」（日語寫作「お造り」，讀作 otsukuri），不僅食材一定要新鮮，盛器和擺放也相當講究。

刺身的製作有三大要領，第一是材料要新鮮，這是決定刺身是否美味的關鍵。最佳的自然是捕上來後當場食用，若要從甲地運送到乙地，一般不能冷凍，而是用冰塊低溫保鮮，這樣才能保證魚蝦的肉質鮮嫩而富有彈性。第二是刀工，這也非常重要，厚薄大小，形態的整齊度，都會因其視覺效果直接影響到食慾，因此在日本料理中，刀工極其講究，各種不同的食材，也要配上不同的刀具。考究的廚師，一般都會擁有數十種刀具，這其實在製作鱠的時候已經

表現出來了。第三是裝盤，這也是使食物上升到藝術品的一個重要環節，這裡集中體現了日本人的審美意識，上文已經有所涉及，這裡不再贅述。

刺身本身的材料，江河湖海中未受污染的魚蝦貝類皆在其列，比如生蠔和海螺片、貝類等，新鮮的牛肉馬肉乃至鹿肉也常常被端上桌。我第一次領教生蠔，是在 1992 年的東京，其時在早稻田大學遊學。同一宿舍的一位朋友，正在那裡念博士，夫人也在伴讀，某日自市場買來新鮮生蠔，邀我同享。吃法甚為簡單，用清水洗淨，撬開外殼，榨出檸檬汁澆在上面，即可使用，或許也可淋上一點白醋，但不蘸醬油，因生蠔本身有一點點鹹味。如此吃法，可最大程度品味出生蠔本身的滋味，鮮嫩滑爽，入口即化，且毫無腥味，關鍵在於食材的新鮮和肥碩。在日本，牛肉馬肉的刺身並不罕見，比較極端的，我還吃過一次鹿肉的刺身。那是 1998 年在長野縣，受日本友人邀請參加一次餐敘，席間端上來一大碗深紅色的食物，說是鹿肉的刺身，已用醬油調好了味道，主人熱情地請我品嘗。說實在，這一碗類似於生豬肝的刺身真的難以激起我的食慾，勉強嘗試了一塊，還是覺得有些血腥氣，且野生的鹿肉，好像也不感到鮮嫩。說到底，還是我這個外來客入鄉不能隨俗吧，喜歡上的人，他心裡一定覺得這是一道難得的美味。

魚的刺身，無論在日本還是在國內，自然是嘗過無數次了，印象較深的有兩次。一次是 1997 年的秋天去訪問愛知大學，當時愛知

大學的主校區還在豐橋市。豐橋市在靠太平洋的一側，瀕臨三河灣，附近有著名的三河漁港以及高豐漁港等，海產品甚為豐富。到達的翌日晚上，當地的中國友人請我們吃飯，在一家以海鮮著稱的料理店（惜忘其名）。店開在一條頗為僻靜的巷子內，進入店內，燈光也不明亮，但在入口的醒目處，有一個略呈斜面的展示台，底下鋪滿了小冰塊，冰塊上是一條條活色生香的海魚諸如比目魚、鯛魚、竹莢魚等，在不很亮麗的燈光下依然可以感覺到牠們的鮮豔光澤，這就是所謂的冰鮮魚，保持了很高的鮮度。後來是朋友點的菜，只記得上來的刺身，無比地新鮮。一盤比目魚（正確的名稱是木葉鰈）的刺身，特意保留的魚頭昂然向上翹起，眼珠鮮亮（這種擺放方式，日語稱之為「姿造」），翠綠的紫蘇葉上疊放着切成薄片的魚肉，晶瑩得有點透明。稍稍蘸一點山葵泥醬油送入口中，立即感到一種彈牙的鮮美，魚肉緊實而略帶嚼勁，令人立即聯想到進口處冰塊上擺放着的鮮魚。這一天當然還有許多美食，但都印象依稀，唯有顏色鮮亮而美味的刺身，至今不能忘懷。

還有一次是在東京，一位日本朋友請吃河豚魚。那是我第一次吃河豚魚。他帶我去的館子，在一條不甚熱鬧的街上，單開間門面，毫無高級的感覺，如同一家小麵館，客人寥寥。我事先不知道是吃河豚，但我知道河豚在日本是很貴的。東京不是河豚的產地，日本野生河豚的主要產地在福岡和下關一帶，下關的唐門魚市場大概是全日本最出名的河豚流通集散地。2005 年夏天我去下關參觀日清媾

和紀念館的時候，就是在唐門魚市場內的餐館吃的午飯，市場內置放了許多水槽，捕獲或運來的河豚就放養在裡面。日本人吃的河豚，一般多為「虎河豚」，虎頭虎腦肥嘟嘟，在水槽裡自在地游泳。市場內也有好幾家吃河豚的店家，我只在門前走過而已。如今流通業發達，東京的河豚，也是鮮活地被運過來的。河豚的日本吃法，首先是刺身。一個底色為深翡翠色（有些店家用寶藍色）的大盤子上，如菊花盛開般整齊地碼放着切成柳葉狀的河豚魚身，極薄，透過晶瑩剔透的魚肉，依稀可看到盤子的底色花紋。中間擺放着綠色的蔥段和蔥花，一撮有點微辣的明太魚子，和四分之一個切開的青色的柚子（應該不是檸檬），每人面前一小碟橙醋（中國本土沒有，一種以橙子的果汁為原料製成的醋），根據個人喜好，可在橙醋內放入一點蔥花和明太魚子，將青柚子的果汁擠出滴在刺身上（它的主要功效是去腥並增加酸味的果香），然後蘸一點點橙醋吃。河豚刺身給我最深的印象是鮮，明明白白可以感覺到它的鮮，除此之外我並無特別的讚美。河豚的魚骨被炸成脆香骨，也別有風味。刺身用剩下的邊角料，則煮成一鍋魚湯。朋友請客，我當然不宜問價錢，但我知道，一個人應該在八千日元以上。

　　吃刺身，為了消毒，也是為了增加風味，要在醬油內放入山葵泥（真正的吃客是將山葵泥塗一點在刺身上）。山葵，中國一般都叫它芥末。其實芥末與山葵是完全不同的。芥末色黃，山葵呈青綠色。上好的山葵，價格不菲。在長野縣時，1999 年一個晴朗的三月天，

還有點寒意料峭，一位日本朋友開着敞篷跑車帶我去看一處山葵種植園，後來才知道這是日本最出名的「大王山葵農場」，在長野縣的中部偏西北，到了那裡我才知道山葵原來是一種水生植物。這裡的山葵農場利用日本北阿爾卑斯山脈湧出的溪流種植了大片的山葵，由於溪水清冽，水溫正好，光照也合適，所以這裡生長的山葵品質最佳，一小段山葵（重量大概只有 30 克），在一千日元左右。除了產地之外，我在日本直接看到有售賣新鮮山葵的，是在東京的築地魚市場，小的每株五百日元，大的一千日元。上好的山葵泥，都是在料理屋內現場研磨出來的。廉價店裡供應的所謂山葵，不是劣質的就是替代品，那種從牙膏管裡擠出來的，當然不是真正的山葵。當然，以我個人的喜好而言，我不習慣山葵的那種辛辣的刺激，一定要用，也只是一丁點而已。

我們常常會驚異於日本人的生食習慣，但第一，鱠的吃法也許中國更悠久，第二，日本人普遍食用生鮮食物，其實也是近代以後的事情，近代以前尚無快捷的運輸和冷藏設施，連身居奈良和京都宮廷中的王公貴族日常也無法充分享用，以為全體日本人自古以來就常常吃刺身等生鮮魚類，未必是事實。

從「迴轉壽司」說起

　　1990 年代後期，上海的外灘開出了一家「元祿」壽司店，採取「迴轉壽司」的方式，普通的上海人還沒有接觸過壽司，迴轉式的吃法也頗為新奇，一時人氣大旺，連鎖店或者假冒店出現在各處的街頭。

　　現在壽司差不多成了最典型的日本食品，人們一看見壽司或是瞥見壽司這兩個字，立即會聯想到日本料理。當然，如今的我們最常見的，或者知道這是壽司的，大概主要是一個小飯團上蓋上一片魚或蝦的壽司，就是通常在「迴轉壽司」店看到的那種，這在日語中稱為「握壽司」；或是由紫菜包裹的切成圓塊狀的，裡邊往往會有些蔬果雞蛋之類的，滋味有些酸甜，有時會在「羅森（Lawson）」之類日系的便利店中見到，這在日語中稱之為「卷壽司」。一般人也許以為日本人自古以來就是吃這些食物，其實，如今這類的壽司，歷史才不過兩百年左右，也就是說，是在江戶時代末期的 19 世紀才誕生的。那麼，是否在這之前日本就沒有壽司了呢？當然不是。只是「壽司」這一詞語的廣泛使用，歷史並不久遠，它是在江戶時代由日本

人自己創製出來的漢字詞語。

　　在權威性的詞典中，壽司的正確寫法應該是「鮨」，現在的壽司店中，這個詞很常用，更古一點的寫法是「鮓」，現在已不多見，但其發音都是 sushi。無疑，這兩個漢字來自中國。其實，最初的壽司或是「鮨」，無論是製作方法還是形態、滋味，都與今日的壽司大相徑庭，而演變到今日的狀態，也決非一夜之間的突變。最初的樣態是「馴鮨」或寫作「馴鮓」（日語發音都為 narezushi），這中間經歷了一個名曰「生馴」（namanare）的時期，再由「生馴」過渡到「早馴」（hayanare）的階段，最後成了我們現在所看到的壽司，這一蛻變過程，是在江戶時代完成的。所有上面這些詞語中的「馴」，在日語中是經發酵以後成熟的意思，「馴鮓」是指經過發酵以後成熟的魚，「生馴」指在魚內塞入與鹽拌和的米飯經過 4~5 天或半個月的發酵後與米飯同食的食物，「早馴」則是指用鹽和醋拌和的米飯加上略加醃製的魚同食的食品，這一形態，也許在室町時代的 15 世紀就已出現了，但「早馴」一詞產生於晚近的 17 世紀，比較接近現在的壽司。換句話說，江戶時代中期以前，日本人吃的壽司，主要是「馴鮓」和「生馴」，也許，後者才是真正的壽司。

　　那麼，這種「馴壽司」或「馴鮨」、「馴鮓」到底是怎樣的一種食物呢？其實，最初它的源頭也是在中國。中國至遲在漢代已經出現了「鮨」以及「鮓」的成熟的製法。劉熙的《釋名‧釋飲食》中說：「鮓，菹也。以鹽米釀魚以為菹，熟而食之也。」南北朝時後魏的賈

思虒在《齊民要術》的卷第八中有一節非常詳細的「作魚鮓」，其中主要的內容這裡姑且用半文半白的語言把它復述一遍：首先，材料要選新鯉魚，魚以大為佳，但不必肥，肥者雖美而不耐久。作鮓的季節以春秋天為宜，冬季太冷，難以成熟，而夏季則太熱，易生蛆。其次是加工，去鱗之後切成長二寸、寬一寸、厚五分的塊，每塊都帶有魚皮。再次是進行調味，撒上白鹽，榨去水分。之後將粳米煮成比較乾的飯，飯爛容易腐爛，置於盆中，再放上茱萸、橘皮和好酒攪和，此謂之「糝」。然後將魚碼放在甕中，一層魚，一層糝，一直到放滿為止，魚腹部肥腴者放在上面，因為肥腴者不能久放，熟後就先食。碼放以後，以竹葉和箬葉交錯置放其上，共八層，再用竹籤交錯插於甕口內，置於屋內陰涼處，不可放在爐邊或太陽下，溫度高易腐臭。赤漿出來時，將其傾倒除卻，白漿出來後，味酸，即可食用。這差不多是一千六百年以前中國的製作法。

我為甚麼不厭其煩地大段復述《齊民要術》中的製鮓法呢？說老實話，我是先讀了許多日文的有關「鮓」的文獻，對於日本的製作鮓或鮨的方法（起初我覺得很獨特、很新鮮）已經比較熟悉了之後，再仔細閱讀《齊民要術》中的製鮓法的，不料竟是如此的相同或相近，可以毫不猶豫地說，日本早先的鮓或鮨的製作法應該源自中國。這一點，基本上也得到了日本研究者的證實。著名的飲食文化研究家篠田統經過長期研究後寫出的《壽司考》（1961 年）和《壽司書》（1966 年），民俗學家石毛直道主筆的大著《魚醬和馴壽司的研究》

（1988 年），都證實了日本的壽司與中國等東南亞各地稻作文化的淵源，日比野光敏在《探訪壽司的歷史》一書中坦率地承認說：「總之，與稻作有深刻的關聯，是經由中國傳到日本來的。」

　　日本的文獻中最早出現「鮨」這個字的是 718 制定的法令《養老令》，在 734 年正倉院文書的《尾張國正稅帳》和《但馬國正稅帳》以及被認為是同一時代的平城京遺跡的出土木簡中也有「鮨」的漢字，這說明，至少在奈良時代的初期，或者更早，日本已經有了「鮨」這樣一種食物。那麼，早期日本的「鮨」（準確的表達應該是「馴鮨」）是怎樣的一種食物呢？根據 927 年完成的《延喜式》等古代文獻的記錄，其基本原料應該是魚、米飯和食鹽，這一點與《齊民要術》中所表述的是一致的，但具體製作法卻並不清楚。料理研究家飯田喜代子在《從「馴鮨」到「早鮨」》一文中根據江戶時代的各種料理書進行了歸納整理，將「馴鮨」定義為「將用食鹽使肉質變硬後的魚和米飯漬放在一起，經長久置放後，只吃已經有了酸味的魚的一種食品」。這其實是一種食品的保存法。米飯的澱粉因為乳酸菌的緣故而受到分解，產生乳酸，從而阻止腐敗菌的繁殖，魚類因此而得以長時間保存。江戶時代的 17 世紀後半期開始出現的「生馴」，則有較大的不同，它是將魚和放入鹽的米飯一起置放在一個容器內，經 4~5 天或是半個月之後，魚與米飯一起吃，米飯要讓它發出酸味，與洗去酸味的魚等捏在一起吃，而置放時間很短或差不多立即就能吃的則稱作「早馴」，這已經接近今天的壽司了。

早期的要讓它出現酸味的「鮓」應該置放多少時間才比較適宜呢？《齊民要術》中沒有明言，日本江戶時代的文獻中則是根據不同的魚（當然也有季節和地區的差異）來決定其置放時間，具體為三天到一年不等，真是千差萬別。在「馴鮓」中，最富有代表性的大約是鯽魚，現在在日本中部的滋賀縣靠近琵琶湖的地區，依然還留存了一部分鯽魚的「馴鮓」的製作和食用習慣。對壽司深有研究的日比野光敏氏曾深入滋賀縣的近江地區，對當地還留存的「鯽魚鮓」的製作和食用情況進行了實地調查，並在《探訪壽司的歷史》一著中作了詳細的表述，這裡將其主要內容作一個譯述。

　　春天，當琵琶湖水有些轉暖的時候，人們便開始在湖中捕撈鯽魚，這時候的鯽魚比較壯大，形同鯉魚，當地人稱其為「似五郎」（五郎是鯉魚的別稱），用來做「鮓」的都要選取比較大而且有子的鯽魚。將捕撈上來的鯽魚洗淨，去除魚鱗，從魚鰓處挖出內臟，這時最要緊的是不能弄破苦膽，不然苦味會蔓延到全身。然後在魚身上抹遍食鹽，並通過魚鰓將食鹽塞入魚腹中。之後將醃製的魚放入木桶內，壓上重石，置放三個月，這樣，魚就變得硬硬的了。到了夏天大約 7 月中旬的時候，將醃製過的鯽魚用清水洗淨，並把魚浸在水中讓鹹味變淡。這時候，魚的鹹味控制在怎樣的程度將決定日後「鮓」的鮮美程度，這完全憑製作人的經驗和感覺。然後將米飯放入木桶裡，一層米飯一層魚，魚必須由兩層米飯夾住。等完全放滿後，蓋上嵌入到桶內的蓋子，再壓上一塊重石，有比較仔細的人，要讓桶內滲

出水來蔓延到蓋子上，這樣能將桶內與外面的空氣隔絕。然後將木桶置放在陰涼處，使魚和米飯發酵。到了年底，差不多可以食用了，以前都是用作過年時的美食。這時打開蓋子，取出魚，去除沾在上面的米飯，切成薄片裝盤上桌，魚腹內的魚子金燦燦的甚為誘人。經過近一年的製作和存放，無疑地，這鯽魚本身具有了一種獨特的風味，喜好的人覺得這是至上的美味，不習慣的人會覺得有一種無法接受的酸臭，就猶如以前浙東一帶的臭冬瓜和醃魚一樣。因此，雖然日本近江一帶的「鯽魚鮓」相當出名，但如今喜歡的年輕人卻是日益減少，再加上這原料是完全取自琵琶湖的野生鯽魚，製作又完全是手工，非富有經驗者不能完成，因此價格就非常高昂，一桶「鯽魚鮓」的成本會在 10 萬日元左右（現在大約相當於人民幣 6,300元），每一條的價格會在數千日元（數百元人民幣），因此，在實際生活中，尤其在大都市中，這樣的「馴鮓」，已經漸漸退出歷史的舞台。

上述這種「鮓」的製作方法，與中國一千六百年以前《齊民要術》所敘述的真的非常相像。自然，在中國本土，除了雲南等極少數的少數民族聚居區還能看到一點蛛絲馬跡外，差不多已經完全退出了人們的記憶。因為，當年「鮓」的產生，除了獨特的美味外，主要是作為一種魚的保存法而誕生的，經過這樣的製作，「鮓」尤其是河魚的「鮓」差不多可以保存數月到數年不等，與此同時，當時的人們也習慣或喜歡上了這種獨特的滋味。如今，作為保存法，它已經失去了意義，而它的手工製作，在今天看來又是工本浩大，關鍵是它的

滋味，喜歡的人正在日益減少。它的逐漸退出，恐怕也是一個無奈的事實了。

上面所敘述的「鮓」，無疑是「馴鮓」，如果奈良時代已經出現了的話，距今也已有差不多 1,300 年的歷史了。到了室町時代中期的 15 世紀，「鮓」的製作發生了變化，在記錄 1465~1486 年生活的《蜷川親元日紀》中數次出現了這樣一個詞語「生成」，這就是我在上面提到的魚與米飯發酵後同食的「生馴」。「生馴」與「馴鮓」之間的共同點是它們的材料是相同的（魚、米飯、鹽），製作法也基本一致，即拌和後發酵，而它們的差異點則是：一、「生馴」發酵時間比較短甚至大幅度縮短；二、「生馴」吃的時候米飯並不除去，而是共同食用。何以會在這一時期產生了「生馴」，至今似乎還沒有能充分令人信服的說法。有學者解釋說，一是人們忍受不了如此漫長的發酵時間，二是將米飯丟棄是珍惜大米的日本民族所難以容忍的，三是室町時代末期，也就是戰國時期，社會動盪，外來的新思想、新事物的衝擊不小，人們也試圖在「鮓」的製作上尋求新的突破，於是誕生了「生馴」。這些解釋有些道理，但未必都經得起深入推敲。我認為，「生馴」的誕生，應該也不是一夜之間的突變，它是一個漸進的過程，人們在反覆的實踐中，漸漸地體悟到了「生馴」比原先的「馴鮓」有更多的合理性，於是在不斷的改良和試驗的過程中，逐漸形成了「生馴」這一新的形態。米飯與魚同食，這為近代壽司的問世奠定了一個基本前提，也為壽司成為一種具有日本獨特風味的食品提供了

一個基本的可能。「生馴」已不再是一種單純的食物保存法或長期保存的食品，未經充分的發酵決定了它不可能達到長期的保存，而經過短期發酵（根據魚的品種或季節的不同，發酵的時間有所差異，一般在數日至數週）所形成的獨特的酸味，恐怕才是它吸引人的魅力所在。

到了江戶時代的 18 世紀後半期，在「鮨」的製作上又出現重大的革新。由於江戶時代，尤其是江戶時代的中期以後，城市經濟比較繁榮，飲食文化日趨發達，人們對食物的製作和食用越來越講究，製作繁瑣且帶有濃重鄉土氣息的早期的發酵「鮨」，漸漸地與新的城市生活有點格格不入了。在這樣的情形下，誕生了「鮨」的又一個新的形態，這就是「早馴」或者叫「早壽司」。「早壽司」與原本的「鮓」或「鮨」的一個根本的區別，就是它不再經過一個發酵的過程。人們曾經嘗試過用酒、酒糟、酒麴等來醃製魚，試圖不通過發酵就能獲得獨特的風味，但似乎都未達到理想的效果。後來人們索性就用醋來拌和米飯，用醋的酸味來替代原本通過發酵獲得的酸味，這樣的嘗試漸漸走向了成功。

製作「鮨」的容器也不再是以前的木桶或箱子，因為木桶和箱子必定是大量的製作，倘若不能長期保存，一次性的大量製作就失去了它的合理性。於是人們想出了另一種用具，這就是「簀子」，即用竹子和蘆葦桿編成的簾子狀的東西。將魚和醋飯合在一起，再用簀子捲起來定型，展開後就能食用。這樣的「早鮓」或「早壽司」一

般有兩種形態，一種叫「姿壽司」，即頭尾相連的一條完整的魚，保存了整個的一條魚的姿態，還有一種是將魚去骨去頭尾後切成厚片狀。「姿壽司」在實際食用時其實是很麻煩的，頭尾無法食用，而魚骨因未經充分發酵，是很硬的，因此，「姿壽司」只是好看而不好吃，於是人們又進行了改良，將頭尾切下後裝在盤子內作裝飾，魚身則一剖為二，剔除魚骨，蓋在米飯上捏緊，切成整齊的一塊塊裝盤上桌。為了使其形狀整齊，後來人們又製作了專門的底板可抽取出來的木盒子，先將米飯填入木盒，再蓋上加工過的魚（大部分都用青花魚，日語的漢字是「鯖」），然後用木盒的蓋子壓緊，將盒子的底板抽取出來後取出的壽司就成為一個整齊的長方形，然後用鋒刃切成厚塊裝盤，這樣的壽司也叫「押壽司」或「鯖壽司」、「盒壽司」，18世紀末～19世紀初興盛於大阪一帶。

在這樣的種種改良的基礎上，終於在文政年間（1818～1831）的江戶市內，誕生了壽司中最具有代表性的品種「握壽司」。「握」一詞，在這裡可作「捏」來理解。具體的發明者雖然難以確定，但肯定是經過華屋与兵衛的改良之後形成了今天這樣的形態（當然當初與現在的形態還是有若干差異的），即將上好的大米蒸煮之後，盛在一個淺口的不上任何油漆的木桶內，在其尚未冷卻時用白醋拌勻，隨即由熟練的師傅將這些米飯快速地捏成一個個橢圓形的小飯團，其間在飯團內加入一點點山葵泥，最後在飯團上加上一片生的（也有熟的）魚片或蝦片等（日語中稱之為 neta，用假名寫作ねた，無漢

字），食客可蘸上一點醬油吃，一般是一口一個。這就是最為現代人所熟悉的壽司，它的正確名稱應該是「握壽司」。華屋与兵衛這個人開始是經營壽司的行腳商，原本從大阪一帶傳來的「押壽司」製作頗為麻煩，在食攤上製作和食用都有些不方便，材料也大抵局限於青花魚，口味比較單一，經他改良過的「握壽司」問世後，立即受到了食客的普遍歡迎，他也因此聲譽鵲起，生意興隆起來，最後開出了高級的壽司專門店。

魚生的材料也不局限於青花魚，江戶灣盛產各種魚蝦，據完成於 1857 年、具有相當史料價值的隨筆集《守貞謾稿》的記載，當時用作 neta 的主要有雞蛋燒（一種日本式的幾乎不用油的攤雞蛋）、金槍魚刺身、大蝦、銀魚、穴子（anago，一種類似於河鰻的海魚）等，每一個價格都是 8 文，如今的 neta 還有海膽、鯛魚、三文魚、秋刀魚乃至於鮑魚等等，其中尤以腹部脂肪肥腴的金槍魚為珍品。華屋与兵衛的成功，引得其他的經營者也紛紛群起仿效，在 19 世紀的 30 年代前後，各種壽司的食攤和專門店遍佈大街小巷。尤以食攤最受普通民眾的喜愛，經營者往往在街衢巷口支起一個攤床，將捏好的壽司一一排放，供食客選擇，或由食客點吃，經營者當場捏製，主客皆大歡喜。「握壽司」因其製作簡便，口味鮮美，立即越出了江戶，風行至全日本，到了 19 世紀的中期和後期，已經成了壽司的主流，不久便成了日本壽司中最富有代表性的品種。因其起源於江戶，人們戲稱它為江戶的「鄉土料理」。

一

在「握壽司」登場的前後，日本還產生了各色各樣的壽司。

在 1749 年的《料理山海鄉》和 1776 年的《新撰獻立部類集》中出現了一個新詞語「卷鮓」，顧名思義，就是捲起來的壽司。上面提到的用「簾子」捲起來的米飯和魚就可以稱為「卷鮓」。不過，這時會碰到一個問題，就是米飯會沾在竹簾子上，壽司的形狀也會缺損。於是人們想出了一個辦法，就是在竹簾子上再鋪上一張紙或紫菜，這樣米飯就不會沾在竹簾子上了。可是紙是不能吃的，還得把它取下來，比較麻煩，而紫菜則可直接食用，於是，用紫菜包捲的壽司誕生了。裡邊的內容，開始時還只是用醋拌過的米飯和魚，漸漸地人們將魚切成小塊，再放上各種蔬菜或醬菜、雞蛋或其他食物，這就形成了現在的「卷壽司」。如今形態的卷壽司，最終產生於 19 世紀的江戶時代。我最初知曉壽司，就是卷壽司。大約是 1980 年，其時我在北京求學，教授我們日語的一對日本夫婦，將我們幾個學生召集到其下榻的友誼賓館，招待我們享用他們自己製作的「卷壽司」。那時改革開放剛剛開始，對於國外的東西不甚了了，所用的日語教科書，還有很濃厚的文革遺跡，對於日本飲食，既無知識，也無感覺，當時只是感到日本人吃的東西挺好玩的，有一點酸，有一點甜，涼涼的，既沒有感覺好吃，也沒有感到難吃，以為普通的日本人平常吃的就是那種用紫菜包裹起來的米飯。這是我對壽司的最初印象。

在 19 世紀前期誕生的還有一種稱作「稻荷壽司」的新品種，具

體起源有些不甚明了，《守貞謾稿》中記錄了天保年間（1831~1845）的小舖子中在出售一種稱之為「稻荷壽司」的食品，具體形態是在煮成甜味的「油揚」（類似於中國的油豆腐，但要大得多，形狀有長方形，但更多的是三角形）中塞入用白醋拌和的米飯，飯內有切碎的牛蒡、胡蘿蔔、木耳等，沒有魚肉等葷腥物。大部分的料理書中均無「稻荷壽司」的條目，初始的製作法也不很清楚，但在 1852 年刊行的《近世商賈盡狂歌合》中有一幅街頭小販售賣「稻荷鮨」（當時還是寫作「鮨」而非壽司）的圖畫，壽司的形狀呈長條狀，價格一個 16 文，半個 8 文，一段 4 文，顯然是比較大眾化的食品。「稻荷鮨」至今仍然是日本人喜愛的食物，鄉村中還有人會自己做來吃，城裡人則基本上都是買來吃了。如今的各色便利店都有出售，價格大約在每個 200~300 日元，上海等地的日系便利店中也有賣，青年學生頗為喜歡。

　　當初在製作「押壽司」或「盒壽司」時，開始時尚未發明出可以抽取底板的木盒子，這樣在取出壽司時，會有不少米飯沾在盒子內，於是人們將這些米飯掏出來，再放入些切碎的魚肉等拌合在一起吃。1795 年刊行的《海鰻百珍》和其後的《名飯部類》等記載說這些醋飯中又拌入海鰻和用醬油煮的章魚等，因其已經不再具有一定的形狀，於是人們稱其為「散壽司」，後來裡面的菜碼越來越豐富，魚蝦、雞蛋、蔬菜都可放入其內，人們又將其冠名為「五目壽司」（什錦壽司之謂），成了一種家庭料理。

總之，到了江戶時代末期的 19 世紀中葉，現在日本所具有的各種壽司的形態大致已經成熟。當然，各地因地域不同，還有許多不同的製作法，材料也豐富多彩，不過，風行全日本，並廣為人們所知曉的大抵是以上幾種。

　　「握壽司」的吃法，日後還有一種新的形態發明，那就是迴轉壽司。1967 年夏天，一家名曰「元祿壽司」的店家在東京的錦系町開出了第一家迴轉壽司店，之前曾在船橋的健康中心開設過試驗店，不久便正式推出。樣式為一橢圓形的吧台，吧台內壽司的製作人現場捏製各色壽司，然後放在由傳送帶轉動的吧台上，食客根據自己的嗜好和需要自由取用。最初的時候，每個小盤內有 3 個壽司，價 50 日元，現在大抵為 2 個，價 100 日元，最後按盤子的數量或顏色（有時不同的顏色表示不同的價格）結賬。這樣的新形態立即受到了食客的歡迎，它的魅力在於：一是現場製作，新鮮；二是可自由取用，方便；三是價格相對低廉，實惠。這一形態，現在已經傳到了海外。上海曾經風行過一陣，現在好像沒有那麼熱了。

　　吃壽司的店家，在日本自然有無數，最具盛名、價格也頗為高昂的當屬東京銀座的「久兵衛」本店。雖說是在銀座，可已是銀座的八町目，距離新橋車站更近。飯店的外觀和內飾樸素而高雅，從地下一層到地上五層，各個樓層的格局不盡相同，價格也各有差異，消費水準一般午飯在每人 6,000~15,000 日元，晚飯在 10,000~30,000 日元之間。除了包間之外，多為吧台式，可以隨意觀

察廚師的製作，也可輕鬆地與他們搭話。二樓的午飯有三種套餐：「志野」6,000 日元；「織部」7,500 日元；當日由廚師搭配的 10,000 日元。「織部」套餐有這樣幾種：金槍魚腹部的中等品（金槍魚腹部的魚肉脂肪肥厚，入口即化，故價格較貴）、真鯛、大蝦、海膽、金槍魚腹部的上等品、短時醃製的青花魚（肉質比新鮮的更加緊致）、星鰻、鮭魚的魚子。當然，食材絕對都是上乘的。有意思的是，這裡做壽司的米飯是溫的（一般都是涼的），口感更佳，這也要求捏製的技術更高。吃壽司的時候，一般都不喝酒，現在通常的情形是佐以涼的烏龍茶。到銀座的「久兵衛」去吃一次壽司，是很多日本人的嚮往。除了銀座的本店外，還在東京的新大谷飯店、大倉飯店和大阪的帝國飯店等最高級的酒店內開設了分店，在這樣的地方請人吃壽司，當然是很有臉面的事。

也有不少口碑甚佳，價格卻不太貴的店家。靠近東京灣的築地魚市場內，憑藉新鮮的食材，開設了好幾家壽司店，門面都很小，每天顧客盈門，狹窄的店門口，經常排着不短的隊列。一個冬日週六的上午，我也慕名前往，市場內售賣的各色魚鮮和乾貨都很誘人，市場邊上的料理店，也是遊客趨之若鶩的所在。有一家名曰「壽司大」的店家，終日排着長隊，等上一兩個小時是必須的訓練。店舖自然沒有甚麼高級感，店堂也頗為狹小，但一樣乾淨。這裡的賣點就是食材新鮮，省去了運輸和冷藏的時間和成本，3,900 日元的廚師搭配的套餐，貨色不比「久兵衛」遜色，價格卻是大大的親民。

還有一家「美味鮨勘」，也爆有人氣，門口一直拉着隊列線，正可謂門庭若市。店家從清晨五點半經營到下午三點，消費平均在每人2,500~3,500日元，你付出的代價，就是要等上漫長的時間。風和日麗倒也罷了，風雨大作或烈日暴曬時，也很難淡定，但每天真的有那麼多食客慕名而來。隊列中，有不少金髮碧眼的歐美客，中國台灣過來的也不罕見，但中國的大陸客倒難得遇見，也許大家都忙着去掃貨了，或者對於大冬天吃冷冷的魚飯團還沒有產生真正的興趣。

「天麩羅」與河鰻的「蒲燒」

　　在有代表性的傳統日本料理中，「天麩羅」大概可以位居前列。可是在 16 世紀以前，日本肯定沒有「天麩羅」，甚至在江戶時代中期以前，一般人大都不知曉「天麩羅」，甚至它的名稱的來源，雖然眾說紛紜，但來自葡萄牙語大概是可以肯定的。那麼，「天麩羅」也可以算是傳統的日本料理嗎？這裡就牽涉到一個對於日本料理的定義問題。根據食物史研究家原田信男的說法，日本料理指的是近代以前，西洋料理和中國料理大量傳入日本之前在日本業已存在的料理。如此說來，「天麩羅」也可說是日本料理的一種，因為產生於近代之前，也可歸入傳統的日本料理之列。

　　這裡先解釋一下「天麩羅」是一種怎樣的料理。它的材料主要是蝦虎魚（一種長度在 20 公分以內的棲於水底的小魚）、大蝦、目魚、沙鑽魚（一種長度在 30 公分以內的體形細而圓的小魚）等魚蝦類和番薯、茄子、三葉、香菇、胡蘿蔔、牛蒡、藕等蔬菜，將其切成薄片（小魚和蝦一般都是原形，不過沒有頭）後裹上麵漿，放入油鍋內炸，炸成淡金黃色後撈起，瀝乾油，放入墊有白紙的竹編容器內，

蘸調料吃。這調料是專為「天麩羅」做的，成份是味酥（一種日本甜酒）三分之一，醬油三分之一，「出汁」（用海產物熬製的高湯）三分之一，食用時放入蘿蔔泥調勻即可。「天麩羅」的發音用羅馬字寫出來是 tempura，有中國人將此戲譯為「甜不辣」，倒也道出了它的幾分滋味。日語中的「天麩羅」三個字，也是根據它的發音用漢字附會上取的。

多田鐵之助的《滋味的日本史》中記錄了這樣一段「天麩羅」的來歷。16 世紀中葉葡萄牙的傳教士初入日本，一次在長崎街頭做油炸食物，當地的日本人見了便詢問此為何物？因語言不通，那洋人也不解他的問題，待弄明白時便回答他說 temper。這回輪到日本人聽不懂了，於是便拿了紙叫洋人寫下來，日後請教通洋學的先生，知其讀音為 tembero，後來發音又訛傳為 tempura。這大概只是逸聞，不可盡信。不過，這樣的油炸食品，是在 1549 年首位西方傳教士聖方濟各·沙勿略（F. Xavier，1506~1552 年）登陸日本以後才出現的，這一點應該是肯定無疑的。

當初的所謂天麩羅，當然不一定是今天的面目，也許只是一種裹上麵漿的油炸食品，這樣的食物，16 世紀後半期開始出現在長崎，17 世紀的時候流傳到京都一帶，18 世紀的時候以食攤叫賣的形式在江戶贏得了人氣。前面已經說到，江戶中期的 18 世紀，作為大都市的江戶已經逐漸形成，餐飲業開始興旺起來，其中主要的形態是街頭巷尾的吃食攤。18 世紀左右，油料的供應較以前有大幅度

的增加，這也使得油炸食品成為可能。其時江戶的流通業已經頗為發達，形成了以日本橋等為中心的諸多市場，各種蔬果都有及時供應，更重要的一點是，江戶灣盛產各類魚蝦，像蝦虎魚、沙鑽魚等小魚，市場價值並不高，但用來作為天麩羅的材料，倒是相當地適宜。經營天麩羅的，也不必要有高堂大屋，只需一個簡便的食攤就可，這也決定了天麩羅一開始就是一種大眾食品，價格低廉，滋味可口，很受普通市民的歡迎。因為它的平民性，所以天麩羅在江戶時代始終未能登上懷石料理或是會席料理的食單，上層人士對此似乎有些不屑一顧。經營天麩羅的正式店舖，直到江戶末年（1860年前後）才開張，而有座位、可供堂食的天麩羅屋則始於20世紀的大正年代（1912~1926），此後，逐漸為上層階級所矚目，成了日本料理的代表品種之一。說它是日本料理，並無任何勉強之處，除了油炸和裹麵漿的做法在傳統的日本料理中並不多見外，其他都具備了典型的日本風味：所用的材料都是魚蝦類和蔬果類，滋味是清清淡淡的，裝盤時的形狀是富有錯落感的左高右低，裝盤的器具大抵都用樸素雅致的竹編品，尤其是它的調味料，味酥是日本獨有的，「出汁」更是獨一無二的「日本製造」。

我個人在日本有幾次品嘗天麩羅的經歷。這裡記述其中的兩次。

1993年初冬，因某教授的緣故，日本規模頗大的物流公司「山九」的社長請我們倆吃飯，地點選在日本橋附近的一家名曰「天茂」的天麩羅屋。汽車開進一條小巷，主人領我們走上樓去。這是一幢

年代久遠的木屋，抬頭可見人字形的屋頂和熏得發黑的房樑，地板踏上去咯吱咯吱響，顯然是有年頭的老舖子。這裡是事先預定的，屋內就我們六位客人。座席是半菱形的吧台樣式，吧台內是兩位六十開外的老婦人，一位取材做準備，一位則負責油炸，邊炸邊與客人聊天。現在用的都是色拉油，已無昔日油煙滾滾的舊景。所用的材料據云都是取自東京灣的魚蝦，只施以薄薄的一層麵衣，炸好後依次分給客人，沒有定量，可任意食用，只需吩咐老闆娘就是了。做天麩羅，材料的新鮮是第一的，其次是控制油溫，一般以 180 度左右為佳，色澤呈淡金黃即可。蘸的調味料雖然各家稍有差異，但大致的比例我上面已經有敘述，外行人恐怕難以辨別。這裡的天麩羅確實做得不錯，但一頓酒宴，始終都是天麩羅，不久也就膩了，滋味畢竟單一了些。

　　還有一次，是 1997 年的晚秋，早稻田大學的理事野口洋二教授請我和另一位教授去其府上用晚飯。野口先生與另一位教授不很熟，不詳其能否吃刺身，便安排了中國人無礙的天麩羅。野口先生的宅邸坐落在交通便捷卻很僻靜的一條巷子內。掌勺的是野口夫人，一位溫文和善的日本婦女，一開始有幾樣下酒菜端出，接着便是用不同的材料（蝦和香菇、番薯片是我印象深刻的）做的天麩羅，裝在雅致的食器中，滋味相當好，完全不亞於日本橋的那家「天茂」。主人做了相當的準備，但天麩羅實在無法多食，油炸物能勾起的食慾是有限的。那晚留下最深的印象倒不是天麩羅，而是主人的

濃濃的人情和溫馨的家庭氣氛。

　　大約在明治時代的晚期（1910 年前後），出現了一種面向中底層收入者的蓋澆飯，天麩羅蓋澆飯即是其中之一。蓋澆飯均用一種深底的陶碗，日文寫作「丼」，天麩羅蓋澆飯就簡稱叫「天丼」。東京街頭有一家天丼屋的連鎖店名曰「天屋」，早稻田大學文學部的左近有一家，店堂不大，除一排吧台之外，靠牆有幾個小桌。坐定後即有侍者送上大麥茶一杯。吧台內有幾個中年婦女在油鍋前忙碌，另有一兩個打工的學生在奔進奔出。通常的價格是 500 日元，在日本算是相當低廉了。六七分鐘後端了上來，深底的大腕內，底層是米飯，上面依次排放着裹了薄衣的剛炸成的大蝦一枚，無刺的蝦虎魚一尾和南瓜、茄子、小青椒各一，上面澆有一勺調味汁，不是加了蘿蔔泥的那種，滋味要濃鬱得多，似乎更適宜於中國人的胃口，乃屬店家自製。食客多為學生和公司的員工，天天顧客盈門。

　　再説一種江戶時代最後完成的傳統料理，河鰻的「蒲燒」。先解釋一下「蒲燒」這兩字。「燒」是燒烤的意思，「蒲」則是一種植物，因燒烤之後，食物的形態像蒲的穗，故名曰「蒲燒」。這樣的解釋也未必有道理，總之，當初產生了這樣的名稱，後人跟着叫就是了，或者儘可能將前人的名稱解釋得有道理。這裡説的是一種烤河鰻。

　　河鰻雖稱為「河鰻」，其實產卵和幼時生活的場所是在海裡，中國的東部沿海、朝鮮半島的西部沿海和日本本州中部的沿太平洋地帶都有棲息。自魚卵長成的幼苗大約在每年的 11 月至翌年的 4 月間

溯河而上，一般在河裡生活 8 年左右完全成熟，然後再下海產卵。現在人工養殖的，生長期當然大大縮短了。中國人做河鰻，多為清蒸，火候極為重要，做得好，肉質細嫩肥腴，堪稱上品菜，不過久食也會膩味。上海老飯店有一種紅燒的，選用上好肥碩的河鰻，濃油赤醬，最後撒上一把蔥花，入嘴則是肥酥滑嫩，濃香滿口，較之清蒸的，滋味更佳。

太平洋沿岸的日本人，很早就知道了河鰻的美味和營養價值。距今 1,300 年的奈良時代的詩歌集《萬葉集》中就出現了河鰻的詞語（寫作「武奈伎」，發音與今日的「鰻」相同）。不過古時的吃法，和今天大不相同，或製作鱠和刺身生食，或是撒上鹽生烤，也有熏製或加水煮的。日本人相信，在夏季最炎熱的土用的丑日（土用乃是農曆的節氣之一，每年四次，立秋前的 18 天為夏之土用）吃了河鰻後，暑氣就無法沾身，因此在炎夏之時有食用河鰻來大補元氣的習慣，河鰻美味，也可以此來刺激食慾。約在江戶時代的元祿年間（1688~1704），京都出現了河鰻的「蒲燒」（一說起源於大阪），後來又傳到了江戶。據飲食文化研究家渡邊善次郎的研究，將河鰻剖開後去頭剔骨、抹上作料汁的蒲燒，則形成於 18 世紀初的正德年間（也有人認為是在 19 世紀初的文化·文政年間）。

直到今天，蒲燒仍有關西（京都、大阪一帶）和關東（東京一帶）的不同製法。關西是將河鰻從腹部剖開，去頭尾（最早的做法是保留魚頭），剔除大骨和邊刺，切成長約五寸的段，用一根鐵釺子串

起來放在炭火上烤（考究的店家現在仍用炭火）。第一遍稱之為「素燒」，即不抹任何調味汁，烤至半熟時，再在兩面抹上作料汁（日語的漢字寫成「垂」，讀作 tare），烤至將熟時，再抹上一遍作料汁。河鰻肥腴，烤的時候不斷地「滋、滋」滴下油來，走過「鰻屋」（烤河鰻的店舖），遠遠就可聞到一股香味，勾起人們的食慾。而關東的做法則有不同，是將河鰻從背部剖開，切段後用四根鐵釬子串起來烤，烤至半熟時放入蒸鍋內蒸熟，再取出抹上作料汁，放在炭火上烤出香味。上品的店家作料汁要抹上好幾遍。就製法而言，關西的在前，關東的在後（形成於 19 世紀上半葉），現在可以說是「東風壓倒西風」了。這裡有兩個原因。關西的製法只是烤，烤的河鰻肉質偏硬，且油脂過多（但關西人覺得這樣才能保留河鰻的原汁原味），而蒸過一次以後，脂肪部分大抵已經消除，更合現代人的口味，且這種製法，烤成後肉質比較肥嫩。故關東式的蒲燒屬改良型，更受食客的歡迎，迅即風靡全國，現在日本的蒲燒，大都是關東製法。另一個原因是，關西多山地，溪流湍急，捕得的河鰻少泥土氣，而關東多平野，河流平緩，河鰻多泥土氣，蒸過一次後，泥土氣大減，滋味更鮮腴。

　　如今野生的河鰻已經急劇減少，大都用養殖的，日本自 1892 年在靜岡縣的濱名湖開始河鰻養殖，當時的養殖期大概在 1~3 年，而且一般與鯉魚和鯽魚混養，戰後養殖業更為興盛，近年來已採用溫室養殖，養殖期也縮短到了 1 年。不過，河鰻的養殖，多少會影響

周邊的環境，現在的日本，80% 依賴進口，1960~70 年代主要從台灣，現在則主要來自中國大陸和東南亞。隨着水環境的改變和食客的劇增，野生的河鰻已經成了珍稀物品，市場上可見到的，多為養殖物，不過即便是養殖的，進口貨和本地貨的價格差異也不小，本地的河鰻大概是中國進口的兩倍價錢。

河鰻的蒲燒，除材料的鮮活外，作料汁和火候是關鍵。老牌的店家，都有自己秘製的作料汁，其原料主要是醬油和味醂，另加數種原料一起文火熬製，直到濃濃的帶有黏稠性，放入陶罈中密封保存。配製的材料，各家各有高招，大約有魚乾、蝦米、菌菇類的植物，甚至洋蔥、蘋果等蔬果，此乃企業秘密，一般秘不示人。自然，烤製時的火候也不可輕視，廚房有經驗的師傅每人都用一把小蒲扇在畢剝作響的薪碳上「煽風點火」，一邊適時地抹上作料汁，待表面烤成閃亮的金黃色而稍帶一點焦香時，便可上桌了。

我在長野縣上田市居住的時候，曾去過西南郊的名曰「若菜館」的蒲燒專營店，始建於明治三十年（1897）。這是一座用原木築成的兩層樓房，立在汽車路邊，有點像早年美國西部的木屋，卻是純粹的日本風情，不施一點油彩。進得門內，也是一色的原木，木地木桌木椅，雖已歷經風雨，卻仍可感覺到當年樹木的芳香。從窗戶望出去，並不寬廣的田野間夾雜着錯落有致的房舍，再遠處，是逶迤蒼鬱的群山。坐定後，點了一種基本的菜式，有一份蒲燒，一碗米飯，一小碟「香物」（暴醃的蘿蔔等），以及用木碗盛着的「吸物」，

價 2,500 日元。不過，蒲燒並不馬上端上來，它是需要現烤現製的，客人得有耐心。待端上桌來，果然色香誘人，醬黃中油色閃亮，用筷夾一段送入口中，有一種令人感到滋潤的肥腴，甜中帶着一點焦香，幾乎還沒有細品到魚肉的纖維便酥化在嘴裡了。「若菜館」開業已逾百年，至今仍然矗立在信州（上田一帶古稱信州）的大地上，美味的蒲燒體現了它長久而頑強的內在生命力。

我在京都祇園附近吃鰻魚飯的經歷，似乎也聊可一記。那是一個染井吉野櫻花（就是我們常見的櫻花品種）正在慢慢凋落、花色稍艷的枝垂櫻開始盛開的一個傍晚，春雨綿綿，祇園的街上擠滿了來自各地各國的遊客。我要在那裡換車，突然覺得有些飢腸轆轆，街邊的一家食店，正亮出了誘人的廣告牌，一種標價 1,280 日元（不含消費稅）的鰻魚飯，使得我停下了腳步。食店其實在三樓，坐了電梯上去，走進店內，空無一人，倒也未必是生意不佳，而是時間太早，只有五點多一點。一腳已經踏入，就不宜再轉身出去，於是就要了一份廣告牌上的鰻魚飯。等候沒多久，食物端了上來，一個漆器的餐盤上，中間是鰻魚飯，一邊是一碗小小的「吸物」，另一邊是一碟小小的「漬物」。鰻魚飯的盒子實在是小，取下蓋子，米飯上是三段小小的烤鰻魚，不知是否是現烤的。我早已飢腸轆轆，自然是覺得挺好吃，但是量似乎也太少了，就像小孩過家家，米飯還不到二兩，瞬息之間，已經被我風捲落葉般地一掃而空。廣告牌上色彩鮮艷的圖片，又沒有標明尺寸，再說就這樣的價格，在一家還算

不錯的食店，怎麼可能吃到足以令人暢懷的鰻魚飯呢？

東京有好幾家歷史悠久的烤河鰻老字號，諸如「小滿津」、「竹葉亭」、「大黑屋」等。開張於幕府末年的「竹葉亭」，座落在銀座南端靠近築地的一條小巷內，不算高級店，但畢竟歷史悠久，門面也頗為雅致，往往是名流政要頻頻光顧的對象。以前供應的都是野生的河鰻，如今大概也改為養殖了吧，價格屬於中等偏上，一份烤河鰻定食 4,200 日元，一份烤河鰻的懷石料理 10,500 日元。鰻魚因為烤前蒸過，肉質豐腴，作料汁的顏色並不濃鬱，烤出來的河鰻在金黃中透出焦黃，令人食指大動。

日本料理近二十年前傳到中國大陸時，菜譜上也有一款烤河鰻，一般的店家大概為了節省成本，鰻魚都很小，烤的技術也很差，作料汁好像是事後澆上去的，通紅的一片，很難有肥腴的感覺，真地很難恭維。近年來隨着日本廚師的進駐，至少在我生活的上海，已經出現了多家頗可一顧的料理屋。在西區靠近虹梅路的「九井」，以比較純正的烤河鰻贏得了一波鐵桿食客。那家店是三井物產的高橋先生帶我們去的，走過狹窄的地板通道，最裡側有幾間包房。正是夏天，按照日本的習俗，說是吃河鰻可補元氣，消除暑熱。那天喝的不是日本酒，而是高橋帶來的南澳的紅葡萄酒，與烤河鰻的滋味倒也是相當地吻合。最後出來的裝在長方形盒子內的鰻魚飯，果然沒有紅彤彤的一片，顯出了誘人的焦黃色，滋味不壞，但不知為何，總缺乏一點在日本本土品嘗時的豐腴的感覺，也許是因為那天

在吃鰻魚飯前，已經飽啖了太多的美食。浦東香格里拉酒店內的「灘萬」，其製作的鰻魚在圈內也絕對是有口碑的，價格也頗為高昂。

與天麩羅蓋澆飯的「天丼」一樣，烤河鰻的蓋澆飯「鰻丼」也極受歡迎，它的歷史據云要比「天丼」為早。據江戶末期成書的《守貞謾稿》的記載，江戶時代的文化年間（1810年左右），有個戲院老闆叫大久保今助的，常叫附近的一家名曰「大野屋」的鰻屋送「蒲燒」來吃。當時烤好的河鰻是將糠烘熱後用熱糠來保溫的。後來有人想了個主意，一樣要另備米飯，何不將剛烤好的河鰻置於熱飯之上，再澆上一勺作料汁，這樣河鰻可得保溫，也可兼食米飯，可謂一舉兩得，於是就誕生了「鰻丼」，據說正是由江戶茸屋町的「大野屋」創製的。另外還有一種「鰻重」，是一個頗為精緻的木盒，裡面有兩重，上面置放烤河鰻，下面是米飯，也有的裡面並沒有隔層，就是米飯上置放烤河鰻，這就跟「鰻丼」差不多了，只是看上去比較有派頭。現在考究一點的店裡，一般供應「鰻重」，而比較有庶民氣的小店，多為「鰻丼」，兩者的價格相差也頗大，而滋味則並無大異。我曾在東京上野的一條小巷內吃過一回「鰻丼」，一段烤河鰻650日元，兩段1,000日元，這樣的價格是十分低廉的了，河鰻自然是進口貨（國產的養殖的河鰻價格也會翻倍）。烤得剛剛好的河鰻盛在厚底陶瓷碗內，飢腸轆轆時，一樣地鮮香無比。

日本人總覺得河鰻營養豐富，夏季人容易疲憊乏力，食慾下降，因此每當夏日土用的時節有吃河鰻的習俗，土用前後媒體上總要熱

鬧一番，是否吃過烤河鰻，也成了街頭巷尾談論的話題，那些烤河鰻的店家，這一段日子生意尤為紅火。

「漬物」—— 日本的醬菜

　　一個櫻花盛開的四月初的午後，我獨自來到外地或外國遊客來京都必定要去的祇園一帶閒走。在熱鬧的四條大街，臨街有一家風格雅致的店舖，在優雅的燈光的照射下，店門口的綠色植物在春風中搖曳生姿，女店員穿着素雅的和服，笑容滿面地迎接着每一位來客。進入店內，才發現這裡是專門賣漬物，也就是醬菜的店舖，叫「西利」。醬菜店居然開在了寸土寸金的觀光地段，而且如此的風雅清幽，恐怕大部分的外國人都會感到些許驚訝。

　　這一章裡我想聊聊「漬物」，也就是一般所理解的醬菜（當然漬物不只是以素菜為原料，魚類也可以，但一般理解的大致與中國的醬菜相當）。「漬」，就是浸漬的意思，將食材放在鹽及其他物質中長期或短期浸漬，經過發酵或不完全發酵或不發酵，最後製成的食品，因乳酸菌或其他成分的功效，形成特別的風味和養分。在南方，我們一般稱之為醬菜，北方多稱之為鹹菜。難道醬菜也有專闢一章談論的必要？一開始我也這樣想，但後來稍稍深入到了一般日本人的生活中，感到漬物在他們的日常飲食中所佔據的位置，實在要遠

高於醬菜在我們中國人日常飲食中的位置。最高級的日本料亭裡所供應的懷石料理中，最後必定有一小碗米飯和一小碟漬物端上來。到京都來旅行的日本人，不少會選擇京都的漬物來作為饋贈佳品。很難想像，在中國人的高級宴會中會出現醬菜，也極少有中國人會用醬菜來作為禮品。

漬物或者説醬菜當然不是日本人的發明，作為一種發酵或者長期保存的食品，在世界各地都屢見不鮮，中國醃製食物的歷史更為悠久。但像日本人那樣幾乎奉為一日三餐的必需品（日本式的早飯，必定有漬物相配，咖喱飯也會加上幾片染成紅色的醃蘿蔔，中華料理的套餐，每每會配上一小碟榨菜，至於每一份便當或定食，在菜餚中一定會有漬物，唯有洋食，一般沒有漬物），在京都等地有多家歷史悠久的專門店舖，在每一家食品超市中都有專門的漬物區，恐怕在全世界都是頗為罕見的。

現在日本漬物的種類，從用於醃製的材料來説，有鹽漬，醬油漬，味噌（豆醬）漬，醋漬，粕（酒糟）漬，糠（在日本多用米糠）漬等數種，其中除了醬油誕生於江戶初期之外，其他的各種漬物，也都有上千年的歷史了。至於醃製的食材，主要是根莖類和葉菜類，醃製的時間從一兩年到一兩天甚至幾個小時不等。

最具有日本特色的漬物要算是梅乾了。梅子原產於中國，梅乾的歷史在中國至少可以追溯到兩千多年前的戰國時代。馬王堆的出土文物中，有一個裝滿了梅乾的壺。在中國的稻作文明傳入日本後，

梅子等東亞大陸的穀物和果物也漸漸隨着人員的交流被帶到了日本列島。至少平安時代，日本人已經在食用梅乾了。梅子最初無論在中國還是在列島，主要都是用來製作醋的，後來人們發現烤過的梅子還具有治療腹痛、解毒、排蟲的功效，也就成了漢方藥中的一劑藥材，後來在日本漸漸演變成了用於佐餐的梅乾。做梅乾的梅子，選用 6 月後成熟的梅子，摘下後用鹽醃製，然後晾曬三天，因為鹽分很高，可以保存很長時間。大約到了江戶時期，人們開始用紅色的紫蘇葉與梅子一起醃製，於是梅子也被染成了紅色，這就是今天人們所看到的梅乾都呈現出紅色的緣由。過去一般的日本人生活窮苦，去田頭或工廠、學校帶的便當，只是在白白的米飯上放一個紅色的梅乾來用於下飯，後來人們就戲稱為「日之丸（日章旗）」便當。如今鹽分這麼高的梅乾已經不受歡迎，戰後生產出了一種「調味梅乾」，將醃製後晾曬過的梅乾再放在水裡浸泡，使之減去鹽分。種類也多了起來，用昆布一起醃製的稱為「昆布梅」，用鰹魚花調味的稱之為「鰹梅」，也有的加入了蜂蜜的稱之為「蜂蜜梅」，但是梅子依然保持了它獨特的強烈的酸味，這種主要由檸檬酸導致的酸味，刺激味蕾，促進食慾，且有益於健康，因此梅乾今天依然是日本人最喜愛的漬物之一。

在日本，古代的紀州，也就是今天的和歌山縣是日本最主要的梅子產地，尤其是南部町生產的梅子，以其個大肉厚而被譽為梅子中的佳品，名為「南高梅」，做成的梅乾要比一般的貴不少。我在超

市中見到標為「南高梅」的，300 克價格是 800 日元。我慕其名，曾帶回來一盒，用以佐餐，每餐一枚足夠了，鹹中帶酸，酸中有甜，強烈的檸檬酸使人無法多食。只是中國人吃飯（我在家主要吃晚飯）一般還不習慣食用漬物，我往往忘卻，結果一盒梅乾，還有三分之一沒吃完就過了保質期，最後不得不捨棄。

我初到日本時，比較中意的一種日本漬物名叫「澤庵」，一種顏色黃黃的醃蘿蔔，用的食材是日本稱之為「大根」的長蘿蔔。吃起來脆脆的，略帶點甜味，甚至有一點點果香。買回來切成片，用於佐餐，似乎也很合中國人的口味。後來查了一下資料，說是之所以名叫「澤庵」，是因為江戶時期有一個禪宗臨濟宗的和尚叫澤庵宗彭的，在自己創建的東海寺裡，製作了一種漬物，自然沒有名稱。後來江戶幕府第三代將軍德川家光來寺院裡拜訪，澤庵讓他品嘗了自己醃製的蘿蔔，家光覺得相當美味，詢問此為何物，澤庵答說自己做的，也沒有名稱，家光便命名此物為「澤庵」。當然這是一種類似野史的記載，難以確定有多少可靠性，不過好像也不是空穴來風。總之，就有了這種名曰「澤庵」的漬物。

它的做法是，將挖出的長蘿蔔洗淨後放在自然的環境中晾曬，數日之後漸漸變軟，然後放入容器內，加上鹽和米糠，醃製數月，鹽分使蘿蔔中的水分減少，滋味濃縮，米糠中的麴子則將澱粉分解為糖分，增加了蘿蔔的甜味，而米糠的顏色漸漸滲入蘿蔔內，使之慢慢變成黃色乃至黃褐色。喜歡不同風味的，還可加入昆布、辣椒

和柿子皮等,以求得鮮味、辣味和獨特的果香。這些都是傳統的醃製法。如今,隨着人口的城市化,自己製作的人已經日益減少,而廠商為求得經濟利益,也使用了各種現代的製作工藝,蘿蔔的自然晾曬幾乎已經消失,都是用事先調配好的醃製液,將洗淨的蘿蔔放入裡面,再用食用染色劑將其染成黃色,沒有幾天即可上市。口味是鹹中帶甜,又有一點點酸味,還有蘿蔔特有的香味,生脆爽口,很受一般市民的歡迎。但是在神奈川縣東南部的三浦半島、三重縣的伊勢地區和德島縣的一些地方,人們依然用傳統的方法醃製,依然有此類產品上市,不過因為工期比較長,價格也相應地偏貴,但仍然有些消費者熱衷於傳統的澤庵,成了堅定的粉絲,產品依然暢銷。一般人們(包括我)所食用的,則多是廠商生產的,我家人也很喜愛,曾經特意從日本帶了回來。

京都是日本漬物的大本營,它的一些老字號店舖在全國都享有很高的聲譽。像我在開頭時提到的「西利」,它的本店位於著名的西本願寺邊上,巍峨的一幢樓,走入裡面,彷彿進入了百貨公司。它在京都最高級的百貨公司「高島屋」內也設有門店,其他諸如嵐山、清水寺、平安神宮等觀光地都有它的連鎖店,甚至在東京的熱鬧地帶日本橋也開設了分店。它不僅出售各色漬物,也供應與漬物相關的食物,甚至還有漬物懷食料理,菜餚無非都是漬物,標價 2,700 日元,擺設得相當好看,各色漬物間的色彩搭配、盛放器皿的精心選用,都使得原本並不怎麼高級的漬物達到了藝術的境界。也有漬

物「食放題」，配有漬物壽司，每人 1,500 日元，小孩減半，人們在這裡，就是品嘗各種漬物。日本人已經將漬物做到了如此的境界，真讓人嘖嘖稱奇。

「西利」是做得比較高調的，還有一些歷史比「西利」更為悠久的老字號（日語稱之為「老舖」，這個詞也很耐讀），諸如開張於江戶元祿 12 年（1699）的「赤尾屋」，沒有「西利」那麼多的門店，主要憑藉自己悠久的歷史和卓著的聲譽，向全國做配送的生意，各種漬物的盒裝組合，價格大致在 3,000 多到 5,000 多日元，另加送費。「成田」也是一家「老舖」，創業於 1804 年，在上賀茂的本店，就像是一家高級料亭，兩家分店也分別開在高級百貨公司的高島屋和伊勢丹內。他們的商品，除了現場出售外，更多的是通過物流的渠道接受訂購，向全國廣泛發送，如今則多了網購的渠道，幾乎規模較大的漬物商舖都在網上開設了在線銷售。但仍有些老舖則不追求規模效應，他們孜孜不怠地秉承着先祖留下的傳統，堅持手工製作，堅持傳統的發酵方式，工期雖長，價格雖高，卻依然贏得了那些高級料亭的青睞，比如祇園地區的老舖「村上重」，他們的商品很多是專門供應那些恪守着品位的高級料亭。

京都漬物的三大代表，就是「酸莖」、「千枚漬」和「柴漬」。

「酸莖」的食材是冬天收穫的蕪菁的變種，俗稱酸莖菜，根莖和莖葉都可食用。收穫之後先用鹽水浸一晚上，然後抹上鹽，在戶外放上 7 天，再移入室內擱置 8 天使其發酵後，就可食用。莖葉的顏

色接近龜甲色或飴糖色，根塊部則呈現出淡黃的乳白色。將莖葉切細，根塊切片，就成了一種帶有特別酸味的漬物。時間越久，其酸味也就越濃，非常刺激食慾，喜好的人愛不釋手，不習慣的人會覺得稍稍有一股異味。酸莖含有較豐富的乳酸菌和食物纖維，對舒通腸胃有良好的作用。

　　相對而言，似乎「千枚漬」的名氣最響。千枚漬的食材是蕪菁，中國江南一帶俗稱大頭菜，其肉質較圓蘿蔔來得細密緊實。京都的蕪菁原本主要產於京都聖護院的田產中，後來將其種植在京都其他合適的土地上，一般就稱為聖護院蕪菁，其當食季節在當年的 11 月至來年的 3 月。其做法，最初是由一個名叫大黑屋藤三郎的御用廚師在 1865 年研製出來的，在醃製前，就將其切成薄片，一個蕪菁要切成一千片那麼薄，「千枚漬」的名稱據說就來源於此，當然事實上並沒有那麼薄。將切成片的蕪菁，裝入一個桶內，用鹽醃製後，控除水分，然後用優質的昆布一起醃製。製成後，因乳酸發酵的原因，就帶有蕪菁原本含有的甜味、乳酸發酵的酸味和昆布的鮮味，於是變成了人們喜愛的一款漬物。二戰以後，為了適應人們的大量消費，就加入了砂糖、醋和調味料來製作，達到了大量生產。京都做千枚漬最有名的店家，是江戶末年辭去了御用廚師職位之後的大黑屋藤三郎取其名字的兩個字開設的「大藤屋」，後來就成了製作千枚漬最正宗的店家。

　　「柴漬」又稱為「紫葉漬」，其發音在日語中都是 shibazuke。它

的食材主要是茄子，後來又有黃瓜和茗荷。製作方法是將茄子和紅色的紫蘇葉一起用鹽醃製，紫蘇葉的紅色慢慢將茄子染紅，食用時切成小片。它名稱的來源有一段小故事。平安時代末期，一度主掌政權的的平家被源氏家族打敗後，平清盛的女兒，一度貴為高倉天皇皇后的平德子也不得不藏匿到京都郊外的大原。大原這個地方盛產紫蘇，當地的村民將本地醃製的、加入了紫蘇的茄子送呈給她，平德子非常喜歡，就將它命名為「紫葉漬」，代代相傳，後來就成了京都漬物的名產。它的醃製時間原本很長，差不多要花費一年，由乳酸發酵產生的酸味，引得了全體日本國民的喜愛。現在的製作方法，主要不是靠乳酸發酵，而是加入了醋，因此它的滋味應該與往昔有所不同。也有堅持老的製作方法，儘管時間的成本較高，但更具有傳統的價值，人們將這種用傳統方法醃製的「柴漬」或「紫葉漬」，冠名為「生柴漬」或「生紫葉漬」。數年前，曾經很紅的明星山口美江出演食品廠商富士子「漬物百選」的電視廣告，一句「好想吃紫葉漬啊！」風靡了全日本。

各地都有不少漬物的老舖，數京都的店家最有名。像創業於明治 35 年（1902）的「大安本店」，創業於大正 6 年（1917）「川勝總本家」，以及稍後的「谷彥」、「長瀨」等，店舖都開在江戶時期或明治時代的老房子內，有的甚至還有幽雅的庭院，竹木扶疏，很有風情。大多數老舖，堅持不使用現代的化學合成劑，儘可能延承昔日的做派，因此儘管價格稍貴，依然人氣很高。相比較而言，中國大陸的

許多老字號，1949 年以後經過各種各樣的改造，舊日的傳統大都已經風化飄零，當年的老房子也基本被拆除，真的成了往事如煙了，想來不免使人扼腕歎息。

　　日本的漬物中，有一種被稱為「淺漬」，中國的江南一帶稱為「暴醃」，就是醃製的時間比較短，許多尚未進入乳酸發酵的階段，因此一般沒有酸味（當然近代以後加入了醋則是另外一回事）。因其醃製的時間短，食材的顏色就比較鮮豔，吃口也比較爽脆，帶有一種特有的清香，在日本又被稱為「香物」，或者「御新香」，大多時候隨米飯一起上，但不可久放。比起長時間浸漬的漬物，我個人覺得「御新香」在口味上只是有些鹹，內蘊不夠，也沒有乳酸發酵後產生的獨特的酸味。

烏冬麵、蕎麥麵和素麵

　　從世界飲食文化史的角度來考察，中國大概是麵類食品的發祥地。在東漢的劉熙所撰寫的《釋名》中，有「湯餅」和「索餅」的記錄，但是未有詳細地記載究竟是怎樣的一種食物，後人難有確切的把握。清代的《釋名疏證補》說：「『索餅』疑即『水引餅』，今江淮間謂之『切麵』。」但這也只是後人的推測而已，雖然是事實的可能性很大。在魏晉時期，對湯餅的描述就稍微詳細些了，至少我們可以了解到這是一種有熱湯的麵製品，也許是麵條，也許是麵片。

　　對於麵條有比較明確記載的，還是賈思勰的《齊民要術》，裡邊舉出了一種稱之為「水引」的食品：「水引，按如箸大，一尺一斷，盤中盛水浸，宜以手臨鐺上，按令薄如韭葉，逐沸煮。」趙榮光教授根據這一記述，經反覆模擬實驗，取得了「水引」麵標準條的數據如下：長約 75 厘米，寬約 1 厘米。雖與現今的麵條稍有些不同，但相去也不遠了，可以看作是當今麵條的始祖。唐代時，麵條的形式仍然以「湯餅」一詞表現，《新唐書‧后妃》中有「生日湯餅」的詞語，表示長壽，應該是一種細長的麵點。唐代的文獻中還出現了一種名

曰「冷淘」的涼麵，從杜甫等人的詩文中的頻頻出現來看，涼麵的食用也已經比較普遍。

　　以上都是我們根據文獻做出的分析和推斷。令人欣慰的是，2002 年在現今青海省喇家遺址的新石器時代齊家文化層內，考古工作者發掘出了 4,000 年前用穀子和黍子混合做成的麵條，長約 50 厘米，寬約 0.3 厘米，粗細均勻，顏色鮮黃。這大概是目前所能知道的最早的麵條了。宋代時，麵條已經十分普及，「麵」這一詞語也正式誕生，從名稱到內容都與今天我們所吃的麵沒甚麼區別。南宋初年的孟元老在追述北宋都城汴州（今開封）的著作《東京夢華錄》中的「食店」一節裡出現了「插肉麵」、「大奧麵」等詞語，說明「麵」在北宋已經比較普遍。而在同為南宋人的吳自牧撰寫的記述杭州的《夢粱錄》中，已經專設了「麵食店」一節，麵的種類就更豐富了，有絲雞麵、三鮮麵、魚桐皮麵、筍潑肉麵、炒雞麵等等。可以想像，市井上面已如此受人歡迎，寺院中僧人自然也會食用，只是寺院裡不准有葷腥罷了。

　　日本是甚麼時候開始有麵條或是與麵條相關的歷史記錄呢？根據市毛弘子的研究，在奈良時代的天平六年（734）的正倉院文書《造佛所作物帳斷簡》中出現了「麥繩」一詞；在 758 年的正倉院文書《食料下充帳》和《食物用帳》中，首次出現了「索餅」這一曾經在中國東漢的《釋名》中出現的詞語，而且在《食物用帳》中還記錄了索餅的配料：「小麥五斗，作索餅舂得三斗七升，又粉料米五升。」索

餅的原料不僅只是小麥，還有 10% 的大米一起磨成粉。拌的作料一般有鹽、醬、醋和生薑等。根據文獻記錄，索餅當時還作為商品在平城京（奈良市）的市場上有出售。被認為是 1144~1177 年間完成的《伊呂波字類抄》中，對「索餅」這兩個漢字注有讀音「むぎなわ」，若還原成漢字，應該是「麥繩」，可見應該是一種條狀的食物。中國文學研究家青木正兒從《今昔物語集》（12 世紀）中有麥繩化作小蛇的描寫在其所著的《華國風味》一書中推斷說：「看來麥繩也就是索餅具有相當的粗細和長度。」

市毛弘子經過對奈良時代的文獻的仔細研究後得出的結論是：「可以認為，小麥粉及其加工品，是伴隨着佛教從中國傳過來的。此外，像『麥繩』、『麥形』等文字，在鑑真來到日本之前就已經在造佛所使用了，因此可以認為，在相當早的時候就隨着佛教一起傳來，以寺院為中心，漸漸地傳播開來。在整個平安時代，時常可以見到在宮廷和寺院中的人們食用索餅或者麥繩，但在當時這還是比較珍貴的食物。大約完成於 1341 年左右的《頓要集》中出現了『索麵』這個詞，在完成於 1350 年之前的《吃茶往來》中，有鐮倉時代後期人們舉行茶會時食用索麵的記錄，這一記述，顯示出在鐮倉時代索麵和禪宗一起傳到了寺院的吃茶習俗中。但這一時期的文獻，都將索麵和索餅分別記述，看來兩者還是有一定的區別，但是，從 16 世紀開始，文獻中索餅的出現漸漸減少，說及麵類食物時，幾乎只用索麵了。1529 年左右刊行的《七十一番歌合》中有『索麵賣』的圖

畫，可以想見索麵已經普及到了相當的程度。」

從以上的考察中我們可知，麵條類的食物大約在 8 世紀初隨佛教從中國傳入日本，起初的名稱曰「索餅」或「麥繩」，鎌倉時代的後期出現了「索麵」的名稱，以後逐漸取代「索餅」。

再往後，「索麵」的寫法變成了「素麵」，在日語中的發音不變。室町時代末期開始流行，但是它的普及，則是進入了江戶時代以後。當時的素麵，都是將麵團反覆揉捏了以後用手工拉長的，就像我們這邊的手工拉麵一樣。素麵的特點是長而細，吃口清爽，按照現在日本的農林規格（JAS），直徑必須在一毫米以下。奈良南部的三輪素麵、大阪的河內素麵、愛媛的五色素麵都是名產。素麵的主要出品地還是以日本西部為主，以後逐漸擴展到東部，進入江戶，一下子興盛起來。現在的素麵，主要用作冷食，夏天的涼麵，都是用素麵做的。開始時調味料很簡單，「藥味」只是芥子、茗荷和蔥花。20 世紀以後，受中國冷麵的影響，已有各色澆頭，雞蛋絲、黃瓜絲、胡蘿蔔絲、火腿絲乃至西紅柿等等，湯汁略帶酸甜，既色彩絢麗，又口味豐富，夏日在一般的便利店都可買到，價格在 500~800 日元之間。

那麼，至今風行於全日本的烏冬麵是如何形成的呢？這裡，我們首先要把烏冬麵還原成它的日文漢字，就是「饂飩」（其發音用羅馬字寫出來就是 wudon），今日中國人根據它的發音翻譯成「烏冬麵」，這一名稱源於台灣地區。「饂飩」這兩個字是日本人自己造的，

最初也不是現在這個寫法，而是寫作「混沌」，最早出現在平安末期的《江家次第》一書上，但18世紀江戶時代的伊勢貞丈在《貞丈雜記》中認為當時應該是一種麵粉做的有餡的團子狀食品，其卷六云：「餛飩又云溫飩，用小麥粉作如團子也，中裏餡兒，煮物也。云混沌者，言團團翻轉而無邊無端之謂也。因圓形無端之故，以混沌之詞名也。因是食物，故改三水旁為食字旁。因熱煮而食，故加溫字而云餛飩也。……今世云餛飩者，切麵也，非古之餛飩」。江戶時代相距當年的平安時代末期，也有600多年的阻隔，他的推斷，也許言之有據，也許只是一家之言。總之，「餛飩」這兩字的形成，應該與中國的餛飩有關，但是現在日本的「餛飩」，則是與餛飩大不相同的烏冬麵。後來的「餛飩」為何物？伊勢貞丈認為它就是「切麥」，也就是「切麵」，它的源頭在中國南北朝（或者更早的漢朝）的「水引餅」。它的定型，大概是在室町時代末期的16世紀，當初與索麵（或寫作素麵）一起，構成了日本麵條的兩大基本形式。「餛飩」也就是我們現在翻譯為「烏冬麵」的，是一種較粗的麵條與「索麵」（「素麵」）主要用作冷食不同，它通常用作熱湯麵，開始大概多由僧人自中國傳來，範圍也多在寺院，以後逐漸走向一般社會。

烏冬麵在日本的普及，大概是在江戶時代中期以後。這裡有兩個條件，一個是都市飲食業的發達，另一個是醬油的普及。烏冬麵的湯料，在我們中國人看來，只是醬油湯，其實裡面有所謂的「出汁」，即由海產品熬製的高湯，但一般並無油水，其形式多為「狐餛

飩」，即在麵條上放上一個較大的油豆腐（形狀和滋味與中國的油豆腐有些不同），因其顏色像狐狸的毛色，故有此名，此外再撒上一把蔥花，就成了。放在麵上的這一塊呈扁平狀的油豆腐，製法也與中國很不同，豆腐油炸之後，卻要將其放入開水中將油氣煮盡，然後瀝乾水分，放入糖、醬油、海鮮湯慢慢煮至入味，因此麵湯上幾乎沒有油星。近來頗流行「鴨餛飩」，即將做好的野鴨肉碼放在麵上，湯水中也有野鴨的肉汁，味道就鮮美多了，不過江戶時代大概還沒有。江戶時代各種食攤的繁榮，大大推進了烏冬麵的普及，以後又從都市推廣到鄉村，成了日本人的日常飲食之一。

最早在都市的街頭出現的烏冬麵麵館或是食攤，不是在江戶，而是大阪，但更出名的是西面的四國島上的讚岐（今香川縣）烏冬。我生平第一次吃烏冬麵，就在香川縣的高松，第一是驚異於它的粗，比一般麵條要粗不少，第二覺得很白（日本現在多用美國進口的麵粉），第三覺得滋味也就是淡淡的醬油湯（其實不只是醬油湯，這裡面用了由鰹魚花和昆布等熬製的海鮮湯）。今天人們的吃法，更多的是在吃牛肉火鍋或是其他甚麼火鍋的最後，那時鍋內的湯汁已經相當鮮美，放入烏冬麵，煮熱後撈起來盛入小碗內，撒上一點蔥花（日本往往都是切細的大蔥），自然好吃。

日本的烏冬麵也在與時俱進，現在不少店家推出了滋味改良的烏冬麵。連鎖店遍佈全國的大眾食堂「松屋」，近來推出了一種「擔擔烏冬」，就是在烏冬麵的基礎上，放入了擔擔麵的作料，湯色油紅紅的，

麵上放了用辣醬炒過的肉末，吸引了一部分喜歡嘗新的食客。類似的還有韓國泡菜烏冬麵，鹹辣之外，還有些許白菜發酵後的酸和甜，滋味別具一格。日本人確實善於汲取東西洋的各種飲食元素。

說起烏冬麵，關西人對它的喜愛還是要超過關東地區，如今在大阪府內，有烏冬麵館 2,000 多家，作為烏冬麵發祥地的香川縣，人口只有 100 萬出頭，也有各種烏冬麵館 500 多家，可謂人均第一。

蕎麥作為麥的一種，原產地主要在貝加爾湖以東的亞洲北部地區和喜馬拉雅山南北兩麓的山區地帶，在中國的東北部地區和雲南一帶很早就有生產，7 世紀起開始見諸文獻。不過，蕎麥在中國的糧食中所佔的比重一直不大。大約在 8 世紀經由朝鮮半島傳入日本，也有說是在繩文時代的晚期就從中國傳來了。日本文獻中最早有記載的是 797 年成書的《續日本紀》，書中記載說在養老六年（722）發生了乾旱，元正天皇下令栽種蕎麥以備饑饉。以後，蕎麥主要是作為一種救荒作物在山區種植，一直未能躋身五穀之列，只是山地農民的粗糧而已。最早的種植地是現在滋賀縣的伊吹山附近，之後逐漸向東蔓延，擴展到岐阜縣、長野縣和山梨縣一帶，如今以長野縣（古稱信州）為最有名。

蕎麥粉因為沒有黏性，很容易斷落，所以未能成為麵條的材料，開始時只是將其製成各種團狀或餅狀的食物，如蕎麥餅、蕎麥饅頭、蕎麥團子等，蒸煮以後，蘸上味噌吃，大概吃口未必佳，只是作為一種輔助食物。大約在 16 世紀末期，蕎麥麵開始逐漸形成。關於蕎麥

麵的誕生，有多種說法。江戶中期的國學者天野信景在隨筆集《鹽尻》中說，「蕎麥切」（日語的原本說法）始於甲州（今山梨縣），初時去天目山參拜者頗眾，當地居民便在蕎麥粉中摻入少量米麥，做成食物賣於參拜者，此後學饂飩（烏冬麵）的樣式，即成為今日的蕎麥切。

還有一種說法是在江戶初年，一位名叫元珍的朝鮮僧人來到奈良的東大寺，教會了日本人在蕎麥粉中摻上小麥粉，使其具有黏性和彈性，於是，蕎麥麵條誕生了。而在水戶的文獻中，則記載說是明末的朱舜水向日本人傳授了麵條的製法。朱舜水東渡日本是在1659年，在年代上倒是與蕎麥麵的出現頗為吻合。總之，蕎麥麵的最後形成，也在江戶時代。除了小麥粉之外，還可加入山藥等具有黏性的材料。其配比有二八、三七、四六等多種，即小麥粉佔二成、三成或四成等，其餘則為蕎麥粉。製作的方法是將麵團反覆揉和之後，用擀麵杖擀成平面，再用刀具切成長條狀，當時稱之為「蕎麥切」，也就是蕎麥麵條，在日語中簡稱為「蕎麥（soba）」。蕎麥麵誕生後，因其製作頗費功夫，在山村一般只限於喜慶或祭祀的日子食用，後來其製作技術經岐阜、長野傳到了江戶。它的廣泛傳開，與烏冬麵一樣，還是得益於江戶街頭的食攤，立即受到了中低層階級的歡迎。

到了18世紀下半葉時，蕎麥麵館和各種食攤遍佈江戶的大街小巷，據萬延元年（1860）江戶町奉行所的調查，其時江戶城內的蕎麥屋的數量已經達到了3,763家，這在當時是一個驚人的數字。其中

最著名的是開在江戶麻布永坂的「更科」,更科是原先信州的地名,在今日的長野縣,那一帶以出產上好的蕎麥著稱。當時掛出來的店招是「信州更科蕎麥所」,一時名聲大振,後起者打出的招牌往往也是「更科」,於是信州蕎麥聲譽鵲起,成了最具代表性的蕎麥麵條。相對於烏冬麵主要風行於日本西部而言,蕎麥麵的產區主要在日本東部(關東地區),信州和江戶的蕎麥麵才是正宗。

日本人雖然一直自稱是食用米飯的民族,其實麵製品,尤其是麵條類的食用量也並不低。據明治九年(1876)《東京府統計表》的統計,東京市民一年內食用的烏冬麵為 13,825,017 份(價值日元 60,371 元 37 錢 8 釐),蕎麥麵是 134,140,666 份(價值日元 224,367 元 71 錢 9 釐)。因為沒有此前的統計資料,無法判斷是增長還是減少,但是 1876 年時包括郡部在內,當時東京府的總人口是 890,681 人,那麼當時人均每年蕎麥麵的食用量是 150.6 份,這好像是一個相當高的頻率。

蕎麥麵有多種吃法,大致說來主要有兩種,一種稱為「盛」(mori),另一種稱為「掛」(kake)。所謂「盛」,指的是將蕎麥麵在大湯中煮好後撈起,過涼水後盛入竹製的蒸籠或是竹箟中上桌,作料盛在一個碗或是類似酒盅的容器內,日語稱之為「液」或是「汁」,其基本配方是醬油、甜酒和「出汁」。吃的時候便是用筷子夾起麵條放入盛有「汁」的容器內稍微蘸一下即可。這是一種最正規的,也是最能品味蕎麥麵特有風味的吃法,甚至更有些美食家,最初的幾口

甚麼味汁也不蘸，就將蕎麥麵直接入口，據說這樣才能真正品嘗出蕎麥獨有的清香味，這大概是到了很高的境界了。所謂「掛」，這裡的日語意思是澆在上面，即將湯汁澆在麵上，還可以放上各種食物，諸如天麩羅、蛋黃、野鴨肉、海苔等。前者大抵是冷食，後者多為熱食，真正的蕎麥麵愛好者，大都取前者。

這種稱為「盛」的冷食的蕎麥麵我在各種場合吃過不少，而去專門蕎麥屋的次數卻不多。1998 年的一個夏天，一位日本朋友開車帶我們去遊覽避暑勝地輕井澤，中午在中輕井澤車站附近的一家蕎麥麵館用餐。輕井澤位於長野縣境內，長野古稱信州，多山，種植蕎麥的歷史頗為悠久，信州蕎麥麵享譽全日本。我們用餐的蕎麥屋是一家有年頭的老舖，不少人慕名專門驅車而來，我們進入店內時已經下午一點多了，依然是食客盈門，好不容易在裡面覓到一張小桌，巧的是，正鄰靠做麵的師傅。面師傅約五十上下的年紀，有節奏地、十分費力地（在我看來是這樣）用擀麵杖在擀着麵，每擀一下，都會咬一下牙，抽搐一下臉，我不知道這是他的習慣動作呢，還是擀麵真的要這麼費力。我們要的是那種冷食的「盛」，現在一般稱作「笊蕎麥」，即我剛才敘述過的放在竹編的盛器內的那種，除了味汁外，還配有一份天麩羅。味汁做得很好，另備有一小碟蔥花和山葵泥，客人可隨喜好放入。麵確實有股獨有的清香，不過對於我這樣一個外國人來說，須靜下心來細細品味才能感覺得到。

還有一次是 2014 年 11 月上旬的一個燦爛的秋日，有一次學術

採訪，從名古屋來到了岐阜縣一個人口只有四萬多一點的瑞浪市。午飯時分，當地的安排者帶我們去了一家蕎麥麵館「水木」（原店名只有日文假名），在郊外。房子是根據江戶末期的民居改建的，老式的兩層木結構瓦房，素樸無華，不遠就是綠樹蔥蘢的山岡，房子的一側是一個不小的店家專用停車場，這裡人們的交通都靠自家車。岐阜縣緊鄰長野縣，風土相近，食物相通，食用蕎麥麵在當地很普遍。

遠遠地可看見店家的廣告，表明這裡的蕎麥麵是手工擀製的，看模樣也很有些年頭了。停車場乾乾淨淨，店門口乾乾淨淨（門口種植了一些賞心悅目的花草），店堂內乾乾淨淨，須脫了鞋才能進入。這裡主要就是供應蕎麥麵，午飯有冷食和熱食兩種，價格又分成 A 和 B 兩種，配炸大蝦的是 1,100 日元，配炸牡蠣的是 1,600 日元，當然這種「炸」，都是天麩羅的炸法，裏上麵衣，炸成淡淡的金黃色。其他人要的幾乎都是冷食的「盛蕎麥」，我要的是熱食的「掛蕎麥」。每人一個深紅色的托盤，托盤內分放着陶瓷盤（不是竹製的「笊籬」）盛裝的冷蕎麥麵、炸蝦天麩羅、一小碗米飯、一碟醬菜。熱食的蕎麥麵則使用陶瓷碗盛放，加上了熱的湯料，猶如湯麵。麵都是由老夫婦倆製作的，是否手工，沒有看見，但應該不會有假，等了不少時候倒是真的。對於蕎麥麵的妙處，我還是不大能體會，只覺得這家店很乾淨，屋內垂掛着幾盞燈罩是用和紙做成的發出暈黃色光亮的燈籠狀的燈，榻榻米上寬大的木桌上，放着由幾種花草

組合的插花作品，靠外面的玻璃窗內，還有一道紙糊的格子窗，窗外就是恬靜的鄉村景色。

有湯汁的熱食的蕎麥麵在東京還嘗過幾回，印象較深的是在東京大學附近本鄉大街上的一家麵館。時值 11 月，秋風已經有些寒意。那次吃的是「鴨南蠻」，這是一種將野鴨煮成的高湯做底湯，經調味後盛入煮好的蕎麥麵條，再放入鴨肉和蔥花的湯麵。「南蠻」一詞主要是指當時經東南亞來到日本的西班牙人、葡萄牙人等西方人。這樣的烹飪法，顯然不是傳統日本式的，除了盛麵的深底陶碗外，我實在感覺不到多少純粹的日本風味，不過在中國人看來，滋味倒是相當不壞。

在留意中日兩國麵食歷史的過程中，我有過兩次興奮和激動。

賈思勰的《齊民要術》中，較為詳細地提到了另一種麵條類食品：「棋子麵」，製麵工序大抵與「水引」差不多，但是做完後「截斷，切做方棋」，也就是像棋盤格一樣的形狀，故稱「棋子麵」。宋代時又稱作「雉子麵」。不管名稱如何，總之這種食品在當今的中國似乎早已絕跡。2005 年 6 月去參觀愛知世博會，在名古屋城附近的一家飯館吃午飯，主人安排的竟是「棋子麵」，原來這一食物在名古屋一帶還留存着。其麵條的特色是，形狀不是圓的，而是扁平狀，即將麵團揉捏成很薄的方形，然後按一定的寬度切斷，有點像中國的寬型麵條。湯料是用圓鯵魚、青花魚、鰹魚等的魚乾或魚花熬製出來的，不可加任何的味精，細細品味，相當鮮美，上面只是撒上一些

蔥花而已。整個感覺有點類似關西的烏冬麵，但麵條的形狀不同，薄而寬，也成了名古屋一帶的名物。我不知道中國古代的「碁子麵」究竟是如何的，但只要這一名稱還留存着，就令我感到萬般的親切。

　　16 世紀末、17 世紀時在日本形成的素麵，其發音來自原本的「索麵」，細滑爽口，在今天的日本，主要用於夏日的冷麵。索麵或素麵的叫法，在中國甚少聽見，似乎文獻也不見有記載。然而 2015 年 2 月去浙江永嘉縣的楠溪江一帶旅行，早餐時嘗過素麵，同樣細滑。在岩頭鎮的集市上，看到有晾乾的攏成一團團的素麵在出售。在岩頭鎮南端的「芙蓉古村」內，隨意走進一處老建築，院子裡的竹編大籮內，正晾曬着素麵。出來一位老嫗，詢問這素麵是否是自己製作，答曰是，然後領着我們穿過一條幽暗的通道走到後院，放眼望去，只見竹竿上晾曬着好幾排用手工拉製成的長長的素麵，在冬日燦爛的陽光下，閃耀出接近金黃的亮色，同時透發出一股柔和的麥香。一位比老嫗稍年輕的農婦正在打理。我不由得發出一陣歡呼，原來中國也有素麵！且這傳統已經相當悠久，至今保持着手工拉製的工藝，代代相傳。我想，日本的素麵，其名稱和製作工藝，應該都是浙江一帶傳過去的。室町時代，幕府第三代將軍足利義滿促成了日本和明代中國之間的海上貿易，浙江的明州（今寧波）是主要的對日貿易港，期間也常有僧侶來往於兩地，素麵也許就是這一時期傳到日本去的吧。我立即買了若干，帶到上海，恰好有朋友送來海門的紅燒

羊肉，於是用素麵做了羊肉麵，撒上一把蔥花。素麵有一個特點，用長筷將麵撈上來時，鍋內竟然一根不剩。稍帶醬色的羊肉湯內盛上小麥原色的素麵，嫩嫩的蔥花點綴其上，麥香和肉香、蔥香交織在一起飄蕩在碗口，讓人欲罷不能，素麵與羊肉汁，真是絕配！

西洋飲食的興起和發展

　　1854 年 2 月，美國東印度艦隊司令培理海軍準將率領七艘軍艦打開了日本的國門，1858 年江戶幕府又被迫與英法俄諸國簽訂通商條約，橫濱、神戶、函館等港口對外開放，西洋勢力以各種形式登陸日本，所謂的「鎖國時代」也正式宣告結束。明治以後，更是主動吸納西洋的物質和精神文明，洋人大批來到了日本。

　　這樣的時代轉變以及如此眾多的來自西方的外國人登陸日本，不僅給日本的政治社會和經濟社會帶來了巨大的變革，而且也使得日本人的飲食生活也發生了重大的變化。當然，對於日本人而言，在飲食上與西方人的接觸並非第一次，16 世紀時來自葡萄牙、西班牙和荷蘭的傳教士和商人已經將他們的飲食喜好部分地傳到了日本，但一來由於登陸的地域有限，二來豐臣秀吉以及後來的德川幕府對西方人採取了嚴厲的禁止，三來限於交通運輸條件，當時在日本的西方人的飲食也未必是純粹的洋食，因此它的影響也就比較有限。而 19 世紀時，歐美的資本主義已經成熟，農業經濟、近代的釀酒業和食品加工業已經發展到了相當的水準，並且這次西方人來到

日本，西自長崎，中部有神戶和橫濱，北部至函館，可謂是全方位的登陸，更加上已經有一部分日本的先進分子走出列島親自體驗了西方的生活，這一切都決定了明治時代以及爾後的大正和昭和時代在日本人的飲食生活中所造成的變化，將不再是局部的、表層的，而是根本性的，在某種程度上甚至是帶有革命性的嬗變。

這一嬗變主要體現在如下幾個方面。

第一，飲食內容的變化。其中最大的變化便是將肉類，尤其是以前完全禁絕的牛肉、豬肉、雞肉等全面導入了日本人的飲食中。其他諸如奶製品、麵包、葡萄酒、啤酒以及各種新型的蔬菜也陸續進入了一般日本人的生活中。後期則有來自中國的饅頭、拉麵、餃子和炒飯陸續登上了日本人的餐桌。

第二，烹飪方式的變化。原本日本所沒有的煎、炒、燉和西洋式的用烤箱進行的烤，以及大量來自西洋和中國的炊具，拓開和改變了日本人的傳統烹調方式。

第三，飲食方式的變化。日本人早先的「銘銘膳」的獨自分立、沒有桌椅的用餐方式，逐漸改變為使用桌椅或是小矮桌的方式，在食用西餐（這在現代日本則是非常普遍的現象）時，使用西洋式的刀叉。

第四，調味料上的變化。食用油、辣椒、咖喱、奶酪、花椒、砂糖等以前使用不多或從不使用的調味料的普遍、大量的使用。

這一切變化的最終結果，便是導致了日本飲食在內涵上的豐富

和外延上的擴展，而日本文化本身的積澱，也將外來的飲食漸次地日本化，注入了日本文化的因子，使得日本飲食文化在繼承傳統的基礎上，呈現出一個令人驚異的新面孔。

早年出洋的一些先進者已經在歐美體驗到了與傳統的日本飲食迥然不同的西方飲食。1860 年，日本近代最大的啟蒙思想家福澤諭吉首次隨遣美使節出訪美國，當時只是對烤全乳豬這樣的美國食物感到驚訝，但翌年 12 月他隨遣歐使節到達巴黎後，深為西洋飲食的美味而傾倒。1867 年他出版了一部《西洋衣食住》，「食之部」文字不多，主要介紹了西洋人的用餐方式和各種餐具：「西洋人不用筷子。食用肉類及其他食物時，切成大塊放在自己的盤子中，右手用刀將其切成小塊，左手用叉叉住送入口中。用刀叉住食物直接入口是非常沒有教養的。湯也盛入淺口的盤子，用湯勺舀着喝。喝湯以及飲茶時，口中若發出聲音，也是十分不禮貌的。」此外，他還介紹了西洋人經常飲用的紅葡萄酒、雪利酒以及待客時和慶賀時喝的香檳酒等，尤其還介紹了啤酒，他在書中用的是漢字詞語「麥酒」。

日本最早的西洋餐飲店出現在長崎。

長崎在日本的歷史上可以說是一個最早接觸西洋文化的城市。1570 年，應當時葡萄牙商人的要求，幕府決定將長崎定為對外貿易港，從那一刻起，長崎便染上了濃重的西方文化色彩。1634 年，在長崎一角的海面上填海造地，兩年之後，築成了一個出島，另建一座橋樑與長崎本地相連接，散居在長崎街市的葡萄牙人被要求集聚

在島上。1639 年，鎖國政策日益嚴厲，葡萄牙人被驅逐出了日本，而被認為對日本沒有甚麼侵害的荷蘭人，在 1641 年被允許將荷蘭商館從稍遠的平戶移建到出島上。這出島上的荷蘭商館，日後就成了日本最早的西洋餐飲店的搖籃。據《長崎荷蘭商館日記》的記載，平戶商館時期，居住在這一帶的荷蘭商人雇用了 2 個日本人擔任廚師。這一情形在出島時期應該也會延續。在荷蘭人商館中擔任廚師的日本人，日長月久，在平日的實踐以及耳濡目染中自然會慢慢熟悉以荷蘭菜為主的西洋飲食的烹製法。只是，當時閉關鎖國政策十分嚴厲，他們無法在荷蘭人的圈外獲得施展拳腳的機會。1854 年以後，鎖國政策已經形同虛設，他們也終於得以脫穎而出，1863 年，第一家正式的西洋餐飲店「良林亭」在長崎誕生。

此時，長崎的餐飲業已經頗為發達，據《長崎市史‧風俗篇》的記載，這一時期長崎的料理店已經有 65 家，其中的一部分已經兼營西洋飲食，如開設在大工町的「先得樓」，櫻馬場的「迎陽亭」，金紺屋町的「吉田屋」三家被指定為面向外國人的料理店，這三家飯館可謂是日本西洋餐飲的先驅。1860 年前後，小島鄉的「福屋」也開始經營西洋餐飲。在這樣的基礎上，一個名叫草野丈吉的人於 1863 年開出了第一家西洋餐飲的專營店「良林亭」。草野丈吉曾長期在荷蘭總領事大衛手下做事，大衛曾將他帶到荷蘭軍艦上周遊了函館、江戶和橫濱，估計是在大衛的手下學會了西洋菜餚的烹飪。1863 年，他得到了薩摩藩士五代才助的支持，在伊良林的若宮神社前的自己

家中開出了一家專營西餐的「良林亭」。說是西餐店，其實是一間十來平方米的小屋，中間攔兩個酒樽，上面放兩塊木板，鋪上一塊白桌布，就算西餐桌了。當年藩士五代才助所品嘗的全套西餐有餐前菜、湯、炸鮮魚、熏製冷肉、生的蔬菜、上等烤肉、水果、咖啡和冰激凌。這一菜譜不知是否確實，若是確鑿的話，那麼這該是由日本人烹製的面向日本人的最早的西餐了。不過價格也頗為昂貴，當時需要費金 3 朱，這 3 朱大概要相當於今天的 18,000 日元。由此，草野丈吉漸漸出了名，長崎的官府也常請他去做西餐。這一年，他將店名改成了「自遊亭」（後又改為「自由亭」），並在翌年的 1864 年開出了一家新店，新店的規模要宏大許多，建築面積達到了 30 坪（約 100 平米）。後來五代才助到了大阪出任大阪府外務局長，於 1869 年將草野丈吉召到了大阪，出任外國人宿舍的司長，並在 1881 年在大阪的中之島開設了自由亭賓館，而後又將商務擴展到了京都。當年明治時期的「自由亭」建築物，現在已由長崎市政府移建到了市內的格拉瓦花園，作為咖啡館向一般市民開放。2009 年初春，我曾特意去踏訪了這一歷史的遺跡，不過房屋已經是新構，呈明治初期洋樓的風格，旁邊立了一塊碑，謂「日本西洋料理發祥之地」。

在長崎之後，函館和橫濱也陸續出現了西洋餐飲店。函館本是位於北海道的荒蠻之地。北海道在 1869 年之前被稱為蝦夷，除了部分阿夷奴族人之外，人口稀少，其實並不在日本當局的直接管轄之下。19 世紀上半葉，石油的開採還沒有大規模開始，美國人為了

獲取油脂，組織龐大的船隊遠涉重洋來到太平洋西北部捕鯨，需要食物和淡水的補給，因此要求日本方面開放補給港口，繼而又要求日本開放商港，於是有了 1858 年的《日美修好通商條約》的簽訂，第二年的 1859 年，開闢長崎、函館和神奈川（以後成為橫濱市的一部分）為通商口岸。函館在當時可謂是一張白紙，興建的建築多為西洋式的樓房，也是日本較早有西洋居民的地方。在《明治二年（1869）函館大町家並繪圖》中可看到有「重三郎 料理仕出 洋食元祖」的記錄，結合其他的文獻，可知在 1859 年，一個叫重三郎的人已經在函館開出了面向西洋人的西餐館「丸重」。如果這一說法成立的話，那麼「丸重」也許可算是日本最早的一家專門的西餐館。不過至遲它在《明治二年函館大町家並繪圖》出來之前肯定已經開業，這是毫無疑問的。此後，雖然橫濱、神戶等商港的地位很快超越了函館，但函館因其在北方的獨特地位，當地的西洋餐飲業依然有一定程度的發展。據 1878 年創刊的北海道最早的報紙《函館新聞》的廣告，可知在 1879 年 4 月開張的有「元祖西洋料理開成軒」，在 1885 年刊行的《商工函館之魁》上可以見到「西洋料理養和軒」、「西洋料理店木村留吉」等的名錄，考慮到函館在當時只是一個人口數萬的邊陲小城，在明治前期已經有這樣的西餐館，也算是得風氣之先了。

　　不過，在江戶幕府末期和明治前期，在導引包括西洋飲食在內的近代西方文化方面最具有影響力和輻射力的恐怕要推橫濱了。1858 年日本與西方五國簽訂了通商條約之後，橫濱在翌年被闢為通

商口岸，準確地說，當時被闢為口岸的是神奈川（當時的城鎮名，不是現在整個的神奈川縣，如今已是橫濱市內的神奈川區）。但是，來到神奈川的外國人發現對岸的橫濱村更適合做一個商港，便主要居住在橫濱，當時的幕府出於防衛等戰略上的考量，便決定將橫濱作為對外開放的商港，於是，在現在的山下町一帶，形成了一個外國人居留地。一開始西洋飲食的影響僅僅局限於當地外國人頻頻舉行的餐飲會，參加者也多為外國人，當地的日本人只是有緣見識了一些原先所不知的稀罕物。之後，居住在此的外國商人也常到居留地周邊的地方去遊樂。1860 年，幕府為了迎合這些外國人，便將原先的一片沼澤地填埋改造成了一個青樓區（日語稱為「遊廓」，位於現在的橫濱球場一帶），將這一塊地方命名為「港崎」，日常約有 100 名青樓女子（日語稱為「遊女」）供洋人尋歡作樂。當地最大的一家青樓名曰「岩龜樓」，在 1861 年繪製的《橫濱港崎廓岩龜樓異人遊興之圖》中可以清楚地領略到當時宴飲的場景。屋內還是榻榻米的構造，餐桌也只是小矮桌，洋人不得不席地而坐，而桌上則多為大盤的肉食品。不過洋人們晝夜喧囂的場景，使得當地的日本人頗為反感，洋人們的食物，似乎也並未引起當地日本人的很大興趣。

這一時期，在東京等地也陸續開出了多家西餐館。據 1907 年東京市編的《東京指南》一書的統計，截至 1887 年 4 月，東京市內共有西餐館 35 家。最早的是 1867 年 7 月掛出店招的位於神田橋的「三河屋久兵衛」，而此前這家店就已經在經營牛肉和西洋料理了。

差不多在同一時期，在東京的九段坂上富士見三番地也開了一家名曰「南海亭」的西餐館，並且留存下來一份當時的菜單，得知當時供應的有湯、牛排、麵包、咖啡等，而價格相當昂貴。有意思的是，在西菜的名稱旁，都注有日文的解釋，比如說「湯」相當於日本的「吸物」，以便於一般日本人了解和接受。

在早年的東京，最有名的西餐館大概要推最初 1873 年開業的位於京橋采女町上的「精養軒」，這裡靠近築地明石町的外國人居留地，開始時與其說是純粹的西餐館，還不如說是一家西式賓館內的餐廳。那時候，東京市內肉類食品和洋酒還比較罕見，店裡每天派了小童來往於東京和橫濱之間採購食品。之後，於 1877 年在可以眺望不忍池的上野開出了一家分店，當年的《朝野新聞》曾經詳細記述了當時的情景，稱這是一家面向日本人的真正的西餐館：「上野公園內的精養軒，昨 14 日開業。房屋均是西洋樣式，進門處有美麗的西洋式裝飾，屋檐前掛着很多燈籠，前庭有一片圓形的草坪，周邊種植了萬年菊。花園前供眺望的地方用蘆葦桿圍起，內設置了幾張椅子可讓人休息，頭頂上方用綠葉覆蓋，人造的藤蔓形成了一條甬道，邊上掛了許多燈籠，實在是相當華麗。在屋內用餐，恰可俯視不忍池的景色，堪稱一絕。」今天的精養軒依然是東京著名的餐館，不過原來的建築已經不存，代之而起的是新蓋的高樓，餐館內供應的，除了西餐之外，竟然還有日本料理和中國菜，恰好是今天日本人飲食的一個象徵。

那麼，當時日本的西餐味道如何？這裡有兩份西方人的記錄。一份是一個名叫克拉拉‧惠特尼的美國女孩的日記，當時她隨到日本來任教的父親來到東京，剛抵達時，因住所未定，暫時在築地附近的精養軒賓館居住了兩個星期。1875 年 8 月 21 日的日記中這麼寫道：「大家都說我們家做的菜要比精養軒好吃。精養軒的是英國式的、法國式的和日本式的混合體，營養也不好，價格也貴。」還有一份是 1885 年作為法國練習艦隊的艦長來到日本的法國作家皮埃爾‧羅蒂所撰寫的《秋天的日本》。羅蒂對精養軒的印象是：「房間裡冷得要命，顯得相當陰暗，那裡一點也沒有燒火的感覺，門就像夏天一樣敞開着，……而且，菜一點都不熱，相當難吃。」精養軒一直被認為是代表了日本高水平西餐的歷史悠久的餐館，在當時西洋人的眼中，卻只有如此的評價，由此也可見當時日本的西餐，似乎還不怎麼樣。

　　西洋食物進入列島後對日本最大的衝擊就是始於奈良時代的肉食禁止令的瓦解。肉食的進入對於傳統的日本飲食而言，無異於一場革命。它的過程也充滿了有趣的波瀾。

　　由出生於 1865 年的石井研堂的大著《明治事物起原》中，有這樣的一段記載：文久二年（1862）時，有一個在橫濱住吉町五丁目開居酒屋的名曰伊勢熊的店主，看着外國人吃牛肉，也想開一家牛肉店，於是便與妻子商量，妻子聽後大驚，答曰如果這樣的玩意兒也可以做買賣，那我就與你分手吧。後經人調停，決定將原來的居

酒屋一分為二，一邊作為普通的飯館，由妻子經營，另一邊則開設牛鍋屋，由男主人打理。嘗過了牛肉美味的顧客，漸漸都匯聚到了男主人那邊，生意日趨興隆，妻子見此，索性拆了中間的隔離。這段逸話未知真實與否，1862 年的時候是否真的已有日本人開的牛鍋店，現在無法細考，不過卻也反映了一種人們對新事物將信將疑的時代風氣。1871 年，被闢為對外通商口岸的神戶也開出了第一家正式的以外國船員為顧客的牛肉屋「大井」。京都府勸業場於這一年在全國率先創建了一家畜牧場，以後在各通商口岸建起了規模不一的養牛場等，以滿足對於牛肉的需求。

社會輿論對於促進肉食的普及也起了很大的作用。福澤諭吉是日本最早具有西洋經歷的人士之一，他的《西洋衣食住》，也是日本最早介紹西方飲食生活的書刊。以他自己的實際經歷，他認為西洋諸國是日本仿效的楷模，而西洋諸國之所以強大，其原因之一是西洋人種高大，而西洋人種高大，乃在於他們吃肉和喝牛奶。恰好，明治三年（1870），他患了一場腸菌痢，身體迅速消瘦，後來東京築地的一家牛馬公司向他提供牛奶，不久即恢復了健康，由此他更加痛感西洋飲食的合理性，於是在其主持的《時事新報》上發表了著名的《肉食之說》。文章從營養的角度慷慨激昂地論述了日本人肉食的必要性，並駁斥了以往的認為屠殺牛馬殘忍的說法，因為此前的日本人也屠殺鯨魚，也活剖鰻魚，也有鮮血淋漓，為何沒有「穢」的感覺？屠殺牛羊與此無異。文章指出：「而今我日本國民缺乏肉食，乃

是不養生的做法，因此而力量虛弱者亦不在少數。此乃一國之損亡。既然已經知曉其損亡，如今又知曉了彌補之法，為何不施用？」此外，他又寫了一篇《應該吃肉》，他在文中進一步論述道，歐美人和日本人在體格大小上有明顯的差異，「其原因的大部分乃在於日本人和歐美人食物的差異。歐美人食用人類最重要的滋養品禽獸之肉，而日本人則吃滋養不足的草實菜根，不喜好肉類。因此，即便在血氣充沛的壯年，在勞動身心時也不如歐美人那麼勁頭十足，不僅如此，稍微上了年紀，便體力大減，頓顯老態，而歐美人即便滿頭白髮，卻依然臉色紅潤，年屆七十而不必借助拐杖，其差異真是何止天壤之別！」福澤諭吉在當時已經是一位頗有影響的啟蒙思想家，他的鼓吹，應該有相當的感召力。

比起民間的輿論來，也許官府的政策和做法更為有力。其中最具有號召力的，是明治天皇的率先示範。其實，日本的上層早已知曉肉食的益處，宮內省自明治四年（1871）11 月起，就給明治天皇的每日膳食中配入了兩次牛奶。1872 年 1 月 24 日，在明治政府官員的鼓動和安排下，時年 20 歲的明治天皇為了獎勵肉食，自己對負責宮廷膳食的膳宰下令，這一天試食牛肉，並通過《新聞雜誌》等媒體向全國報道此事，通過天皇親自食用牛肉這件事，向全國昭示自天武天皇開始實行的肉食禁止令正式撤消，民眾從此可以自由吃肉，不再有所忌諱。令人感到驚訝的是，1872 年的 4 月，政府還頒佈公告，准許僧侶可以吃肉、蓄髮、娶妻，竟然在寺院中也推翻了

佛教的戒律。同時，政府為了增強軍隊將士的體力，於 1869 年率先在海軍中將牛肉定為營養食物。在政府當局的上下推動下，食肉風氣逐漸在全國蔓延開來。

大概從 1870 年左右開始，橫濱、東京等街頭陸續出現了面向大眾的「牛鍋屋」，供應的牛肉是用肥肉在鐵鍋底部熬出油脂，再將切片的牛肉放入鍋內煎，烹上醬油，撒上蔥花即可食用。這樣的「牛鍋屋」當然不能算西餐館，但與傳統的日本料理屋也迥然不同，最大的差異是之前被禁食的牛肉唱了主角。至 1875 年時，東京已經有牛鍋店 70 家，兩年後的 1877 年，猛增到 550 家。《東京新繁昌記》中這樣描寫了當時牛鍋店的場景：「肉店分為三等。在樓頭飄揚着旗幟的為上等，在屋檐的檐角掛出燈籠的是中等，以紙糊的門窗充作招牌的為下等。都以朱紅色書寫牛肉兩字，以表示鮮肉。鍋又分成二等，用蔥相配的稱為普通鍋，價三錢半；有脂膏擦鍋的稱為燒鍋，價五錢。一客一鍋，供應火盆。」

日本食用牛的飼養歷史雖然十分短暫，卻在各地陸續出現了一些口碑甚佳的地方牛。其中聲名卓著的大概首推神戶牛。神戶在 1867 年開埠，以後逐漸有外國商船進出，形成了外國人居留地，同時也是西洋餐館開設較早的地方，對於牛肉的需求產生了當地牛的飼養業和屠宰業。當時供應市場的牛，主要是飼養在六甲山北麓的三田地區的但馬（現在與神戶同屬於兵庫縣）牛。這一地區距離伊丹和池田兩個出名的釀酒地比較近，釀酒的時候在碾米加工的過程中

會產生大量的細糠，此外當地還以製作凍豆腐出名，在豆腐製作中也會產生大量的豆腐渣，這些都為牛的飼養提供了豐富的飼料，因此當地出產的牛肉質細嫩，肥瘦得當。最初這些牛謂之「三田牛」，後因當時這些牛大都在神戶屠宰或是通過神戶港運往外地，所以一般都稱為神戶牛。早在 1872 年，居住在神戶一帶的外國人就交口讚譽神戶牛堪稱世界第一，於是聲名日漸隆盛，名播遐邇，其實未必是在神戶本地產的，這就如同上海附近的陽澄湖大閘蟹，在日本都名曰「上海蟹」一樣。

稍後出名的還有生長在琵琶湖邊的近江牛（也稱江洲牛）和三重縣的松阪牛等。其實，松阪牛最初也不是松阪本地出產的，它的源頭還在於三田牛或但馬牛，松阪牛生產者協會會長久保巳吉證實，松阪牛是購入兵庫縣但馬地區產的雌性牛犢，再精心飼養三年後（其他地方的優良牛一般是兩年）上市。現在的飼養條件是，用隔成一間間的瓦房（鍍鋅瓦楞板的屋頂室溫不易控制）單獨精心餵養，甚至還讓牛喝啤酒，聽輕鬆的音樂使其放鬆神經，從而使得它的肉質更加肥嫩，當然，其價格也要明顯高於一般的日本牛肉，而現在的日本牛肉（日本稱之為「和牛」），在總體上價格又要明顯高於進口的美國牛肉和澳州牛肉。近來神戶牛肉受到了中國食客的追捧，上海等地出現了一批號稱供應神戶牛肉的餐館，價格不菲，真假如何，當由食客自己來判斷。

豬肉的傳入，我放在中華料理這部分再敘說。

除了牛肉和豬肉等之外，明治時期傳到日本的還有相當多之前所沒有的或只有零星傳播的食物材料。1871 年，為了引進西洋的作物和家畜，在北海道和東京設立了開拓使官園，試種或試養新品種，這一年在東京澀谷開設的第一和第二官園內就開始了各種農作物和葡萄、蘋果等的栽培試驗。另外據《新聞雜誌》明治五年（1872）第62 號的記載，有一位姓津田的在東京三田自己的菜園裡試種了牡丹菜（即後來的卷心菜）、天冬目（蘆筍）等 10 種新的西洋蔬菜，結果出售獲得了相當好的收益。同一年，政府在現在的新宿御苑開闢了試驗場，試種自外國引進的作物，同時鼓勵民間大量種植外來的作物，將種子分發給願意試種者。新設立不久的北海道開拓使考察美國歸來之後，於 1873 年出版了《西洋果樹栽培法》和《西洋蔬菜栽培法》，竭力向民眾推廣西洋的蔬果。據明治十七年（1884）刊行的《舶來果樹要覽》的圖文記載，其他傳來的作物還有西紅柿、洋蔥、各種卷心菜（當時寫成甘藍菜）、西瓜和南瓜。不過，其中的西瓜和南瓜都不是明治時代才剛剛登陸日本的，事實上在 16 世紀末的時候就已經傳到長崎，之後又通過琉球傳到九州的南部，大約在 17 世紀後期就已經傳到江戶一帶，19 世紀時普及到整個日本，只是在明治時代又傳來了經過改良的西洋南瓜，這在在當時是稀罕物，所以還是將其列在舶來品內。此外，在明治時代傳入日本，或者以前雖然有但品種明顯不同的還有甜瓜、草莓、蘋果、土豆、青蔥、甜菜、花菜、西洋芹菜、荷蘭芹等。

不過，有一樣後來廣泛種植並深受日本人喜愛的蔬菜是來自中國而不是西洋，那就是大白菜。1875 年，開館不久的東京博物館內陳列出了三顆來自中國山東省的大白菜，其中的兩顆後來賣給了愛知縣植物栽培所，當地就開始試種，結果怎麼也無法結成球體狀，於是就用稻草將其捆紮起來，終於培育出了日本最初的大白菜。後來，宮城縣立農學校又開始了正式的研究，形成了今天日本的大白菜。

　　上述這些新的食物材料的傳入，大大豐富了日本人飲食的內涵。由此也產生了新的飲食內容，這裡舉出兩個比較有代表性的例子：牛奶和麵包。

　　日本還在大和政權的 7 世紀時就已經從唐代中國傳來了乳牛和乳製品，上層的王公貴族有一個時期曾經飲用或食用乳品，但後來由於肉食禁令的頒佈，產自於牛的乳品也很快退出了舞台，在日本銷聲匿跡了差不多一千年。隨着肉食的復活，奶牛的飼養也漸漸在日本興起。1871 年，京都府勸業場最早在日本國內設立了畜牧場，並從美國舊金山進口了 27 頭牛，請來了德國人作指導。這一年在東京澀谷開設的第三官園內，開始飼養奶牛、豬和馬，將這邊榨取加工的牛奶提供給宮內省，明治天皇就是自這一年起飲用牛奶的。為配合政府倡導飲用牛奶的政策，1872 年山口縣的國學家近藤芳樹出版了《牛乳考》，向民眾宣傳說日本人很早就開始飲用牛奶，以前的天皇、貴族都是牛奶的喜好者，喝牛奶在西洋已經是一般人的生活

習慣，毫無污穢可言。這一年，在京都最先開始了向普通家庭上門送遞牛奶。1890 年，東京的牛奶銷售人員達到了 404 人，奶牛的頭數超過了 1 萬頭，在東京等大城市，喝牛奶已經不是一件稀罕事了。如今，日本牛奶的品質可謂有口皆碑，尤其以北海道的牛奶最受歡迎，脂肪含量一般都達到 3.6，芳香醇厚，口感絕佳。

麵包傳入日本，並不始於明治時代，16 世紀後半期，西洋來的傳教士就曾攜來了麵包，稍後的長崎荷蘭商館內，當地的日本人也見識到了麵包是如何烤製出來的，但是由於 1639 年幕府當局實行了嚴厲的鎖國令以後，麵包被視為與基督教相關的食品而遭到了明令禁止，直到近代日本的國門被重新打開以後。1868 年，報紙上刊登了中川屋嘉兵衛的麵包廣告，這大概是日本正式製作麵包的開始。翌年的 1869 年，在東京的芝區開設的「木村屋」、下谷的「文明軒」也是日本早期的麵包店。值得一提的是，文明軒在 1872 年創製出了一種豆沙餡的麵包，具有革新的意義。江戶時代，日本的豆沙糯米餅或是豆沙餡的糯米團子已經比較盛行，文明軒的老闆將這一日本人的創意運用到了麵包製作上，創製出了豆沙麵包，可謂將日本傳統的工藝與外來的麵包製作完滿結合為一體了，更加符合日本人的口味。此後，東京的麵包店逐漸增多，到了 1877 年，達到了 10 家，1882 年達到了 16 家，1885 年 19 家，麵包也漸漸進入了尋常民眾的食物之列，並逐漸從城市向鄉村傳開。1885 年，日本海軍的伙食中引進了麵包，但陸軍由於德國留學歸來的軍醫總監森鷗外的反

對，一直未採用麵包作為主食。在 19 世紀，麵包主要是法國和英國的品種，一戰以後，美國的麵包傳入了日本，而二戰以後，由於戰後日本食物的極度匱乏，從美國大量運來的麵粉製作的麵包成了眾多飢餓的日本人的救星。如今，麵包已經成了日本人極為尋常的主食之一，1960 年代以後，隨着烤麵包機的普及，麵包登上了絕大多數日本人的早餐桌，各色精美的西點麵包店，比比皆是。

此外，明治以後從西洋傳入的食品可謂不勝枚舉。1873 年米津松造在東京的若松町開設了一家名曰「風月堂」的菓子舖，購入了新式的食品機械，請了一個法國人來作指導，1875 年在日本首次成功製作出了餅乾。另據 1878 年 12 月的報紙《郵便報知新聞》的報道，風月堂在這一年製作出了日本最早的朱古力，同時還在該報上刊登廣告。有意思的是，當時外來的名詞還較少使用僅僅表示注音的片假名，而是用了一個發音相同的漢字詞語，曰「豬口令糖」。「豬口」一詞日語中原本就有，指的是陶瓷的酒器或是盛放下酒菜的酒盅狀食器，日本人見了並無怪異的感覺，中國人見了這一漢字詞語大概會忍俊不禁。在明治年代，朱古力自然還是稀罕物，以後逐漸普及，戰後日本朱古力的製作已經達到了相當高的水準，有濃鬱的可可和牛奶的香味，甜度適中，入口絲滑。「明治」公司等生產的朱古力已經打入了中國的市場，迷倒了一大批饞嘴的美眉，但是價格，較之日本本土更貴。

風行全日本的咖喱飯

　　日本放送協會教育電視台前幾年發佈了一項日本人新年裡最愛吃的五種食物，位於前三的分別是拉麵、咖喱飯和麻婆豆腐。中國人有些生疏的咖喱飯在今天的日本居然有如此大的魅力！

　　咖喱飯除了米飯是日本原有的飯食外，包括其他原料在內的整個烹調法或是調味法差不多可以說顛覆了傳統日本料理的概念，是一款與傳統日本食物迥然不同的新料理。在日語中，用的也是外來語，還原成原文，應該是 curry rice。但是在今天的日本，咖喱飯已經成了日本人在新年中最愛吃的食物之一。在日本的大街小巷隨意漫步，不時會飄來咖喱的香味，循味望去，必然可以看見咖喱飯館的身影。

　　當然，咖喱飯不是日本的傳統料理，尤其以其中必定含有的牛肉或雞肉等肉食來看，它的傳入，也不會早於明治時代。雖然咖喱飯是何時、以何種方式、由何人在何地傳入日本，現在已經無法確切考證，但是根據現存的文獻資料，我們還是可以大致考究出它傳入日本的情形。文獻上先於咖喱飯的是咖喱菜餚，咖喱一詞最早出

現於明治五年（1872）出版的由敬學堂主人著的《西洋料理指南》和小說家假名垣魯文編的《西洋料理通》上。《西洋料理指南》上對咖喱菜餚的製作是這樣介紹的：咖喱的烹製，乃是將切成細末的大蔥、生薑、大蒜用黃油炒過之後，加水，再放入雞肉、蝦、鯛魚、牡蠣、赤蛙同煮，之後再放入咖喱粉一起煮，最後放鹽和麵粉勾芡即成。這與後來的咖喱菜餚，特別是咖喱飯的內容有較大的不同，主要是像土豆、胡蘿蔔、洋蔥等外來的蔬菜在明治初期還非常罕見，而用了較多日本容易獲得的海產品。在《西洋料理通》裡用的詞語是curried veal or fowl，估計是直接從英文中移入的，也就是用咖喱煮的小牛肉或雞肉，具體的吃法是將煮好的米飯盛在盤子的四周，中間放上上述的咖喱牛肉或雞肉，不過在表述上依然沒有出現「咖喱飯」一詞，但是毫無疑問，咖喱或咖喱粉已經出現了。

在記述北海道大學歷史的《北大百年史》一書中，北海道大學前身的札幌農學校的早期伙食部分出現了「咖喱飯」一詞。原文是這樣的：「開始時每日三餐都是洋食，後來由於財政上的原因，從明治十四年（1881）末開始改為只有晚飯是洋食，第二年秋年以後三餐均為和食。」1881年底的菜單上記錄着早餐是「米飯、湯、醬菜」，午飯是「米飯、一個菜、醬菜、湯」，晚飯是「黃油麵包、兩個有肉的葷菜、湯，但隔日有咖喱飯一份」。可見當時已有咖喱飯一詞出現。這大概是日本有關咖喱飯的最早記錄之一，也就是說，自1881年左右開始，一部分的日本人已經接觸到了咖喱飯。

明治十年（1877），在東京經營法國菜的「風月堂」中，首次出現了咖喱飯，與當時頗受歡迎的炸豬排、蛋包飯和煎牛排列在一起，每份售價 8 錢，而當時差不多 1 錢就可吃到一餐蕎麥麵條，因此價格還是相當昂貴的。在後來的 1893 年出版的《婦女雜誌》上刊載了風月堂主人撰寫的「輕便西洋料理・即席咖喱飯」的烹調法，具體如下：

　　「將三四根大蔥切細，放入一茶碗量的黃油一起在鍋內炒，用大火將大蔥炒軟後，放入大半杯的麵粉，不斷攪拌至出現棕褐色為止，再放入半杯（後來人們研究出來說是大概相當於 130 毫升）的咖喱粉——西洋食品店有售，再一點點加入用鰹魚乾熬成的鮮湯，不斷攪動，加入適當的醬油，用小火煮 10 分鐘左右，最後放入煮熟的大蝦或雞肉，蓋在煮好的米飯上即可。」

　　這與現在日本的咖喱飯在烹製上還稍有些差異，但整個的程序和方式已經很相近了。咖喱飯在明治末年已經不是稀罕之物，以至於在明治三十一年（1898）出版的由石井治兵衛撰寫的《日本料理法大全》中已經將咖喱飯作為日本料理的一種而收錄了進去。大致的做法與前述相近，只是這裡出現了洋蔥，而洋蔥也是後來日本咖喱飯中最主要的材料之一。這一時期，在橫濱、神戶等對外開埠的港口城市，在面向外國船員等的廉價小館子「桌袱屋」中，咖喱飯已經成了常見的餐食。不過，真正在一般日本市民中普及開來，應該是在大正中期（1920 年前後），這一時期的咖喱飯，材料已經普遍採用

了切塊的土豆、胡蘿蔔、洋蔥和牛肉或者雞肉。

咖喱粉的原料是由薑黃、芫荽、胡椒、生薑、辣椒等辛辣的材料組成，在傳統的日本料理中，除了山葵（山葵只有刺激的滋味而無衝鼻的氣息）之外，幾乎沒有刺激味覺的素材，日本菜的特點也是清淡寡味，極少使用香辣的作料，何以明治以後的日本人會喜歡上咖喱飯呢？其實，開始的時候，日本人並不習慣這種既刺激嗅覺又刺激味覺的香辣口味，後來曾做到東京帝國大學校長的山川健次郎日後在回憶他 1871 年首次坐船去美國留學時在船上用餐的痛苦經歷時說，船上唯一有米飯的餐食是咖喱飯，因不習慣咖喱的辛香氣味，不得不將咖喱撒在一邊，光吃底下的米飯。明治初年的其他日本人恐怕也未必立即就喜歡上了這種香辛滋味。但是，咖喱飯是從西洋傳來的，西洋料理是時髦的人士食用的，吃咖喱飯就意味着自己在時代的前列。以後日本人對咖喱飯的製作也逐漸進行了改良，使其滋味更為柔和並且帶點甜味，還加上了日本人喜歡的海鮮湯。另外，在明治後期人們吃咖喱飯時，通常還配上一種「福神漬」的醬菜用來佐餐。「福神漬」是由一家名曰「酒悅」的飲食店老闆野田清左衛門在 1885 年前後創製的醬菜，將茄子、蘿蔔、蕪菁、紫蘇、竹筍等七種蔬菜用醬油和甜酒醃製而成，因所用材料為七種，便據「七福神」一名的吉祥之意取名為「福神漬」，不久廣受歡迎，成了東京的一種新特產。吃咖喱飯的人常以「福神漬」佐餐，覺得兩者同食，相得益彰，咖喱飯也因「福神漬」而紅火起來。

促使咖喱飯走進一般家庭的，是 1906 年時由位於東京神田松富町的「一貫堂」發售了一種固體的咖喱調味品，據當年 10 月 5 日《時事新報》的報道，它由咖喱粉和上等的牛肉合製而成，經乾燥後加工成固體的形狀，久放而不易變質，食用時用開水化開即可。大正三年（1914），日本橋的岡本商店推出了一種「來自倫敦的速食咖喱」，由於《婦女雜誌》銷售部和《讀賣新聞》委託部的推廣，迅速行銷全國各地，由此咖喱飯在日本真正普及開來了。1926 年，東京公營的飲食店中，咖喱飯已經位居最受歡迎的行列，超過了定食（類似於中國的盒飯，由飯、菜、湯組成）。

　　在 1903 年日本國產的咖喱粉推出之前，日本市場銷售的咖喱粉都是英國產的 C&B 咖喱粉。在當時日本人的頭腦中，咖喱食品來自西方的英國，因此是一種摩登的象徵。當時的情形也確實如此。但大家知道，咖喱味或是咖喱食物並不起源於英國，而是源於東南亞，尤其是印度，在那一地區，咖喱已經有了很悠久的歷史。17 世紀以後，英國的勢力逐漸染指印度，並在 18 世紀末將印度置為自己的殖民地，此後有大量英國居民來印度生活，同時來往於兩地之間，於是便將印度的咖喱飲食帶到了英國本土，並使其逐漸英國化。19 世紀中葉，包括咖喱飯在內的各種咖喱食品在英國已經十分常見，並在歐美一帶傳開。19 世紀下半期，歐美人大量登陸日本，也帶來了包括咖喱飯在內的各種西洋飲食。

　　1915 年，有一位當時印度民族獨立運動的活動家鮑斯

（R.B.Bose，1886~1944年）因刺殺印度總督失敗而亡命日本，藏匿在東京新宿一家名曰「中村屋」的餐飲店裡，後來被老闆相馬夫妻看中，便將自己的女兒嫁給了他。中村屋最早是一家經營麵包糕點的店家，後來慢慢擴大經營，在1927年開設了「吃茶部（咖啡和西式簡餐點）」，並在吃茶部內推出了咖喱飯。印度來的鮑斯覺得當時盛行於日本的咖喱飯毫無印度咖喱的真諦，都是英國人或日本人的改良貨，於是便煞費苦心弄到了產於印度的咖喱配料，加上上等的雞肉（印度人因印度教的忌諱而禁食牛肉）和黃油，做出了一種真正上品的印度咖喱，在「中村屋」的吃茶部推出。與日本人的將咖喱菜餚蓋在米飯上的吃法不同，鮑斯將做好的咖喱汁雞另盛於一個高腳銀質的盛器中，與米飯分食。自然價格也比一般的咖喱飯為貴。這種地道的印度咖喱飯未能在一般的日本人中推廣開來，也許是人們已經習慣了由英國傳來的做法，也許覺得印度人未必比英國人高明，或者覺得這種咖喱飯太貴了，總之，熱鬧了一陣子也就偃旗息鼓了。

戰後，雖然日本人的餐桌明顯地豐富起來了，但咖喱飯仍然是人們的最愛之一。1950年，一家名曰「貝爾咖喱」的公司推出了一種日本人創造的類似塊狀朱古力的固體咖喱調料味，對咖喱飯的進一步普及起了推波助瀾的作用。1963年，一家名叫House的食品公司創製出了一種「百夢多咖喱」（這是比較新的中文譯名）的塊狀咖喱，它與原先的咖喱最大的不同是根據日本人的口味，尤其是小孩的口味，在咖喱的配方中加入了蘋果汁和蜂蜜，大大削弱了原先的

辛辣成分，使咖喱的味道變得更加柔和並且帶水果的芳香，從而進一步打開了女性和兒童的市場。有一項調查表明，每兩個日本人中就有一個吃過百夢多咖喱。另外據日本學校給食研究會 1978 年的一項調查結果，孩子們所喜歡的學校供飯的品種第一位為咖喱飯，其次是意大利麵、炒麵。NHK 放送輿論調查所 1982 年公佈了一項當年所作的日本人飲食喜好的調查結果，從中我們可以了解到，在 16~19 歲和 25~29 歲年齡段的男性人群中，咖喱飯均佔第二位，同一年齡段的女性中，咖喱飯均在第三位。根據日本總理府統計局 1981 年的家計調查，每戶人家一年中消費的塊狀咖喱調料約為 2 公斤，這一數字近年來也沒有甚麼改變，這在世界上也是罕見的。在中小學的午餐供食中，咖喱飯和用咖喱烹製的食品佔了相當的比率，這在印度本土恐怕也是望塵莫及的。

面對廣大的咖喱食品市場，日本咖喱食品行業的競爭也越來越激烈。1960 年代末，各種軟包裝的現成的餐食配料、餐食作料開始推出，咖喱飯的蓋澆料也早早問世。1968 年，大塚食品公司創製出了最早的軟包裝食品「盆咖喱」，每份 80 日元，因其新奇和方便，一時銷路大盛。以後各家都推出了類似的食品。1983 年，SP 公司為了獲得更多的兒童市場的份額，推出了面向幼小兒童的「咖喱王子」，兩年後又推出了「咖喱公主」。與此同時，House 則企圖以內容的高級化來吸引食客，在 1983 年推出了用蘑菇和牛肉製成的軟包裝食品，開啟了高級軟包裝食品的先聲。1986 年，Glico 敏銳地察

覺到了當時日本正在興起的辛辣熱潮，推出了以辛辣的刺激味為賣點的 LEE，將辛辣熱潮推向了一個新的高峰。軟包裝內的蔬菜大抵都相同，為洋蔥、土豆、胡蘿蔔等，肉多為牛肉，也有用雞肉的。大阪 House 公司的蓋澆料內加入了蘋果汁和酸奶等，吃起來口味柔和而風味獨特，Glico 公司製作的蓋澆料，量多味濃，適合於飯量大的人。咖喱料的口味有好幾種，愛吃濃鬱香辣的，可買「大辛」，一般人吃「中辛」，婦女兒童則多選用「甘口」，現在大約在 150 日元一份。咖喱飯雖是米飯，吃法卻與傳統的米飯不同，盛器不用大碗，而用腰形盤，盛上米飯後，將咖喱料蓋及半面，用長勺舀來吃。在飯館裡，常佐以一杯水或一杯茶，好的也有一份蔬菜湯，在自家吃時，倒上一杯啤酒也許是最相宜了。在外面吃咖喱飯的價錢，依店家的不同有些上下，大致在 500~1,000 日元之間。

近年來日本人將咖喱飯作為日本的餐食向海外輸出，台北、高雄的街頭就有不少日本式的咖喱飯館。1998 年初，上海國泰電影院的茂名路一側也開出了一家由日本人經營的 Tokyo House，供應的主要是咖喱飯，環境幽雅，餐食可口，價格也與東京相同，用餐者大半是日本人。不知為何，這家蠻有品位的店後來卻消失了。「百夢多咖喱」兩年前也挺進中國市場，廣告做得挺熱鬧，但這種滋味過於柔和的咖喱卻不怎麼受喜歡刺激的中國人的歡迎。

我本人在日本吃咖喱飯，說實話與其說是追求美味，不如說是貪求簡便，在早稻田大學周邊就吃過幾回，價格大抵在 700 日元左

右。一個長腰形的盤子，盛上白米飯之後，在另一端舀上由牛肉、洋蔥、土豆和胡蘿蔔熬成的咖喱汁，滋味可以要一般的，也可偏辛辣的，顏色不是我們中國常見的黃黃的，而多是咖啡色，另奉上一杯冰水。店堂一般都不大，來吃飯的大都是上班族和學生。

2015 年 1 月我在東洋大學短期訪學時，接待我的教授告訴我，6 號館地下的食堂，在全日本大學都非常出名，其中有一款咖喱飯，廣受好評。我自然願意去嘗一嘗。食堂的規模很大，也十分潔淨，從入口進去第一家，就是有咖喱飯供應的 Curry Mantra，旁邊另外寫明 Indian Food。廚師是兩位膚色黝黑的印度男子，連負責收票發菜的也是一位印度女子，日語基本可通。主要就供應咖喱飯和饢，咖喱飯的澆頭或者饢的蘸料分為 A、B 兩種，一種就是雞肉咖喱汁（咖喱汁的口味又分成三種，自己選擇），另一種是放入刀豆等的蔬菜，也可各要一半，咖喱是澆在長腰型米飯盤的兩頭，饢則是分別盛放在兩個不鏽鋼小碗中，配有不鏽鋼的刀叉，還可免費提供一杯自家製作的酸奶或果汁。每一份都是 500 日元，自己在自動售票機上購買餐券。以後的幾天，我各種都嘗過，滋味不壞，自家製的酸奶尤其可口。但是印度咖喱飯的澆頭只有雞肉，我覺得好像牛肉更入味。現在的雞，一般都是集中養殖，肉質比較粗糙，鮮味也不夠。日本雖然許多食材都相當不錯，但至少雞肉的味道，遠不如中國的散養雞。

中華料理在近代的傳入和興盛

　　1991 年 11 月我初訪日本，看到無論是繁華的大都會還是偏遠的小鄉村，到處都有中華料理的店招，接待我們的日方也都儘量安排我們吃中國菜，麻婆豆腐、青椒肉絲、古老肉，使我產生了一個錯覺，以為日本到底受惠於中華文化甚多，不僅漢字漢文、孔孟哲學，連飯食也早已中國化了。後來慢慢研讀歷史文獻，進行了各種考察，才意識到這是一個歷史誤會。

　　毋庸置言，中國飲食文化對日本的影響，至晚從稻作傳播到列島的時候就開始了。此後，從耕作的方式、農具的樣式乃至蔬菜的栽培、可長期保存的食物的製作等諸方面都留下了深刻的印跡，至於唐菓子、精進料理等的傳入，在本書中也略加涉及，這裡就更無須贅言了。但所有的這些影響，由於它在傳播過程中的非體系性和時間上的非連續性，幾乎都在漫長的歷史長河中被吸納、融入或整合在日本人的飲食生活中，而染上了濃重的日本色彩，日後逐漸變成了日本飲食文化中的一部分。比如醬油和豆腐，在一般日本人的心理意識中，幾乎已經成了日本飲食文化的代表物品，這一點，

在歐美人的認識中，也得到了相當大的認同。而事實上，儘管中國的飲食文化從最初的發軔期開始就不斷地在影響着日本人的飲食生活，但是由於自先秦開始的以豬牛雞羊等肉食為主軸的中國人的食物體系和自 7 世紀末開始的基本排除肉食的日本人的食物體系具有極大的差異，不僅造成了彼此在食物原料上的很大不同，更由於地理環境、食物資源和各自歷史演進過程中的諸種差異，而導致了烹調方式、進食方式乃至於飲食禮儀、有關飲食的基本價值觀和審美意識、口味的喜好等諸方面的明顯差異。即便進入了明治時期，西洋的肉食已逐漸滲入日本人的飯桌，但在當時的中國人看來，依然是大異其趣。1870 年代末期出使日本的黃遵憲，在《日本雜事詩》的注中寫道：「日本食品，魚為最貴。尤善作膾，紅肌白理，薄如蟬翼。芥粉以外，具染而已。又喜以魚和飯，曰肉盫飯，亦白骨董飯，多用鰻魚，不和他品，腥不可聞也。」

　　隨着西洋飲食在日本的大舉登陸和肉食的解禁，明治時代中期以後，這一情形發生了改變，中國飲食開始以具有體系的形式，比較完整地傳入了日本。中國的飲食，尤其是菜餚及其烹製法能在近代以後完整地傳入日本，並對已有的日本料理和日本人的飲食習慣產生前所未有的重大影響，我想可以舉出三個原因。

　　第一點是近代以後中國與日本的交往，無論就其規模、範圍還是頻率上來說，都是近代以前完全無法比擬的。近代的日本與中國，帶有官方色彩的交往，開始於 1862 年江戶幕府向中國派遣官方的商

船「千歲丸」，隨船的官吏和武士共有 51 人，6 月 2 日這艘購自英國的三桅帆船駛入黃浦江，在上海逗留了將近兩個月。1871 年，日本派遣了時任外國事務總督的伊達宗城前往天津，與當時的北洋大臣李鴻章談判後，簽署了近代日本和中國之間的第一個官方條約《日清修好條規》，1873 年正式批准，由此兩國開始了在近代的正式交往。在該條約尚未正式批准之前的 1872 年 2 月，建於黃浦江畔的日本駐上海領事館就已經開館。1875 年 2 月，三菱商會（後改稱三菱汽船會社）開始了橫濱和上海之間的日本第一條海外航線，1876 年英國的 P&O 輪船公司開通了香港－上海－橫濱的航線（該航線權後來歸三菱汽船會社所有）。自日本前往上海等地的日本商人和文人逐漸增多，後來在日本文壇上獨樹一幟的著名作家永井荷風就曾在 19 歲時的 1897 年，隨出任日本郵船上海支店長的父親到上海來過兩個月。1887 年時，上海有日本僑民約 250 人，至 1905 年時，日本僑民的人數已經升至 4,331 人，佔上海外國人總數的 30%，1912 年時則升到了第一位，並在 1907 年 9 月成立了上海日本人居留民團。他們日後頻繁地往來於中國和日本之間，自然也會將中國人的飲食內容和飲食習俗帶到日本。

中國方面，1877 年中國首任駐日本公使何如璋及其隨員前往東京。幾乎與此同時，曾有相當一批廣東和福建出身的人士，或是充當管家和僕傭隨洋人一同來到日本，或是自己獨自闖蕩江湖，來到日本謀生，這樣，在早年的橫濱和神戶、長崎等地，已經有一批中

國人居住。據橫濱開港資料館編的《橫濱外國人居留地》一書的統計，1893 年時，橫濱的外國人居留地中居住着約 5,000 名外國人，其中中國人約為 3,350 人，在整個外國人中所佔的比率是 67%，相比之下，英國人是 16%，而美國人僅為 5%，可以說中國人佔到了絕對的多數。曾以自傳體小說《斷鴻零雁記》風靡一時的風流僧人蘇曼殊，其父親就是在明治時期來到日本經商的廣東人，後娶日本女子為妻，蘇曼殊本人於 1884 年出生在橫濱，並在那裡度過少年時光。從 1880 年前後開始，為了解海外情狀，不斷地有來自官方和民間背景的人士陸續來到日本，考察變化中的日本實況，其中著名的有王韜、黃慶澄、傅雲龍等，他們無疑也帶來了中國的影響。這種人員的往來，在 1894~95 年的甲午戰爭之後，又有了大幅度的增長。據東京府 1902 年的統計，其時居住在東京的外國人共有 1,449 人，其中中國人為 689 人，佔總數的 48%，其次是美國人，為 298 人，佔總數 20%，英國人為 198 人，德國人為 83 人，法國人為 81 人，俄國人為 10 人。

甲午戰爭後的 1896 年，中國開始向日本派遣官費留學生，以後自費留學生的人數也急劇擴大。據實藤惠秀《中國人留學日本史》的統計和推測，1905 年前後，在日本的中國留學生人數達到了大約 5 萬人。1898 年下半年，由於戊戌變法的失敗，梁啟超等立憲派人士紛紛流亡日本，以後又有孫中山等革命派人士陸續抵達日本，曾經一度以東京為根據地策劃推翻清政府的革命活動。在東京、橫濱、

神戶等街頭，到處可見中國人的身影。幾乎在同時，日本也借助甲午戰爭和日俄戰爭的勝利，進一步擴張其在中國的勢力和影響。1900 年八國聯軍攻打中國勝利以後，日本在天津等地設立租界並駐紮軍隊，在華北一帶嶄露頭角，1906 年以在大連設立南滿洲鐵道株式會社為契機，大肆擴展在中國東北部的勢力，日本移民由此登陸遼寧、吉林一帶。

上海可以說是近代以來最早與日本交往的一個都市。我目前所讀到的日本人最初記錄中國飲食的文獻是岸田吟香 1867 年的《吳淞日記》。岸田吟香後來是一位與中國，尤其是上海淵源極深的日本文人和商人。那年岸田吟香隨同美國人赫本來上海印行英和詞典，因他通曉漢文漢詩，與當地的中國文人交往頗多。《吳淞日記》中記述了他在中國人家裡喝喜酒的情景：「一個大房間裡放着三張台子，一張台子坐着四五個人在喝酒。一開始台子上放上了做成蜜餞的梅子棗子，西瓜子，剝了皮的橘子，杏仁，花生，蘋果羹。開始喝酒時，就換上了不同的菜餚，都裝在大碗中，有全鴨，湯羹類很多。每個人面前都放了筷子和調羹，各自夾取食物。但喝酒時，還有一個繁瑣的做法，或者是禮節吧，都用自己的筷子為別人夾菜，直接放在台子上，應該是不禮貌的，但大家都把這看作是禮貌。」1908 年來中國遊歷後的小林愛雄在他日後出版的《支那印象記》中也記錄了初嘗中國菜的感覺：「在另外一間類似的房間裡所用的午餐中，我第一次嘗到了支那料理。吃飯時，所有的食物都盛放在桌子中央的大盤

子裡，每人面前則擺放着碟子、湯匙、筷子，大家自由地夾取食物。還有人會熱情地用自己的筷子為我夾取食物。」在另一章裡，他記錄了在南京秦淮河畔參加的一次宴會：「過了一會兒開始上菜。為了保溫，在一個類似西歐點心盤子的陶器內盛滿了熱水，上面放上盛了菜的盤子。每上一道菜，主客便一起揮動長長的銀筷，將菜夾往自己面前的銀碟內。吃上一兩筷後，跑堂的就會換上新的菜餚。如果是湯，就用湯匙，若需用叉，就用有兩根齒的肉叉。這比只用筷子的日本熱鬧多了，特別是吃到嘴裡時，銀鈴般的樂音在江面上的船內輕柔地響起，彷彿一直響徹水底。四五分鐘後就有新菜端上來，源源不斷。燕窩、鴿蛋、長江裡的鱖魚、蘇州菜、鴨掌、將所有的生物的腸和骨燉上一兩夜後做成的香氣撲鼻的湯羹⋯⋯。真可謂是山珍海味。」顯然，這樣的用餐方式對日本人而言是很陌生的。

藉由這樣的書刊文字，普通日本人開始了解到了中國的飲食。雖然由於諸種原因，早期的人員往來，並未立即促成中國飲食的迅速傳播，但日積月累，畢竟漸漸形成了一個社會基礎和氛圍，為日後中國飲食大規模的正式傳入，創造了可能。人員的頻繁往來，無疑是飲食文化傳播的極其重要的媒介。

第二點是明治時期肉食的解禁。這一點也十分重要，不然就難以解釋在漫長的一千多年中，尤其是在積極汲取唐文化的奈良和平安時代前期，何以中國料理未能以整體的形態傳入日本。西洋料理雖然在體系上與中國菜餚迥然不同，但在以肉食為基礎這一點上是

相同的，雖然西方更多地食用牛肉，而中國則偏重於豬肉。西洋飲食的引進，首先破除了肉食的禁令，為中國飲食的整體傳入，掃清了障礙。

第三點是中國飲食在體系上的悠久性、合理性、完整性和內涵上的豐富性、成熟性。中國的飲食，在先秦時代已經初步建立了完整的體系，在以後的民族融合和中西文化交流中，又大量汲取了東西南北的諸多營養，不斷地豐富着自己的內涵。宋代時醬油的誕生和炒菜這一烹飪方式的普及，以及桌椅生活方式的確立，基本奠定了今日中國菜餚的格局和樣式。同時，就食物的內涵而言，也幾乎達到了空前的地步，飛禽走獸，草蟲魚蝦，皆可進入盤中。《東京夢華錄》等所列舉的品目，洋洋灑灑，動輒數十上百種，幾乎囊括了當時人們所能收穫或捕獲的所有可食用的動植物，其豐富程度，也是別的民族所難以企及的。我們今天讀宋人所撰寫的各種有關飲食的記述和食單，幾乎沒有睽違疏隔的感覺。清人袁枚的《隨園食單》，更使今天的我們覺得十分親切和熟識。當然，16 世紀時從中南美經西方傳來的辣椒、玉米、番薯、花生等食物又進一步充實了中國人飲食的內容。再看今天人們所熟識的日本傳統料理，差不多是在 19 世紀初才正式確立的，與此形成鮮明對比的是，現今的中國飲食，與至晚在宋代時已經確立的中國菜餚體系緊密相連，一脈延承，這種在菜餚體系上的悠久性和完整性以及內涵上的豐富性和成熟性，相對於當時比較單一的日本飲食來，無疑具有它的合理性和先進性。

不過，中國飲食在整體上的傳播，一開始並不如西洋飲食那麼順達。包括西洋飲食在內的西洋文明，是明治日本人主動想要吸取的。上自宮闕官府下至草野民間，都紛紛主動向西洋靠攏，希望早日躋身於西方列強的行列。與明治時期蒸蒸日上的日本國勢不同，道光、咸豐以後的中國，則是江河日下，氣息奄奄。自 1862 年「千歲丸」航行上海以後，日本人就開始意識到了中國的日趨衰敗，以後在琉球、朝鮮等問題上，步步向中國逼近，漸漸處於凌駕於上的地位，而甲午一戰，則徹底將中國壓了下去，日本朝野中，鄙視中國的風習也越加濃厚。因此，中國飲食在近代日本的整體傳播，不僅完全沒有日本朝野的推波助瀾，在大多數場合甚至是需要憑藉其本身的魅力，也就是它體系的悠久性和內涵的豐富性，說得通俗一點就是食物種類的豐富多樣和滋味的可口鮮美，來衝破日本人觀念上的偏見，在人員頻繁來往的過程中，自然而然地慢慢傳播開來。

在敘說近代以後中國飲食完整地傳入日本之前，這裡稍稍花些筆墨追述一下江戶時期由商人帶來的中國飲食在江戶日本唯一的通商口岸長崎以及通過長崎在日本傳播的情形。在日本各地閑走，經常可以看到這樣的一個招牌，「長崎チャンポン麵」，チャンポン這幾個字沒有漢字，也不用平假名寫，而是用片假名寫出，用片假名寫的詞語大抵都是外來語，因此這個詞來自海外的可能性很大。你去問日本人這チャンポン是甚麼意思，十有八九答不出，連店家的夥計也不知所以。但要說チャンポン麵，那大抵都知道，這是一種

類似於中國什錦湯麵的食品，用大口的淺碗盛裝，其實與現在的「五目」麵也沒有太大的差別，但チャンポン麵的歷史要悠久得多。江戶時代，經常有中國商人坐船來長崎經商，也有在長崎居住下來的，長崎當局專門闢出一塊地建為「唐人屋敷」，供中國商人居住，這樣，很自然地就帶來了中國的飲食。チャンポン麵雖說是明治以後才流行起來，但將肉和各色蔬菜炒在一起的吃法則是由來已久了，儘管經官府的多年管制，普通日本人已很少吃肉，但長崎地處西隅，當時又被幕府闢為特別的通商港，即使吃點肉食，官府也眼開眼閉了吧。チャンポン一詞究竟源於何處，多年來一直是眾說紛紜，但我認為一個頗為可靠的說法是來自福建話（嚴格的說是閩南話）的「吃飯」，我特意請教過福建泉州的朋友，又查閱了《中國方言大辭典》，發現閩南話的吃飯發音與チャンポン非常相像。

由チャンポン麵我們要說到「桌袱料理」。不能說有了桌袱料理日本人才有了使用餐桌的習慣，但桌袱料理差不多可以說是日本人最早使用餐桌吃飯的形式。與延續了上千年的每人一份的「銘銘膳」的進餐方式明顯不同的圍桌吃飯的桌袱料理，它的傳來，最早也是源於在長崎的中國人。它的具體內涵，根據飲食研究家川上行藏的說法，應該具有如下三點：一是與傳統的日本料理不同，不再使用食案，而是使用餐桌（這餐桌不是圓桌而是四方桌，俗稱八仙桌），並且將食物和菜餚盛入一個個大缽或大碗，就餐的人再分別把菜餚取到自己的盤碟中進食，這對沿襲了千餘年的分食制而言在形式上

差不多是一場革命；二是整個房間的擺設、器具和餐具都用中國或中國式的物品；三是原則上都應該是中國菜。第一點是桌袱料理最鮮明的特點，但第二和第三點實際上就不那麼純粹了。中國式的器具還可以擺擺樣子，當時流入日本的用具和瓷器的碗碟並不少，房間裡掛一些中國的書畫也是由來已久的風雅，但純粹的中國菜卻是做不出來。首先是材料的問題，肉食受到禁止，豬肉等很難尋覓，其次是調味品的短缺，再次是烹調的技術，甚至在長崎的中國人所做的也很難是純粹的中國菜，何況當時的日本人，其結果便是各種元素的組合體。

　　除了「桌袱料理」之外，當時還曾出現過一些介紹中國飲食的書刊，比如《桌子烹調方》《桌子式》和《清俗紀聞》等，但一般日本人無緣接觸實際的中國料理，影響也就很有限。不過從這些書刊的名字來看，比起菜餚本身來，當時的日本人也許覺得中國人圍桌吃飯更有異國風味，「桌袱料理」對日本的影響與其說是料理，倒不如說是用餐的方式，即使用桌子。而事實上傳到江戶和京都的桌袱料理，僅僅還留存着桌子的形式，菜餚的內容依然是傳統的日本菜，當時的社會風習、食物材料以及烹調技術等，還不可能使得中國飲食以完整的形態在日本傳佈。但不管怎麼說，用餐桌吃飯的風習慢慢地就在都市地區傳開了，人們將新出現的餐桌稱為「桌袱台」，而日本的桌袱台實際上是矮桌，置於榻榻米之上，就餐時依然還是席地而坐，但這畢竟改變了原來的銘銘膳的用餐方式。需要指出的是，在

江戶時代，桌袱台的傳播依然只是局限於部分城市地區，大部分鄉村地區依然沿襲了昔日的銘銘膳。今天在長崎，各賓館和觀光地為了招徠遊客，紛紛打出了桌袱料理的招牌，增加幾分異國的情調，以滿足人們的好奇心。

2009 年 2 月我隨上海文廣傳媒的一個小型訪日團出訪長崎電視台，主人在當地最有名的桌袱料理菜館「花月」為我們洗塵。花月創業於 1642 年，正是中國商船與長崎的貿易興盛的初期，桌袱料理是這家擁有三百七十年歷史的高級料亭的最大特色。1908 年孫中山來長崎時也曾在此飲食，至今花月的入口處還醒目地陳列着孫中山當年在此拍攝的照片。那天的歡迎酒宴規模不小，席開四桌，讓我領略了所謂的桌袱料理。這是一種介於中國菜與日本料理之間的樣式。每席皆是圓桌（此為中國格局），桌面大小遠比現在的圓台面為小，也稍小於八仙桌，矮腳，客人坐榻榻米上（此皆日本格局）。飲食方式不是分食的銘銘膳，菜餚都盛放在一個個較淺的大碗（也可理解為較深的大盤）中，客人自己取食（此為中國方式），每人面前有兩個碟子。而菜餚的內容，則多為和食，其中以每人一份的用鯛魚的魚鰭做成的清淡的魚湯為代表，表示有多少位客人就用了多少條鯛魚（鯛魚在日本算是比較名貴的）。其他還有蜜煮紫豆等，比較搶眼的是紅燒肉，一個白色的大盤中整齊地碼放着五塊由五花肉做成的紅燒肉，雖然並無濃稠的醬汁。江戶時代應該還沒有紅燒肉，若有，則完全是當時的中國商人傳入的。這一次的招待晚宴，價格

一定不菲，雖然東西也未必好吃，卻令我印象十分深刻，因為這完全是一次中日合璧的饗宴，融合了當時中國和日本的飲食元素。

這裡我想強調的是，在江戶時代被闢為特殊口岸的長崎曾有相當多的中國商人往來，因而中國飲食（包括內容和飲食方式）曾在一定範圍內得以流播。但由於我上面所列舉的中國飲食整體傳播的三個原因中至少前兩個在當時未能成立，所以中國飲食在日本的傳播依然只是局部的、零碎的，無論是內容還是用餐形式，在江戶時期的日本尚未出現完整的、純粹的中國飲食或中國料理（16世紀中葉以後由東渡日本的隱元和尚在其所開闢的黃檗山萬福寺內食用的精進料理也許是一個例外，精進料理雖然是中國菜的一支，但並不具有代表性，且比較純粹的中國式精進料理僅僅限於萬福寺內部）。

明治中期以後，隨着中國飲食整體傳入的三個條件陸續成立，豬、牛等養殖場的先後建立，在東京和橫濱一帶逐漸出現了中國餐館的身影。明治十二年（1879）1月，在東京築地入船町開出了一家中國餐館「永和」。這家餐館即便不是日本第一家正式的中國菜館，至少也是最早的中餐館之一。在報紙上刊出的廣告上有如此告示：「若在兩三日之前預訂，本店將根據閣下的嗜好奉上美味的菜餚。」看來當時顧客還是比較稀落，店裡未必備有豐富的材料，而是根據客人的需求隨時採購籌辦。我目前尚未找尋到有關這家餐館的更多資料。1883年，東京開出了兩家中餐館「偕樂園」和「陶陶亭」。關於「偕樂園」，當年10月30日的《開化新聞》上如此報道：「在日本

橋龜島町建成了一幢高樓，名曰偕樂園，眼下正準備再次開設一家支那料理店，資本金為三萬日元，擬以股份公司的形式經營。」據云該餐館還將供應油炸鼠肉，似乎與廣東人的嗜好有些關聯，未知確切否。自幼在東京長大的日本名小說家谷崎潤一郎（1886~1965年）在一篇發表在 1919 年 10 月《大阪朝日新聞》上的題為《中國的料理》的隨筆中回憶道：「我從小就一直喜愛中國菜。說起來，是因為我與現時東京有名的中國菜館偕樂園的老闆自幼即是同窗，常去他家玩，也常受到款待，就深深記住了那兒中國菜的滋味。我懂得日本菜的真味，還在這以後，和西洋菜比起來，中國菜要好吃得多。」中國菜的美味，也是促成谷崎日後喜愛中國的原因之一。不知當年偕樂園內的中國菜是否地道，不過谷崎覺得滋味要遠在西洋菜之上，應該是不壞。

1885 年，在東京的築地又開出了一家中餐館，名曰「聚豐園滿漢酒館」，一看店名就知道這是一家中餐館，「滿漢」云云，大概是北方菜系。據是年 7 月 25 日的《朝野新聞》的記載，其價格為中等 1 日元，普通 50 錢，上等的大料理則須在兩天之前預定。時隔 15 年之後的 1900 年 9 月，在東京本鄉湯島又開出了一家中國菜館「酣雪亭」。

不過，直至 20 世紀初期，中國菜在日本的影響仍然非常有限。進入明治時代以後，日本社會開始發生巨大的變化，在西洋的政治制度、文化思潮和科學技術洶湧地流入日本的同時，西洋的飲食業也在潛移默化之中改變着日本人的飯桌。相對而言，以前一直受到

尊崇的中國受到了冷落。據明治40年東京市編的《東京指南》一書的統計，截至明治39年9月，東京市內有西洋料理店35家，中國料理店僅有2家。在明治45年（1868~1912）間出版的西洋料理書共有130餘種，而涉及中國料理的書僅有8種，其中純中國料理的書只有2種，其他多為《日本支那西洋料理指南》之類的中西合併的料理書。19世紀末、20世紀初的時候，橫濱、神戶一帶已經有人數頗眾的中國僑民定居（上文已經述及），1893年時，橫濱的外國人居留地中已有大約3,350名中國人。在中國人的集聚區內，自然也開出了幾家中國餐館，但明治中後期日本人已開始歧視中國人，甲午一戰日本打贏後，在中國人面前就更加趾高氣揚，一般日本人都羞於與中國人（尤其是橫濱一帶的下層平民）為伍，除了有搜奇獵異之心的少數人以外，一般日本人都不願意光顧開在橫濱中華街（初時稱唐人町，後改稱南京街）上的中國館子。在1993年出版的一本《橫濱與上海》的紀念畫冊中，我看到了一張20世紀初橫濱南京街的舊照，狹窄的街路兩邊可見到「萬珍樓」、「廣義和」等幾家店面暗淡的小館子。

進入20世紀以後，來到日本留學的中國人不斷增加，到中國來投資經商、開辦實業的日本人也多了起來，各媒體的記者也頻頻到中國來採訪。儘管中國老大帝國的衰敗形象並沒有在日本人心目中有所改變，但數千年文明史的深厚積澱對日本人而言畢竟還有相當的魅力。1907年的7~10月，對中國菜頗有研究的東京女子商業學

校的學監嘉悅孝子在《女鑑》雜誌第 17 卷 7~10 月號上以連載的形式長篇介紹了中國飲食。她申言自己研究和推廣中國菜，決不是追逐流行，而是認為中國菜價廉物美，富有營養，又合日本人的口味。1911 年，福岡人本田次作（後改名治作）受到中國菜的啟發，創製了一種名曰「水炊」的料理，即將帶骨的雞斬成大塊，放入沙鍋中煮，僅用食鹽調味，之後蘸放入蔥花和蘿蔔泥的醋醬油吃，也可根據個人喜好在砂鍋內放入香菇和白菜、豆腐等，與中國的沙鍋雞湯差不多，其實是一款稍經改良的中國菜。這一年他在福岡（其時稱博多）開出一家專營此菜的「新三浦」，大受歡迎，1917 年又在東京開出分店，名曰「治作」，之後在日本全國傳開，成了一款廣受好評的傳統菜餚。

明治末年和大正年間（1910 年代），除了橫濱外，在神戶也形成了頗有規模的華人集聚區，同樣稱之為「南京街」（橫濱的南京街後來改稱為中華街，神戶依然沿襲舊名）。1915 年在南京街上有中國人開出了一家名曰「老祥記」的肉包子舖，大概本土的日本人知有肉包子，就是始於這家老祥記。在日本戲劇界頗為著名的喜劇演員古川綠波（1903~1961 年）在他的《綠波悲食記》中曾這樣回憶道：「我所記得的時候（約在大正中期，1920 年前後），一個是二錢五釐。儘管是如此的便宜，味道真是好。比別的價錢貴的店舖要好吃得多，真是令人吃驚。在戰爭慘烈的年代，這家店舖自然是消失了，但是戰後不久又重新開張，而且價錢依然是極為低廉，這時是 20 日元 3

個，味道還是勝過任何地方，我真想為此大聲叫喚。與往昔一樣，依舊生意興隆，傍晚去的時候，多半已經賣完了。」

可以認為，大正年代（1912~1926）是中國菜在日本真正興起的時期。這一時期，橫濱的中華街上大約有 7 家中國菜館，這一數字，與現今的規模自然不可同日而語，但在當時，也頗成一點氣候，除了當地的華人外，也常有些日本人來光顧。在 1917 年散發的廣告單上，我們可以看到這樣一些菜餚品種：炒肉絲，炒肉片，古老肉，炸肉丸，芙蓉蟹，青豆蝦仁，叉燒，炒魚片，伊府麵，雞絲湯麵，叉燒麵，蝦肉雲吞，福州麵，什錦炒麵，火腿雞絲麵，叉燒米粉，叉燒雲吞等。從這些名目可以很容易地判斷，當年橫濱南京街上的中餐館，供應的大都是廣東、福建一帶的食品，這是因為當年居住在這一地區的也多為閩粵一帶的移民。從品目來看，也並不是些面向販夫走卒的低檔食物，在今日依然是比較有代表性的南方菜餚。

除了中國人的傳播外，日本人也開始熱心研究起中國菜來。1920 年，對烹飪頗有研究、當時擔任女子高等師範學校教授的一戶伊勢子，專門前往滿洲（今中國東北地區）和北京一帶，實地考察和研習，然後將自己的研究心得發表在 9 月 18 日的《朝日新聞》上。1922 年 5 月，在東京京橋開業的中國菜館「上海亭」為了使普通的家庭中也可經常烹製中國菜，專門舉辦了中國料理的講習會，頗受市民的歡迎。這一時期不少享有盛名的文人如谷崎潤一郎、芥川龍之介、佐藤春夫等紛紛前往中國遊歷，在他們所撰寫的遊記和報道

中都提到了中國美味的食物，這對中國飲食在日本的傳播多少會有促進作用。

　　1923 年關東大地震可以看作是中國飲食在日本規模性傳播的一個契機。這場大地震毀壞了東京及周邊地區的大部分建築，在震後迅速着手的重建工程中，餐飲業是最早復蘇的領域，重建後的餐館，不少一改震前的傳統式樣，而改為桌椅式的構造，更適合中國餐館的經營。據 1925 年出版的木下謙次郎著的《美味求真》一書的統計，東京市區及附近的鄉鎮，共有日本料理店近 2 萬家，西洋菜館5 千家，中國料理千餘家，兼營西洋料理的 1,500 家。這個統計未必準確，但大致可以看出一個概貌，此後中國菜館的數目應該又上升了不少，因無統計，這裡不能妄加定論。中國菜在大地震後的興起我們還可以從另一個側面看出。

　　日本從 1925 年開始無線電廣播，自翌年的 1 月起，東京中央放送局就在每天早上播出一檔《四季料理》的節目，推薦當日的菜單及製作方法，除日本菜和西洋菜外，中國菜也頻頻登場。 1927 年由榎木書房出版的這本《四季料理》中，我找到了像「炒肉絲」、「栗子扣肉」、「炸丸子」、「青豆蝦仁」這一類的菜名，有意思的是，每種菜名的漢字旁都用假名注明了該菜名的發音，根據這些注音假名我們可以辨明「炒肉絲」、「炸丸子」這些菜名來自北京一帶，「栗子扣肉」、「青豆蝦仁」等取自上海一帶的吳語發音，而「水晶雞」的發音聽起來明顯像是廣東話了。這些菜譜也許是在華的日本人從中國

各地收集來的，或是由各地的中國人帶來的。1926 年，還出版了一部《外行能做的中國料理》，立即成了暢銷書，以後暢銷不衰，到了 1930 年代初時已經印了十幾版。還有一個值得注意的現象是，1926 年，餛飩首次出現在東京的街頭，也許早在此前橫濱已有餛飩出售，但這一年是目前可知的餛飩登陸日本的最早記錄。1928 年，出版了一冊將 1927 年 2 月至 1928 年 1 月在電台中播放的「每天的料理」節目整理而成的書刊，名曰《電台播送‧每天的料理》，從目次來看，日本料理為 181 例，西洋料理為 35 例，中國料理為 18 例，與上一次的《四季料理》相比，西洋和中國料理的比重都有所增加，也正是在這一年，NHK 開始向全國廣播。

我在 1929 年 1 月 27 日的《東京朝日新聞》上看到一則中華料理的廣告，畫着一個穿中裝的中國男子端着托盤。值得注意的是，這家店的店名用的是洋裡洋氣的外來語，用羅馬字表示的話是 Arster，打出的招牌菜竟然是「美國‧炒雜碎」，「炒雜碎」用的是英文發音的日文片假名。「炒雜碎」大家知道是早年渡海到美國去創業的廣東人在美國打出的中國菜的代表，是一種將雞鴨或豬肉、鮑魚和筍、白菜等炒在一起的什錦炒菜。何以在東京開出的中菜館要打出這樣一道菜來作為招牌，內中含義倒是頗可玩味，也許是表示中國菜在美國都已經十分風靡了，崇尚西洋的日本人不妨也來品嘗一下洋人認可的中國菜，頗有些借洋人的大旗來做虎皮的味道。有點類似今日開在中國本土的「美國加州牛肉麵」，中國菜自己的底氣還

有些不足。總之，在 1920 年代，中國飲食在日本慢慢普及開來了。

在宣傳中國料理方面，有一個叫山田政平的人做出了很大的貢獻。山田早年作為郵政官被派往舊滿洲，即中國的東北地區，曾在長春、奉天（今瀋陽）工作了數年，在學習的同時對中國菜也表現出了濃厚的興趣，不僅有意識地四處品嘗，自己也嘗試學着做。後來因病回到家鄉靜岡，正式埋頭研究中國飲食，到了大正末年已完全成了一位中國飲食專家，並被邀至烹飪學校、女子大學和陸軍營區去講授中國飲食。1926 年他撰寫了一部《人人都會做的中國料理》，至 1941 年發行了 12 版，直到 1955 年時，日本的中國料理界還一直將此奉為經典。1928 年時，山田受一家調味品大公司「味之素」的委託，寫了一本《四季的中國料理》，該書在以後的 8 年中印刷了 60 次，印數達到 50 萬冊。此外他還寫了好幾種有關中國料理的書，並全文譯出了袁枚的《隨園食單》（這部食單，後來青木正兒也譯過，應該說翻譯的水準要高於山田，青木的譯本還有很詳盡且很有學術水準的注解）。

這裡要記敘一筆的是，1932 年，在東京目黑開了一家名曰「雅敘園」的中餐館的老闆細川力藏，覺得中國式的圓桌面太大，坐在這一端的人要揀那一頭的菜很不方便，於是便與常來吃飯的工匠酒井久五郎和開五金店的原安太郎商議，能否有甚麼良策。受到金屬墊圈的啟發，三人經過琢磨之後，發明了一種可以在圓台面上轉動的內桌面。從此，這樣的圓桌逐漸在日本的中餐館傳開，以後又傳到

海外，最後又傳到了中國本土。順便提及，1937 年的時候雅敘園的菜價是：北京料理（特別料理）每桌（限 10 人）25 日元，單人套餐每人 2.5 日元，中午的單人套餐 1~2 日元；日本料理每桌（限 5 人）10日元起，單人套餐 2.5 日元起。中國菜與日本菜的價格基本相同。

戰後中國飲食對日本的影響，基本上是延續了戰前的勢頭，但與戰前相比，有兩個比較明顯的特點。一個是在普及的程度上較戰前大為進步，另一個是上流階級所享用的比較精緻的中國菜餚在戰後的日本確立了自己的地位，並藉此相應地提升了中國飲食的形象。

戰爭剛剛結束時，日本在食物上陷入極度的困境。其時有數百萬從中國撤離回來的舊軍人和僑民，為了營生，有一部分人利用自己在中國期間學會的中餐烹飪技藝和當時相對比較容易獲得的麵粉，開始在黑市市場上開設小食攤或是簡陋的飲食店，藉此謀生。1947 年，在東京的澀谷車站前形成了一個海外歸國者的市場，中國傳來的餃子，據說就是從這裡傳開的。古川綠波的《綠波悲食記》中有這樣一段記述：「戰後在東京首批產生的飲食店中，有一種餃子店。當然，這是中國料理的一種，戰前在神戶真正的中國料理屋中也可吃到，另外，在（東京的）赤坂的『楓葉』，説是燒賣，也可吃到這一食物，不過是蒸餃。但是，這種以餃子（日語中的餃子一般是指煎餃——引者注）作為招牌的、廉價的中國飲食店，我認為是戰後才在東京出現的。就我所知道的範圍，在澀谷有樂這個地方搭建起來的這家簡陋的小店，是最早的了。除了餃子之外，還供應豬腳

呀，放了很多大蒜的食物，還有中國酒。接在有樂的這家之後，在
澀谷還開出了一家叫『明明』的店舖……。這些餃子店，都很便宜，
供應的東西都是油膩膩的，逐漸就傳開了。」

　　古川綠波的記述未必準確，但餃子之類的中國北方的大眾食
品，大概是在戰後才廣為日本人所知曉的。餃子在今天的日本，已
經是一種極其常見的食品了，但在今日日本的街頭，雖隨處可見各
色麵館，卻幾乎沒有一家純粹的餃子館，餃子大都只是躋身在中國
風的飲食店裡。而且日本所謂的餃子，極少有水餃，也少有蒸餃，
一般都類似中國江南的鍋貼，也就是煎餃，但與中國的煎餃又有不
同。早年的餃子是何等模樣，似乎沒有可靠的文獻可供稽查，如今
的餃子，基本上都是機器做的，大抵皮都比較薄，沒有一點韌勁，
餡兒是白菜中加一點肉，大都是淡淡的，沒有甚麼滋味。説是煎餃，
卻沒見過煎得焦黃脆香的。蘸的醋，沒有米醋沒有鎮江醋沒有老陳
醋，只有毫無香味的白醋。但不少日本人卻吃得有滋有味，下了班，
在小館子裡叫上一瓶啤酒，一客煎餃，悠然自得地自飲自酌起來。
超市裡有各種蒸熟的煎餃賣，買回家在平底鍋上煎熱就可食用，價
格很低廉，但味道説不上好。至於生的餃子，則價格反而要升一倍
以上。近年來，有移居日本的中國人在都市裡開出了幾家點心店，
偶爾也有水餃賣，但畢竟是鳳毛麟角。至於餛飩，又在餃子之下。
餃子在一般的中華料理店或是麵館裡都有賣，餛飩則非去中國南方
人開的飯館不可。大都市裡有廣東人或廣東人的後裔開的早茶館（日

本人隨廣東人呼為「飲茶」，但多在晚間光顧），可以吃到雲吞式的餛飩，而居住在鄉村小邑的日本人，對餛飩恐怕就不一定很熟識了。

戰前的日本雖然已有不少中國餐館，但大都是中下階級的營生，滋味雖然不壞，但並無高檔的感覺。1949 年以後，中國本土的一些名廚隨主人一起離開中國大陸東渡日本，使日本的中華料理上了一個台階。據說 1954 年前後，當時大賓館內的中國料理館及大的中菜館中，廚師都是清一色的中國人，他們互相商定，決不允許日本人插足這塊地盤。到了 1955 年左右，因護照和簽證的問題，這些廚師遭到了日本政府的收容，此後日本人才總算打進了上層的中國料理界。不過現在活躍在日本中國料理界的頂尖人物依然是中國人，陳健一、周富輝的名字家喻戶曉，雖然他們的中國話大概已說不流利了。1982 年，成立了日本中國料理調理士會（後改名為日本中國料理協會），在日本的中國菜廚師有了自己的全國性組織。如今，日本最高級的賓館都設有中餐廳，就我個人所涉足的，有大倉飯店（上海五星級的花園飯店是其連鎖店之一）本館 6 樓的「桃花林」，高達 40 多層的赤坂王子飯店底層的「李芳」，廣島市內最豪華的全日空飯店內的「桃李」等。自然都是餐資不菲的豪華宴席，做工考究、菜式精美，但不知為何，在滋味上都沒有留下甚麼印象，就像大部分中國高級賓館內的餐食一樣。

我在東京居住過一年，以後又訪問過近 20 次，對這一帶的情形稍熟一些。如今的東京街頭，各路的風味菜館差不多都齊全了。若是

京菜，有赤坂的「全聚德烤鴨店」，西新橋的「王府」；粵菜有北青山的「桃源閣」，新橋的「翠園酒家」；潮州菜有南麻布的「聘珍樓」；上海菜有六本木的「楓林」，赤坂的「維新號」；川菜有平和町的「赤坂四川飯店」，明治神宮附近的「龍之子」；台灣料理有新宿歌舞伎町上的「台南」，築地的「新蓬萊」。甚至還有「樓外樓」的別館，吃山西菜的「晉風樓」，吃魯菜的「濟南」，吃素齋的「菩提樹」等，可謂應有盡有。池袋有一家名曰「楊西」的館子特別有意思，店裡的 8 位廚師分別來自揚州有名的「富春茶社」和西安的「解放路餃子館」，於是便將淮揚菜的特色和西安餃子的優勢捏合在一起，開出了這家融南北風味於一體的「楊西」。進入 1990 年代以後，在新宿、大久保、池袋一帶開出了不少上海風味的小館，生煎、饅頭、小籠包子、蟹殼黃，吸引了許多愛嘗新的日本客，也慰藉了不少江南遊子的思鄉之情。

我常到神田一帶去逛舊書街，在那兒意外地發現了一家「咸亨酒店」，門面雖是小小的，卻特意做成青灰色的磚牆，小小的綠瓦屋檐也很有風情。2014 年 11 月上旬，我去東京開會，在去明治大學的路上又路過咸亨酒店，見店門口掛出了醒目的廣告，是大大的令人垂涎欲滴的上海大閘蟹的圖片。時值秋日，在上海一帶，正是食蟹的好季節，咸亨酒店不失良機，也在竭力推銷大閘蟹，我看了一下價格，中等的每個 3,000 日元，大的 3,500 日元，特大的 4,000 日元，特大的我想應該會有四兩吧。還有雌雄一對的，4,500 日元，因為日元貶值，折算成人民幣的話，也不算太貴。回想起 1992 年秋

天在東京的時候，見到樹葉漸黃，忍不住思念起上海的大閘蟹，於是與妻子兩人專門跑到上野車站附近熱鬧非凡的阿美橫町，那裡有一兩家專門賣中國食材的商店，到了秋天，有大閘蟹出售。那個年代，運到海外去的，都是品質上佳，價格大概是國內的五倍，具體記不得了，只記得為了吃大閘蟹，特意在店裡買了一瓶鎮江醋，價格是 500 日元，那時大概是國內價格的近十倍。

當今餐飲的流行趨勢是，各種幫派和地域特色的界限越來越模糊，這在日本的中國菜中尤為明顯，日本中國菜的歷史短，也許還沒有形成過真正有特色的各派菜系。恐怕沒有幾個日本人聽說過淮揚菜，但幾乎人人都知道北京菜，於是在日本開出的中菜館大都打出北京料理的旗號。在東京的新橋一帶，有家餐館店名就叫「北京飯店」，除了有烤鴨外，端上來的菜實在令人感受不到多少北京風味。在京都外國語大學訪問時，中午主人帶我們走進了一家當地頗負盛名的中餐館「桃花林」，我在進門處注意到了一塊大牌子，上書「純北京料理」。端上桌來的大拼盤，卻是在日本的中餐館內千篇一律的模式：沒有鮮味的白切雞、日本式的長長的海蜇、廣東叉燒、清淡的大蝦。接着上來的一道道熱菜幾乎與北京也毫不沾邊。說是純北京料理，恐怕也是徒有虛名。還去過一次廣島市內最有名的中餐館「八仙閣」，在市中心的八丁堀上，高大的霓虹燈店招，遠遠就能望見，走入店門，果然氣派不凡，范增畫的八仙過海圖，十分惹人眼目，廊廳裡擺放着清代風格的紅木桌椅，使人覺得彷彿走進了

北京的「萃華樓」。八仙閣所標榜的正是北京料理。然而端上桌來時，全不是那麼回事，我也說不清這是中國哪一派的菜，淡淡的，鮮鮮的，甜甜的。還有一次，在東京的日本大學參加一個學術會議，結束之後十來個人來到神保町附近的一家「上海飯店」，外觀只是小小的單開間門面，開在一幢有點老舊的房子下面，裝潢毫無風情，除了掛了幾個垂着紅鬚的宮燈。上來的菜餚，都是簡簡單單的家常菜：豆苗炒肉片（在上海豆苗好像都是清炒的）、黃瓜拌番茄、青豆炒雞蛋、日本式的煎餃、蒜苗炒牛肉，好像有一點點上海的風味，但代表性的上海菜諸如四鮮烤麩、熏魚、醬小排、清炒蝦仁、清炒鱔糊等毫無蹤影，更不消說划水、肚當、蝦子大烏參這些濃油赤醬的本幫菜了。順便提及，不管是這「八仙閣」也好，山東風的「濟南」也好，上來的中國酒都是南風南味的紹興酒，以前多半還是台灣產的。日本人也許聽說過「五糧液」、「茅台酒」，但識得滋味的，大概只有紹興酒，上了年紀的日本人管它叫「老酒」，這是 20 世紀 20~30 年代來上海一帶旅行的村松梢風等人帶回日本的名詞，至今還仍然是中國酒的代名詞。問日本人四川菜的特點是甚麼，他們會明確無誤地告訴你「辣」，若問北京菜有甚麼特色，除了會說一個北京烤鴨外，別的就語焉不詳了。

日本的中國菜館缺乏菜系特色或地域風味，甚或中國味都很淡，我想這應該不是這些菜館的過錯，因為它本來就是面向日本顧客，只要日本人覺得美味就可以了。某一地的文化移植到另一地，

自然會隨不同的風土帶上當地的影跡，飲食既屬文化的範疇，它的演變也是必然的了。

但仍有少數幾家，中國菜做得頗為地道。就我的經驗而言，新宿的「東京大飯店」，是其中之一，來自台灣和香港的中國人喜歡光顧這裡。「東京大飯店」的菜，也明顯地帶有南方風味，蔥薑焗蟹和菜心扒魚翅都做得很地道。這裡的侍者，三分之二來自中國。與店堂闊氣的東京大飯店比起來，另一家要算是不入流的鄉村小館子，但在我的記憶中留下的印象卻最為深刻，它有一個好記的名字叫「美味館」。美味館坐落在上田市近郊的千曲川南岸，離古舟橋不遠。這只是一幢不起眼的平房，推進門去，迎面是一排桌面漆成紅色的吧台式座位，上面掛了兩串用於裝飾的鞭炮，左面牆上的一幅裝飾畫旁大大地貼着一個金色的「福」字，與一般的日本料理店不同，貼在牆上的食譜用的都是大紅紙，立即有一股暖暖的喜慶吉祥的氣氛飄蕩在空氣中，使人彷彿走進了一家中國小鎮上的鄉村飯館，只是地面上十分潔淨，店裡也沒有甚麼喧譁聲。日本友人告訴我，這家店是一對戰後遺孤的第二代開的，上去與店主聊天，果然是一口濃重的東北口音，店裡的兩位廚師，也是從家鄉請來的，店主夫婦兼做跑堂，大概是價廉物又好，生意一直頗為紅火。店裡的客人，多為附近的居民，有舉家開了車來吃晚飯的，也有青年男女結伴而來的，商務性的應酬極少見，店主與客人大抵也都熟了，店堂內一直洋溢着溫馨的家庭式的氛圍。供應的酒類除日本清酒和啤酒外，還

有紹興加飯酒和小瓶的青島啤酒，紹興酒紹興和台灣產的都有，價格一樣，台灣的紹興酒口味稍甜，有點像「女兒紅」，但酒色比女兒紅淺些。有趣的是，這裡還有桂花陳酒賣，可論杯出售。在日本的館子裡喝酒，都有一種隨酒送上的「先付」，即每人一小碟或一小盅店裡自製的下酒菜，「美味館」一般總是青椒絲拌土豆絲或是黃豆芽拌筍絲，鮮中帶點辣味。這家店冷菜做得不怎麼樣，熱菜中比較不錯的有乾炸茄子、炒米粉和八寶菜。乾炸茄子是用一種圓茄去了皮切成長條上了味後放在油鍋中炸，再放蒜末、蔥末、切碎的紅辣椒和用酒浸泡過的小蝦米一起乾炒，很入味，且滋味獨特。八寶菜實際上是一種什錦炒菜，在中國本土倒反而不多見。炒米粉差不多是這家店的看家菜，只是將青椒絲、筍絲和肉絲與米粉炒在一起的極為普通的閩台一帶的家常菜而已，但真的做得很好，我每次來必點，屢吃不厭。這裡的菜價，只有東京中國菜館的一半不到，與三五朋友一起來小酌，連酒帶菜，每人費資兩千多日元夠了。

2014 年 11 月去日本參加學術活動，愛知大學的鈴木教授在名古屋名鐵百貨公司 9 樓的「中國名菜銀座アスター」請我們吃午飯。「銀座アスター」是一家中等偏上的中菜館，在全日本有幾十家連鎖店。除了高級酒店內的中菜外，這家是我覺得比較有品位、菜品也做得很不錯的日本中餐館。店堂內都用深褐色的中式桌椅，乳白色的內牆上製作了中國窗花的雕飾紋樣，擯除了一般的大紅大紫或金碧輝煌，顯得簡潔而高雅。午飯只是比較簡單的套餐，我記得是兩

千日元的「桂花」套餐，除了一碟酸甜的醃蘿蔔和榨菜、一碗蛋花湯和一碗白米飯外，有一份在長長的白瓷盤內放置的四樣小菜，造型和滋味都很美，此外可在古老肉、蛤蜊肉蝦仁豆腐、韭黃炒雞肉等幾個菜裡面選一個，於是我們各個選擇了不同的菜品，屆時可以共享。豆腐做得偏鹹，其他都很可口，餐具也頗講究。主人還特意追加了幾個放入了松茸和銀杏的春卷，每個 324 日元，好像也沒感覺到松茸，但炸得非常香脆。甜食也很精緻，猶如西餐。這家店與長野縣富有鄉土氣的「美味館」相比，似乎是城裡中產階級的殿堂。

2015 年 4 月來到京都大學做五個月的研究，按照在上海的習慣，我週末也在大學的研究室。在復旦大學時，因為有許多外地的住校學生，週末食堂自然也營業，可是在日本（不止是京都大學），週末無課，學生也不住校，食堂就會關門，無奈之下，只能到周邊的小飯館果腹。去的比較多的，是今出川通上的一家中國菜館「宏鑫」，店名毫無詩意，也許是老闆的姓名。一樓供應定食，價格在 600 至 800 日元之間，有木耳炒肉片、韭菜炒豬肝、糖醋肉丸子等等，每份定食，必定還有兩大塊炸雞和一小碗雞蛋湯，並有幾片醃蘿蔔。這邊的週末，常常會有京都大學的學生來體育場打球，都是些很生猛的小夥子，運動以後飯量很大，因此店裡米飯可以隨意添加（京都大學的食堂一小碗米飯 85 日元），這一點對這些壯實的小夥子也很有吸引力，因此常常爆滿。晚上在三樓有一個供應炒菜的餐室，雖然房屋已經不新，照明也很老舊，但擺設還有些情調，紫

砂茶壺是主旋律。這邊的冷菜熱菜一律都是 700 日元，這價格在日本是十分低廉的，雖然沒有高級材料（有挺大的蝦仁），餐具也極為普通，但滋味還真不壞，有比較純正的中國風味。意外的是還有油條和蔥油餅，不過油條實在不敢恭維，是事先做好了的，臨時放在微波爐裡加熱一下而已，完全沒有上海小攤上的鬆脆油香。來的次數多了，就與老闆聊天，得知老闆是東北人，娶了一位戰後遺孤的後代為妻，也就留在了日本，以前曾在上海跟着香港廚師學過上海菜，也五十多歲的年紀了，開飯店的房子是自己買下來的，他説薄利多銷，主要做京大學生的生意，似乎對在日本的生活還挺滿足。

1960 年代經濟高速增長時期之後，日本的餐飲業得到了迅猛的發展，中國的飲食也趁着這一勢頭如雨後春筍般地遍佈日本的大都邑小鄉鎮。如今，中華料理已經與日本料理、西洋料理一起構成了日本人今天飲食的三鼎足，日本人通常稱之為「和洋中」。東京、大阪等地的中國菜館，已經呈現出旗幡互映、屋檐相接的風景，麻婆豆腐、青椒肉絲、回鍋肉成了最常見的中國菜，連其發音也同中國普通話如出一轍（通常漢字是按照日本式的念法發音的）。不僅是中國餐館遍佈日本各地，更重要的是中國菜的調味和烹飪方法已經進入了尋常日本人的家庭料理。比如麻婆豆腐，早在 1961 年 6 月，NHK 的人氣節目《今天的料理》中就有中國人張掌珠首次介紹了這款菜的製作。當時還沒有「豆瓣醬」一詞，只能以「辣椒醬」一詞替代，如今「豆瓣醬」（發音也是仿照中國普通話，而不是日文中的漢

字讀音）一詞已是家喻戶曉。這次來京都時忘了帶「老乾媽」，就在超市裡買了李錦記的「豆瓣醬」，做麻婆豆腐覺得不夠辣，又買了一罐李錦記的「辣油」。「老乾媽」在神戶的南京街有賣，但去一次單程至少得一個半小時以上，就湊合一下算了。戰前就熱衷於推廣中國菜的「味之素」公司還研製出了麻婆豆腐的烹調作料，分辣、中辣和微辣三種口味，更有甚者，還推出了連中國本土也不曾登場的麻婆粉絲，滋味有點像這邊的肉末粉絲煲。還比如，日本料理中原本並無「炒」的烹製法（西菜中似乎也沒有），隨着中國菜烹製法的普及（這一點真的要歸功於媒體的宣傳），單柄或是雙柄的中國式炒鍋（日語稱之為「中華鍋」）大受歡迎，一手握柄熟練地翻轉鐵鍋的技法成了人們歎為觀止的嚮往。今天一般日本家庭的飯桌上純粹的日本料理可說已是非常罕見的了。

2015 年 1 月的某日，我再去探訪了一次橫濱的中華街，其實就是一個有數條街巷組成的中國餐館鱗次櫛比的美食街。在牌樓的外面，就星星點點地散落着幾家中餐館，其中有一家名曰「福滿園」，標榜的是「純四川上海料理」，說實話四川菜和上海菜怎麼也搭不上邊，而這裡居然還用了一個「純」字，令人忍俊不禁。我們且看一下到底供應甚麼貨色。兩千日元一個人的有這樣幾道：兩種冷菜拼盤、蒜苗炒肉片、豬肉餡燒麥、魚翅（估計只是一丁點）蒸餃、春卷、油炸餛飩、茄汁蝦、魚翅（估計也是一丁點）湯、什錦炒飯、杏仁豆腐。貴倒一點也不貴，但我怎麼也看不出一點四川的滋味，上海的代表

菜也幾乎沒有。三千日元一個人的有一道麻婆豆腐，其實麻婆豆腐的成本實在是可以忽略不計。還有一家國民黨元老于右任題匾的「重慶飯店」，賣的卻是烤乳豬和叉燒，這都是哪跟哪了！日本的大部分中國菜館就是這樣在糊弄日本人。

進得牌樓，發現中國各地的菜系幾乎都雲集在這裡了，掛着的店招有「廣東料理吉兆」、「台灣料理青葉」、「上海料理狀元樓」、「四川鄉土料理京華樓」、「揚州飯店」等等，其實賣的貨色都差不多。當然也有色彩比較單純的，比如「上海小籠包專賣店」和「橫濱中華街生煎包發祥地正宗生煎包」。前者主要賣小籠包，有一種人氣第二的三種口味合蒸的小籠包，一籠 6 個，兩個蟹粉、兩個豬肉、兩個翡翠（外面呈淺綠色，也不知曉裡面是甚麼），920 日元。純豬肉的，一籠 6 個 740 日元。也賣生煎包，名曰「生煎小籠包」，好像也沒有越出小籠包的範圍，其實是偷樑換柱。號稱「正宗生煎包」的，除了生煎包之外，也賣大肉包。店員的頭部都遮得嚴嚴實實，不讓一絲頭髮露在外面，面部的大口罩，也不允許一點唾沫噴出來，日本人畢竟還是相當講究衛生，樣子難看，怕是會要嚇退一幫食客。總的感覺是，店招的色彩，多用金色，鮮豔奪目，菜餚的價格，與國內似乎也相差不多，街面大都是窄窄的，但比較乾淨，與神戶的南京街相仿。站在外面招徠顧客的，多是中國人，日語都説得結結巴巴。我一開始不知是中國人，用語速較快的日語詢問，結果幾個人都面面相覷，換成中文，對方立即樂了起來，滿嘴東北口音，我也樂了。

不是拉麵的「拉麵」

在 NHK 調查的日本人新年裡最愛吃的 5 種食物中，「拉麵」竟然位居榜首！也許大家已經知道，這裡的拉麵並非中國的用手工拉製的所謂「蘭州拉麵」，在日文中，這個詞很少用漢字，多以片假名寫出，其發音幾乎與中國的拉麵相同，這裡姑妄代用。

到過日本的中國人，無論是短期出訪還是長期居住，大概沒有未嘗過拉麵的。尤其是對初到日本的中國人而言，冷冷的壽司遠不如熱騰騰的拉麵來得親切，在滋味上幾乎毫無阻隔感。確實如此，在一般日本人的眼中，拉麵是被列入中華料理一類的。前面已談及，中國料理在近代日本的登場才不過百來年的歷史，拉麵的出現，就更晚些。很多人都試圖考證拉麵的起源，有一個叫村田英明的人專門寫過一篇《拉麵的起源》的文章，有說是起源於中國的「撈麵」，也有說是來自滷麵，有說是 1920 年間的北海道的札幌是其在日本的發祥地，也有的說橫濱的歷史更悠久，甚至有人將其與長崎的チャンポン麵聯繫在一起，不過，至今仍未獲得令人信服的確切說法。1992 年日本有一家電視台專門派了一支攝製組到中國去尋根，遍訪

北京、上海等地的大小麵館和市民家庭，總覺得血緣隔了一層，最後找到最相似的地方是在西安、銀川一帶，但在拉麵初現於日本的時候，日本與這些地區幾乎還沒有甚麼交往，結果仍是無功而返。但拉麵肯定不是日本的土產，則又是不爭的事實。

那麼，拉麵究竟是何時出現於日本，它何以會有拉麵這樣一個發音呢？我參閱了多種書刊，整理出的一種比較通常的說法是，拉麵最早出現於 20 世紀初的橫濱中國人集聚區，初時只是普通的中國式的麵條，但麵條製作中放入了鹼水。鹼水是一種含有碳酸鉀和碳酸鈉的呈鹼性的天然蘇打水，加入了鹼水揉捏出來的麵團，不僅能使麵粉中的蛋白質發生變化而增強黏性，而且有一種獨特的風味，這是近代以前日本的烏冬麵和蕎麥麵所沒有的。而它與日本的烏冬麵和蕎麥麵還有一點很大的區別是用肉湯，這在近代以前禁止肉食的日本也是難以想像的，因此在形式上雖然與蕎麥麵有點相似，但滋味卻很不同。開始的時候只是光麵，沒有澆頭，以後在麵上放一些煮熟的豬肉切片，當時的日本人便將此稱為「南京蕎麥麵」。由於歷史的原因，明治時的日本人習慣將中國人稱之為「南京人」（應該與朱元璋建都南京有關，明代是日本與中國貿易非常興盛的時期），就像早期的南洋將南下的中國人稱為「唐山人」一樣，因此那一時期中國人的集居區被叫做「南京町」。橫濱中華街在當年就被叫做南京町，如今的神戶的華人商業街至今的正式名稱仍然是南京町，可見歷史遺跡的一斑。「蕎麥麵」是因為日本人初見這種麵條時，覺得與

粗粗圓圓的「餛飩（烏冬麵）」不一樣，而更接近蕎麥麵條，所以呼之為「南京蕎麥麵」，儘管這種麵條毫無蕎麥的成分。明治以後，日本逐漸用「支那」一詞來稱呼中國。據周作人的《支那與倭》和日本學者佐藤三郎的《關於日本人稱中國為「支那」的歷史考察》的考證，「支那」一詞並非日本人的原創，初時的「支那」也沒有任何蔑視的意味，但進入明治以後，特別是甲午戰爭之後，日本人稱中國為「支那」則多少是含有貶義的。大正以後，「南京蕎麥麵」以其價格低廉、滋味鮮美而受到日本中下層市民的歡迎，逐漸走出中國人集居區而在日本人社會中流行開來，名稱也變成了「支那蕎麥麵」。1940 年汪精衛在南京建立了偽政權，日本軍政府為了抬高汪偽政權，下令不准稱中國人為支那人，而應稱為「中華民國人」，於是「支那蕎麥麵」也搖身一變成了「中華蕎麥麵」。日本戰敗後，也不知自何時起，「中華蕎麥麵」又變成了「拉麵」。據有的日本學者的推測，「拉麵」的發音也許是源自漢字「拉麵」或是「撈麵」，總之它不是日本古已有之的食物，它的風靡全日本，嚴格地說，應該始於戰後。

大致說來，日本的拉麵和中國的湯麵差不多。你隨便走進街頭的一家拉麵館，在小小的桌子邊坐下，打量一下牆上貼着的各種食單，一般來說這幾種麵總是會有的：「醬油拉麵」、「鹽味拉麵」、「味噌（豆醬）拉麵」、「叉燒麵」、「五目（什錦）拉麵」，有的還有「廣東麵」、「天津麵」、「豆芽拉麵」等等，價格一般在 500 至 900 日元之間。所謂醬油拉麵，那湯色主要是以醬油調味的，鹽味則用鹽，味

噌則用豆醬（日語稱味噌），叉燒麵是在麵上添了幾片叉燒肉，五目則有什錦的澆頭。如此說來，拉麵實在是再普通不過的湯麵，何以會受到日本人如此的青睞？是否日本人在飲食上的要求就很低？其實不然。

經過多年的錘煉，拉麵已發展成為一種相當成熟的食物。麵的好吃，關鍵在於麵的品質和湯的滋味以及兩者恰到好處地融為一體。考究的麵店，麵都是前一日夜裡用手工或是小機器自己製作的，或是委託信譽良好的製麵所定做的，粗細均勻，久煮不爛，滑爽而帶點彈性。至於麵湯的製作，就更為講究。在東京秋葉原附近一條冷僻的小巷內，有家單開間門面的小麵館叫「玄」，只供應醬油拉麵，每日只售 100 碗，賣完即關門。湯是用豬大骨和名古屋名種雞的雞架、雞爪一起慢慢燉煮，撇去浮沫，最後再過濾成高湯。醬油是用特製的醬油再加入蒜頭、魚乾、香菇等精心熬製，麵則是請小林麵店特製的。端上桌時，除加上通常的麻竹嫩筍、切碎的大蔥外，另在麵上放兩片自家製的叉燒肉，每碗賣 780 日元，天天顧客盈門，晚上 6 點前即已售罄。順便說一下，日本所謂的叉燒肉，雖然發音源自廣東話，卻不是我們所熟悉的那種廣東燒臘，而是將豬腿肉調味醃製後裹緊成圓形蒸熟的，味道別具一格。

從口味上來說，拉麵主要分為醬油、鹽味和味噌三種，東京地區以醬油拉麵著稱，以上所說的「玄」是東京拉麵的代表，而鹽味是九州，尤其是博多（即福岡）拉麵的特色，至於味噌拉麵，則是北

海道札幌的發明。鹽味原本是早年橫濱中國人集居區內中華麵的本色，只是日本人喜歡醬油味，醬油拉麵才成了日本拉麵的正宗，在大正至日本戰敗前，說起拉麵，人們想到的大概就是醬油拉麵。戰後不久有一對叫榊原的夫婦，在福岡中央區開了一家叫「長濱屋」的麵館，用豬骨將湯熬製成渾白色，撇去浮油，只用鹽調味而不用醬油，端上桌時，湯色呈白白的半透明色，以後便代表了拉麵的另一種風味，成了博多一帶的名物，繼而又風行全日本。從早稻田大學通往高田馬場的大街上，幾年前開出了一家「博多拉麵一風堂」，店外掛滿了一串長圓形的標有「一風堂」字樣的燈籠，每天中午和傍晚都擠滿了食客。有天我也去湊熱鬧，果然滋味不壞，濃濃的渾白色的麵湯，尤其勝人一籌。在上海開出了多家連鎖店的「味千拉麵」，也是九州的風格，以豬骨熬製的乳白色麵湯為招牌，結果後來揭露出來說那白色的豬骨湯是用各種添加劑混合而成的，一度曾經一蹶不振。不過開在中國的拉麵館，因為價格高於一般的中國麵，店堂的裝潢也頗為考究，倒多了幾分高檔的感覺，其實日本的拉麵館實在是非常大眾化的所在。

味噌拉麵在日本出現得比較晚。「味噌」在本書中已經反覆出現，據云是從朝鮮半島傳來，類似於我們的豆醬，但顏色稍淺，主要原料是大豆和小麥，間或也有大米，再加上鹽，它在日本是使用極為廣泛的調味料。將味噌引入拉麵的，是札幌的一家名曰「味之三平」的麵館老闆大宮守人。戰後，隨着從各地撤退回來的日本人

向北海道移居，拉麵也在北海道一代廣泛傳開。1951 年時，原本只是經營麵攤的大宮守人在札幌市的南三條西四丁目開出了一家門面小小的「味之三平」。他原本就喜歡味噌，當時大批獨身到北海道來謀生的男子都喜歡一種豬肉湯的食物，在札幌一帶頗為流行，於是他就嘗試着將味噌和豬肉湯調和起來用作拉麵的湯料，經過數年的摸索，終於在 1963 年歲尾大獲成功，贏得了當地食客的普遍好評，一時札幌的好幾家麵館都引入了味噌拉麵。1965 年 3 月，以札幌的味噌拉麵為特色的「札幌屋」在東京的澀谷開出了第一家門店。當年在東京和大阪的高級百貨公司的「高島屋」舉辦的北海道物產展上，第一次向全國介紹了札幌拉麵，從而引發了札幌拉麵或是北海道拉麵的熱潮。1967 年，又一家有影響的札幌麵館「道產子」在東京的兩國開出了第一家連鎖店，以後，具有味噌口味的札幌或是北海道拉麵風靡了全日本，成為拉麵口味的三鼎足之一。味噌拉麵的創新，不僅只在口味上，麵的澆頭也一改嫩筍、紫菜、叉燒肉的老面孔，而改用豆芽、洋蔥、蒜片及肉末合在一起炒熟後蓋在麵上，這又成了札幌拉麵的一大特色。受味之三平老闆的啟發，不少人也急於標新立異，湯用黃油、茶湯、咖喱，澆頭改用魚鮮，除了短時間吸引過一些搜奇獵異的食客外，不久大都偃旗息鼓了，只有黃油的香味，還常使人聯想到北海道草色青蔥的牧場風光。

差不多從這時候拉麵館的數量在日本猛增，1971 年東京 23 個區內拉麵館的數量達到了 8,596 家，最多的為南邊的大田區，587

家，最少的是文京區，203 家。

　　不像西菜館，一出現便成了明治中上流社會憧憬嚮往的所在，中國料理初問世時，大都只是大正年代下層人民低檔的營生，中華麵一開始都沒有甚麼像樣的館子，只是一些移動的攤檔。冬夜的寒風中，賣麵的拉着或是騎着移動車攤，吹着類似於中國嗩吶的小喇叭，在招引着顧客。這樣的風景現在差不多已經消失了，作為一種殘存的古風，有家電視台特意到福岡去尋古，拍到了現今還殘留着的幾輛吹喇叭的麵攤車。幽幽的街巷中，這種小喇叭吹來，確實會撩起人們心頭難以名狀的愁緒。不過吹小喇叭的車攤雖幾近消失，但在都市的軌道車站附近，至今仍可見每夜推出來的攤檔，日語中稱此為「屋台」，我覺得這個詞很耐讀。有時是孤零零的一處，有時是比鄰的三四家，紅紅的車頂，外面掛出一個紅紅的燈籠，上書「拉麵」兩字，冬日用布簾圍起來擋寒，裡面狀若吧台，僅可坐三四人。附近也許就有像樣的麵館，但有些日本人就願意坐在這種簡陋的攤檔內，局促的空間使彼此挨得很近，和店主聊幾句家常，與熟客打一聲招呼，吃着熱騰騰的湯麵，心頭一下就熱乎起來了。攤檔上的麵，較一般館子便宜些，約在 400 和 500 日元之間，但我想這不是人們願到這裡來的主要原因。

　　源自中國的拉麵，在日本人的飲食生活中若用「氾濫」兩字來形容大概也不為過。無論住在日本的哪一座小城小鎮，出門不幾步，必有拉麵館，報刊雜誌上隔幾日就有全國各名麵館的介紹，或江戶

情緒或長崎風味或鹿兒島特色，電視上隔三差五就有畫面鮮豔、惹人垂涎的拉麵節目。拉麵店的店名，也是各出奇招，在東京靠近本鄉的不忍通街上，有一家門面小小的、看上去有些破舊的麵館，取名叫「毛家麵館」，在店面一側牆上，畫了一幅巨大的毛澤東像，並用中文寫道「人人都來吃擔擔麵毛家」，我真不知道擔擔麵跟毛澤東有甚麼關係，令人發噱的是，店門口竟然還中文寫着大大的「上海烤雞」，我一直想進去嘗一下，竟然都是來去匆匆，最後無緣入內。在福岡有「中華湯麵中心」，橫濱有「拉麵博物館」，全日本有「日本拉麵研究會」，專門出有拉麵雜誌，我在長野上田市郊外的住所的不遠處，有一家連鎖麵館竟美其名曰「拉麵大學」！

橫濱的拉麵博物館，並不是一家公益性的文化機構，它的全稱是「株式會社新橫濱拉麵博物館」，也就是說它是一家股份公司，成立於 1993 年 8 月，94 年 3 月正式開館，位於橫濱市港北區的新橫濱，共有三層，地上一層和地下二層，憑票入場，成人 380 日元，學生 100 日元，小孩免票。一層是展示館，介紹拉麵的源流和現狀，地下的兩層則是體驗區，裝飾成戰前東京的模樣，即所謂的老東京，有舊式的咖啡館和各種小吃店，並進駐了 8 家拉麵店，差不多薈萃了全國各地拉麵的精華，或者說是體現了各主要地區的拉麵風貌。其中的「支那蕎麥麵館」，完全是戰前的名稱，也許要顯示其歷史的悠久，「龍上海本店」，不知是否與上海有關聯，其他諸如「札幌樺」、「旭川蜂屋」，這應該是北海道拉麵的代表，還有「博多福榮拉麵」、

「熊本小紫」，這代表了九州拉麵的特色，其他諸如「山形赤湯辛味噌拉麵」、「和歌山井出商店」等，都是有些來歷的。拉麵博物館經常策劃各種推廣宣傳拉麵的具有文化氣息的商業活動。自 1996 年起連續舉行了七次大型的各地拉麵宣傳活動。1999 年 4 月還舉行了「第一屆拉麵登龍門最終評選會」，在日本掀起一陣又一陣的拉麵熱潮，不少人專門坐車從各地來到博物館，以體驗和品嘗高水準的日本拉麵。至 2001 年 6 月，來博物館的人數已經突破了 1,000 萬人次。

在成熟的拉麵技術或是拉麵文化的基礎上，日本人做出了一項世界性的貢獻，這就是方便麵的研製成功。1958 年，出生於台灣的安藤百福與同事們經過反覆研製，在這一年由日清食品公司推出了世界上最早的「即席拉麵」——「日清雞肉拉麵」，後來中國將此稱為方便麵或熟泡麵。這是一種將麵條蒸熟油炸後充分乾燥並經過殺菌的麵條，當初味道是固定的，後來又配上了各色湯料，只要用沸水沖泡即可。這在食品文化史上差不多具有革命性的意義。不久以後的 1961 年，全日本第一屆即席拉麵大獎賽在東京的松屋舉行，自此以後，「即席拉麵」改名為「快速麵」。因其方便、廉價和相對美味，快速麵立即風靡了全日本，並且迅速推向了全世界，1969 年，已經傳到了世界上 30 餘個國家，出口到美國的達到了 2,300 萬份。1971 年，日清食品公司推出了杯裝的方便麵，每份 120 日元，不久又出現在日本的自動售貨機中。1974 年，日本全國的方便麵的年消費量達到了 40 億份，銷售額 2,000 億元，連嬰幼兒在內每人每年消

費 40 份，自 1958 年誕生後，17 年間增長了 300 倍，這是一個驚人的數字。方便麵的創造者安藤百福後來捐出了相當可觀的財產，於 1983 年設立了「安藤體育・食文化振興財團」，鼓勵和資助這一領域的文化活動。日清公司也在 1999 年 11 月創建了「方便麵發明紀念館」，展示方便麵的研製過程，5 年後的 2004 年 11 月又將規模擴大了一倍。

　　日清食品公司由於是方便麵的始作俑者，對於方便麵的消費動向一直非常留意，經常進行各種調查統計。據其 1993 年的一份世界範圍的調查，當時方便麵的世界消費量是 207 億份，範圍包括 90 個國家和地區。據這一年的統計，按人均消費量而言，排名在前的順序依次是韓國（90.0 份）、香港（44.3 份）、中國台灣（40.0 份）、日本（38.7 份），絕對數最多是印度尼西亞。那時方便麵在中國的市場才剛剛打開，人均才只有 1.2 份。這一情形在 10 年以後發生了巨大的變化。據日本能率協會綜合研究所來自中商情報網的資料，中國在 2002 年的方便麵產量是 1,823,596 噸，2005 年達到了 3,279,172 噸，460 億份，增長迅速，人均每年的消費量是 35 份，比 1993 年時猛增了 30 倍，產量佔到了世界市場的 51%，中國已經成了世界上最大的方便麵生產國和消費國。而 05 年日本的生產量是 54 億 3 千萬份，人均消費 50 份，在中國之上。

　　日本拉麵的另外一個變種是「蘸麵」。2000 年以後曾掀起了一陣陣熱潮，如今在東京以及全國各地都可見到它的身影。「蘸麵」的

歷史可以追溯到 1955 年。當時剛剛與人在東京中野開設了「大勝軒」麵館的山岸一雄，在供店員自己食用的食物中，給一個碗內的殘湯加上一點醬油，用剩餘的麵蘸着吃。這一情景引起了店內食客的興趣，於是山岸就索性創製出了一種蘸着吃的拉麵。經過反覆嘗試，最後選定了一種比較粗的麵條，蘸料的基本構成也與拉麵的湯汁和食材大同小異，但要濃稠得多，一時引來了部分求新好奇的食客，慢慢「蘸麵」就傳開了。之後他在東池袋獨立開出了「大勝軒」本館。出身於長野縣鄉間的山岸，雖然只有中學教育程度，但為人純樸厚道，平素喜歡爵士音樂。1886 年因妻子病重去世，他忍痛關閉了麵館，後來許多熱愛他的食客強烈要求他重新開張，並給予了他極大的支持和鼓勵，於是他重振旗鼓，再度出山。出了名後，有許多人慕名而來拜他為師，他也不擺架子，毫無保留地將自己的經驗體會傳授給這些弟子，號稱有弟子百人，同時將店名無償轉讓給他的弟子使用，於是「蘸麵」的影響力日漸擴大。到了 2000 年前後，許多拉麵館內都增設了「蘸麵」這一品種，而有些店，則只供應「蘸麵」。2009 年秋天，在東京日比谷舉行了「蘸麵博覽會」，一時店家和食客雲集，盛況空前，持續了兩個月，使得本來已經人氣大盛的蘸麵，更加風光無限，媒體雜誌紛紛為此推波助瀾。2010 年又在時尚風向標的六本木以及北海道的札幌、東京的港區舉行過多次，如果有人還沒有嘗過蘸麵，那就很落伍了。

我就是屬於很落伍的一類，一直到了 2012 年初春，有機會臨時

去京都參加學術活動，一位昔日的學生帶我去了四條河原町一條小巷子內的蘸麵專門店，很小的店堂，吧台座，最多可容 10 個人。我要的是一種據說很經典的蘸麵，一個碗內盛的是剛剛煮好洗去了麵液的麵條，另一個稍小的碗，是蘸料，不太明亮的燈光下，顏色顯得很深，滋味很濃鬱，裡面有日本的所謂叉燒肉和嫩筍等。用筷子夾起適量的麵條，放入蘸料內使之入味，然後放入口中。這種吃法有點新奇，但我並未感到特別地美味，偶爾嘗嘗也不壞，但要為此醉心，我好像還未達到如此的境界。吃剩的蘸料，可以向店家討麵湯來兌着喝，價格記得是 850 日元，比一般的拉麵稍貴一點。那位創製了蘸麵的山岸一雄，2015 年 4 月 1 日因病在東京去世，因他良好的口碑，引來了一片哀痛的唏噓聲。守靈的那天，有五百多人前去悼念，電視上也作了連篇的報道，可見蘸麵的影響力。

「燒肉」等韓國料理在日本的登陸

　　這裡的「燒肉」，是日文的漢字詞語，翻譯成中文應該是「烤肉」。日本傳統料理的烹製法大抵是生食、醃漬、煮與烤。烤的烹製法，在日本列島至少也有數千年的歷史了。原先一定有烤肉，山林中捕獲的野獸，起初大抵都經過炙烤後食用。如今遍佈日本大街小巷的各色烤肉店以及開在海外的具有日本風格的「燒肉屋」，使得中年以下的大部分日本人和外國人都以為這是日本自古以來的代表性食物。其實不然。自 7 世紀末開始的歷代天皇屢次禁食肉類，烤肉至少在王宮貴族的層面，也就是正式的日本料理中消失了。烤的烹製法大抵只是局限於烤魚或其他水產品，且日本傳統的炙烤，一般都是「鹽燒」，即只是在魚上面撒上點鹽而已。夏日裡溪流邊的香魚鹽燒是很有名的，往往惹人垂涎欲滴。雖然明治以後肉食開禁，家畜家禽的飼養也日益發達，但肉類的吃法大都仿效西洋或是中國菜的做法，幾乎沒有炙烤的。

　　在日本，烤肉的盛行，是在戰後，尤其是 1960 年代以後。而且對於日本人而言，現在人們通常食用的烤肉也是外來的食物品種，

它是由朝鮮半島的居民帶來的。與世界上大多數民族一樣，朝鮮半島上的居民自古以來也是吃肉的，佛教傳來以後雖然在一定程度上也曾有禁食的傾向，但並不持久也不廣泛。13 世紀以後的一個世紀裡，朝鮮半島上雖然還保存着高麗王朝，但實際上是處在蒙古人的統治之下，大量的蒙古人流入朝鮮半島，同時也帶來他們烤肉的吃法。也許不能斷言現在盛行的烤肉一定起源於那個時代，但蒙古人的影響無疑是巨大的。從此以後，烤肉成了朝鮮民族的代表性食物。

但為何半島上的這種烤肉直到戰後才傳入日本呢？其理由是，近代以前，也就是明治以前日本人基本上是不吃肉的，至少在公開場合不被允許，而且日本也沒有成規模的飼養業，肉食料理無法在日本傳開。而近代以後，日本對於近代化進程落後於自己的朝鮮半島一直持蔑視的態度，並設法將其置於自己的勢力範圍，最後強行併吞了韓國（朝鮮王國在 1896 年改名為大韓帝國），此後進行了 35 年的殖民地統治。在日本眼裡，朝鮮或韓國人只是被征服的臣民，自然不會從治下的臣民中去汲取文化的營養，仿效或引入半島的文化對當時的日本人而言是一件恥辱的事情。在明治初年，朝鮮菜還曾被偶爾提及，1887 年出版的由飯塚榮太郎著的《料理獨家指南》中，分別介紹了西洋、朝鮮、支那、日本四種料理的製法，但爾後日本人對朝鮮菜便變得似乎不屑一顧了。因此在戰前，包括烤肉在內的朝鮮或韓國飲食文化始終無法在日本登陸。

但是到了戰後，情形發生了根本的變化。首先日本人早已成了

食肉民族，其次朝鮮半島的民族成了獲得解放的民族，而日本則淪為戰敗國。這都是重要的前提，但實際的契機則是戰後日本極度的糧食困難，使朝鮮半島的食物得以在日本流傳開。

戰爭期間，大量的朝鮮人被強徵兵役或勞工來到了日本。1945年前後，民眾生活日益窮困，肉類嚴重不足，流落到城市中的一部分朝鮮人便拾取日本人丟棄不食的家畜內臟，按朝鮮烤肉的做法偷偷烤來吃。戰後日本全土處於物資匱乏的時代，食物短缺，1950年前後，滯留在東京、大阪一帶的朝鮮人在黑市集聚區內開出了一家家廉價的內臟燒烤店。日本人原本不吃內臟，此時為生活所迫，也禁不住燒烤時升起的縷縷香味的引誘，便駐足圍觀，一時吸引了不少下層的食客。如今成了烤肉名店的大阪的「食道園」、「鶴一」，東京新宿的「長春館」等，便出現於這一時代。當時人們認為動物的內臟中蘊含了豐富的荷爾蒙激素，將這一類的燒烤稱之為「荷爾蒙燒」。

1960年代，日本經濟高速增長，食物的供應也完全走出了戰後的困境，在日本的朝鮮或韓國人以及經營燒烤店的人們已經比較容易獲得各種肉類，內臟不再是燒烤的主體了。也就是從這一時期起，燒烤店在東京等大城市中如雨後春筍般地迅速滋長，並陸續普及到了全國各地。

1980年左右，日本發明了一種無煙煤氣燒烤爐，立即為新開的燒烤店所採用，它革除了燒烤時煙熏火燎的主要弱點，燒肉也因此更加走紅。在1985年前後，差不多與日本的吃辣熱潮相呼應，日木

掀起了一個朝鮮或是韓國料理的空前熱潮，韓國泡菜自然是眾人的追捧食物，烤肉也一舉風靡了全日本，在我前文所引述的 NHK 放送輿論調查所 1982 年的統計中，烤肉和鐵板燒烤在 16~19、25~29 歲的男性人群中都佔到了第一位。為應對迅速升溫的烤肉熱，1992 年 10 月，日本建立了「全國燒肉店經營者協會」，並將每年的 8 月 29 日定為「燒肉日」，還舉行統一的「全國燒肉節」，92 年 12 月又出版了《燒肉文化》月刊。「全國燒肉店經營者協會」目前已經成了日本農林水產省正式認可的機構，它着力推行 Traceability（正宗、老牌的意思）的認證活動，加盟並獲得認證的店家必須在店堂明確標明所用牛肉的產地，目前加盟的店家共有 292 家（截至 2006 年）。電視等媒體也熱衷於各種美味燒肉的介紹，於是很多日本人，尤其是年輕人，也真的以為燒肉是日本傳統的食物了。在東京的調理師專門學校和營養師學校任教的鄭大聲每年都要在學生範圍內進行朝鮮料理的問卷調查，結果發現知道燒肉是來自朝鮮的日本人每年都在減少，1990 年的一項調查表明，認為燒肉是朝鮮料理的日本年輕人已經不足五分之一了，這令他感慨不已。在海外，燒肉差不多已經成了日本料理的代表品種之一了，雖然在日本本土，經營燒肉的店舖大多依然掛着韓國或朝鮮料理的招牌。據 2000 年 3 月 4 日《日本經濟新聞》（夕刊）的報道，東京大久保一帶集中了 50 多家韓國料理店，而在大阪鶴橋一帶則有 68 家韓國料理店，據有關機構的調查，2006 年日本燒肉的市場規模已經達到了 11,000 億日元，由此可見

韓國菜目前在日本風靡的程度。

日本的燒肉或曰烤肉一般多用牛肉，大抵分成牛舌、牛裡脊、肋骨肉等諸部分，切成薄片後用作料（作料的配方各家稍有不同，基本上是醬油、砂糖、香辛料、甜酒等配製而成）浸製數小時，然後整齊地碼放在盤內上桌，放在網狀爐面上烤至八分熟時，蘸一種用白醋、薑汁、檸檬汁等調和在一起的作料吃，也有事先不浸任何作料，烤熟後蘸醬色的濃汁吃，滋味各有千秋。有的店家配有大片的生葉菜，將烤肉裹着吃，也別有風味。除了牛肉外，也有用牛肝、牛肚或是豬肉、雞肉、豬肝等。這種以吃燒烤為主的韓國‧朝鮮料理店（掛出的招牌以韓國料理為多，也有特意標榜朝鮮料理的）內，必有各色朝鮮泡菜及大盤的生鮮蔬菜色拉。在吃過了濃香四溢的烤肉之後，再嘗嘗生脆鮮辣的泡菜或是清清爽爽的黃瓜、西紅柿、生菜，嘴裡的油膩消失殆盡。

最初的肉類燒烤，用的多是炭爐，後來煤氣普及，尤其是無煙煤氣烤爐的發明，店家多用煤氣爐，可是到了最近，高級的店家又開始用炭爐。根據專家的研究，炭爐燒烤，滋味更勝一籌，理由有四點。一是炭爐富含遠紅外線，放射熱比較均勻；二是與煤氣爐相比，炭爐的水分含量比較少，肉表層的香味更易誘發出來；三是炭能發生大量礦物質成分，富含鉀的鹼性炭能中和肉中的酸性，從而使肉質更加鮮嫩；四是炭爐所產生的熏煙會籠罩整個網上的肉，產生熏蒸的效果，從而使肉分泌出更多的肉汁。這大概真是專家的見

解了，一般的食客並不能細心地體會。總之，高級的烤肉店一般都會採用並標榜炭火燒烤，以吸引那些真正精於此道和更多的其實並不懂行的食客。

我曾在東京的赤坂、新宿及廣島、高崎等城市都吃過韓國式烤肉，但印象較深的卻是長野縣上田的兩家「燒肉屋」。一家離我住處不遠，自然是鄉下，一邊靠公路，三面臨農田，是一幢鄉村風的平房，卻有個富有詩意的店名曰「夢之家」，底下標明「大眾食堂」，有充裕的停車場。白晝常有在附近築路蓋房的工人來吃飯，晚上是朋友聚餐的好地方，週末則常可見父母帶着孩子的身影。店堂內整潔、寬敞，自然價廉是它的一個吸引人之處。1,200 日元一份的「燒肉定食」，除了米飯、泡菜、湯等之外，一大盤供烤食的生牛肉，即使一個食量頗大的漢子，一定也會有滿腹的感覺。還有一家在千曲川古舟橋附近，臨近 18 號國道，市口較佳，常常是客人雲集，價錢稍貴，味道似也在「夢之家」之上，老闆是韓國人。

在日本，家裡吃燒烤也很方便，有一種稱為「成吉思汗鍋」的平底不沾烤鍋已很普及，從超市買來現成的切片牛肉和可供燒烤的土豆片、青椒、洋蔥等，即可圍桌而食。為配合家庭內食用烤肉，各廠商推出了名目繁多的烤肉調料，1996 年的生產商達到了 81 家，年銷售總額達到了 800 多億日元。其中最出名的大概是「EBARA」和「燒肉帝王」等，佔據了市場的半壁江山。

差不多同時興盛起來的還有「鐵板燒」。「鐵板燒」與「燒肉」的

大眾風格有些不同,家庭內也難以真正享用,因此有專門的鐵板燒烤店。說是鐵板,現在常用的則是一整面固定的不鏽鋼板面,和緊靠客人的吧台式桌面。在京都的一家位於流水清澈的鴨川之畔的藤田旅館內吃的一次印象比較深。所用的材料一般是松阪牛、近江牛等帶有花斑脂肪(日語稱為「霜降」)的最上乘的牛排,以及對蝦、鮑魚、鮮帶子和青椒、香菇、洋蔥等蔬菜。廚師在客人面前當場操作,一手持刀,一手操叉,在吱吱作響的牛排上噴上葡萄酒,燃起一陣青色的火焰,散發出誘人的香味,激起了食客的一片讚歎聲。烤至將熟時,牛排切成小塊,大蝦去頭除殼切成段,送入客人的碗碟內,蘸上特製的作料。吃的時候大抵飲紅葡萄酒,用的雖是筷子,感覺像是在吃西餐了。食物的滋味本身似乎並無多少令人心醉之處,但這種烹製方式卻將客人和廚師融為一體,多少有些新鮮感。

「鐵板燒」之外,還有「石燒」和「陶板燒」。「石燒」在東京的「椿山莊」嘗過一回,風格和材料大致與「鐵板燒」相同,是在一大塊燒熱的石板上烹飪,更具有鄉野的原始風味。椿山莊的餐室是日本的料亭風格,敞開的屋外有淙淙的流水,操作的廚師不是戴高帽的男子,而是穿着和服的年近五十的中年婦女,背景音樂是古箏和尺八(奈良時代由唐朝傳來的類似於古簫的一種竹製吹奏樂器,中國本土似已失傳)演奏的悠揚的古曲,食物也由此染上了些許日本情調。「陶板燒」未曾經歷過,僅在電視中見過,客人的餐桌和烤台均是陶板面,所用的食材也稍有不同,有青椒塞肉、英國式火腿片捲牡蠣、

牛肉片、蔬菜等。桌面也是吧台式，實際上已經沒有多少日本味，甚至已經有些另類了。

「燒肉」之外，最有韓國特色的食物要推泡菜了。1986~87 年間，日本掀起了一陣吃辣的風潮，泡菜等韓國料理一時人氣大漲，出現了泡菜拉麵，泡菜烏冬麵，泡菜火鍋等，受到了年輕一族的熱烈追捧。超市裡出售着各種泡菜，熟菜店裡也供應着各色加入了泡菜的菜餚，泡菜已經融入到了人們的日常飲食中，以至於很多年輕人都覺得泡菜本來就是日本的料理。在東京澀谷的食糧學院講課的在日朝鮮人鄭大聲從 1980 年起至 1990 年對營養師科的 350 名學生連續作過數次調查，知道泡菜一詞來自朝鮮的學生從第一次的 26 人減少到後來的 9 人，也就是只有不到總人數 3~7% 的日本年輕人知道泡菜來自朝鮮半島。以後隨着通過辣味來燃燒脂肪以達到減肥效果的宣傳甚囂塵上，川菜和泡菜的人氣指數也一再上漲。泡菜對日本飲食的最大影響，可以說是逐漸養成了日本人吃辣的習慣。這不僅僅只是口味的變化，飲食上口味的變化最終將會潛移默化地部分改變某一區域的居民或是某一族群的特性。

便當和「驛便」

　　便當準確地說不是一種食物，而是食物的一種形式。便當這個詞十幾年以前對於一般大陸的中國人來說還是比較陌生的，即使到了今天，我們一般還是習慣用「盒飯」這個詞來表現，但是「便當」這個詞語確實漸漸地進入了我們的日常生活。

　　在中文讀物中，我最早讀到「便當」這個詞語的，是在梁實秋1950年代初描寫台北日常風景的散文《早起》中：

> 　　醒來聽見鳥囀，一天都是快活的。走到街上，看到草上的露珠還沒有乾，磚縫裡被蚯蚓盜出一堆一堆的砂土，男的女的擔着新鮮肥美的蔬菜走進城來，馬路上有戴草帽的老朽的女清道夫，還有無數的男女青年穿着熨平的布衣精神抖擻地攜帶着「便當」騎着腳踏車去上班——這時候我衷心充滿了喜悅！

　　文中的便當是用引號打出的，在中文的詞典中，作為名詞的「便當」似乎沒有。甲午戰敗後，台灣曾有50年的日本佔據時代，「便

當」一詞自日本傳入，日據時代結束後，「便當」仍然在台灣普遍使用。梁實秋從大陸過去，一時還有些不習慣，所以用引號打出，大概那時的他也覺得這個詞有些隔閡。

　　作為名詞使用的便當，大概是日本人的創造。根據現有的文獻，在 1597 年刊行的《易林本節用集》中已經出現了表示現今便當之意的詞，最初的日文是寫作「辨當」，早年的文獻中均如此，後來才簡寫作「弁當」，現在中國人一般寫成「便當」，在本書中都是同義，只是不同的寫法表示出不同的歷史軌跡和地域色彩。江戶時代中期刊行的《和漢三才圖會》（1712 年）中對便當的解釋是：「飯羹酒餚碗盤等兼備，以為郊外饗應，配當人數，能辨其事，故名辨當乎？」（原文為漢文）據 1777 年以後出版的《和訓栞》的記載，「弁當」以及表示弁當的這個詞，以前沒有，是織田信長來到安土城（1576 年建造）之後才出現的，但是江戶時代晚期的國學家小山田与清（1783~1847年）在《松屋筆記》中認為未必出現在安土城之後，室町時代就有了。至於根據，兩者都沒有明言。其實，在 10 世紀的《倭名類聚抄》和 11 世紀的《源氏物語》等書中，已經出現了類似便當盒的器具，只是最初的名稱叫「檜破子」等，「破子」大概是可以上下分開或內部分隔的器具，「檜」大概是用檜木做的吧。不過，弁當這一詞語的出現，應該不會早於室町時代，日本學者酒井伸雄在《日本人的午飯》一書中說：「可以肯定地認為，『弁當』這一詞語的開始使用，當在織田信長（1534~1582 年）生活的年代前後。」

便當裡面裝的，自然是吃食。室町時代末期和江戶時代初期的形態，大多是籃子的模樣，《庭訓往來》中記載說，當初是人們出外旅行、欣賞櫻花或是探望親友時攜帶的食品器具，器具的名稱當時叫「破籠」，「破」的意思是可以上下分離，「籠」在日語中還有籃子（包括有蓋子的）的意思。同時或稍後出現的還有一種稱之為「行李箱」的竹編或是柳條編的小箱子，用來盛放物品和食物，後來逐漸演變成「便當箱」。日語中的「箱」，在漢語中也可解釋為「盒子」，也就是裝便當的小箱子或大盒子。此後「便當箱」的「箱」字也逐漸被略去，就稱之為「便當」。在江戶幕府剛剛建立的 1603 年，由來到日本的葡萄牙傳教士編的《日葡辭書》中已經收錄了「弁當」這一詞語，書中對該詞的第二種解釋是：「類似於文具盒（箱）的一種盒（箱）子，裝有抽屜，用來放置食物以便於攜帶。」這就是日語中的所謂「重箱」，即是一種多層組合的容器，到後來，還裝上了提手，便於攜帶，稱之為「提重箱」。在江戶時代，這樣的「便當箱」，成了中產階級以上的人們出門旅行、賞花、探望病人、祝賀新生兒的誕生、季節變換問候時的攜帶品。在 1801 年出版的《料理早指南》的二編中專門對出外行樂的便當、重箱（內有分割或隔層的飯盒）料理等作了特集。可見，在 18 世紀末和 19 世紀初的時候，便當已經作為一種新型的飲食樣式引起了美食行家的注目。

不過，攜帶便當出門的人，在當時還是比較富裕的階層，一般的民眾，尤其是鄉村的居民，出門大抵只是帶些飯團而已。飯

團的出現，歷史已經很悠久，被認為是彌生時代後期（約 2 世紀前後）的石川縣鹿島郡鹿西町的一處遺跡中，出土了三角形的飯團，底邊的長約為 5 公分，高 8 公分，厚 3 公分。平安時代將這類飯團稱為「屯糧」，到了江戶時代才稱之為如今所使用的「握飯」（日語為「握り飯」，讀作 nigirimeshi）或「御結」（日語為「御結び」，讀作 omusubi），在山鄉的村民看來，便當多少還有點高級品的感覺。

到了江戶時代的後期，除了自家製作、自己攜帶的便當之外，已經出現了一種外賣的便當。最初的這種外賣便當，名曰「幕之內」，說起來，還有一段來由。江戶時代是庶民文藝非常發達的一個時代，除了各類通俗小說之外，都市裡的人們（當然主要也是富裕階層）經常能享受到的便是戲曲，在江戶和大阪都出現了眾多的小戲館，日語稱之為「芝居小屋」。與中國過去的戲曲一樣，往往是連本演出，看客們上午進來，往往要到天黑才回去。起初，大家都是自己帶了便當來，到了大幕拉起的午飯時分，看客們還常常分享各自的便當。後來有經營料理屋的店家，看準了這一商機，開始向各家戲院供應起便當來。最初著手這一生意的，是位於江戶日本橋芳町的名曰「萬九」的料理屋，時在 19 世紀上半葉，江戶時代也要臨近結束的時候。這一便當的名稱叫「幕之內」，因為購買的顧客都是在戲院內幕間休息的時候食用的，也有的說是因為演員們在幕間休息時躲在「幕之內」吃的便當，所以有這樣的名稱。但不管如何，「幕之內」便當起源於戲院，這大概是確實的，同時，「幕之內」也成了

後來外賣便當的元祖。「幕之內」便當究竟是些甚麼內容，1840 年自大阪來到江戶、1857 年完成了《守貞謾稿》的喜田川守貞在他的著作中這麼敘述道：「一種晝食。在江戶名曰幕之內。將圓圓的呈扁平狀的飯團稍稍烤過，此外加上雞蛋燒、魚糕、魔芋、煎豆腐、乾瓢，裝入六寸的重箱，根據人數送往觀眾席。」如今，幕之內便當成了日本最為常見的一種便當。

便當的最後形成，無疑是在江戶時代，但它的真正普及，應該還是在標誌着近代大幕開啟的明治時代。進入明治時代以後，首先是近代教育制度的建立，然後是近代產業的興起，造就了大批上學族和上班族，當時還沒有產生食堂制度，午飯都是各自帶去的。不過，當時人們的所謂便當，不過是加入了一個梅乾的飯團而已，偶爾會放進一些醃製的鮭魚或是煮豆，這已經是有些闊綽了。明治三十年（1897）的時候，一種輕盈而牢固的鋁製飯盒問世，但是鋁製品本身不耐酸，容易氧化，於是又研製出了一種鈍化鋁的產品，耐酸而抗氧化，大約在明治四十年（1907）前後開始廣泛普及開來。上學族和上班族所攜帶的便當中，飯團的蹤影慢慢消失了，以前的那種漆製的便當盒也逐漸退出了人們的視線。

1908 年 9 月起在《東京朝日新聞》和《大阪朝日新聞》上同時連載的夏目漱石的長篇小說《三四郎》中，有如下的一段敘述：「高中的學生有三個人。他們說，近來學校裡有越來越多的老師中午的便當吃蕎麥麵。」這裡的「中午的便當」可作兩種理解，一是他們從家

裡帶來便當，二是他們在外面的小飯館吃便當，總之，小説中也出現了便當這樣的詞語，可見當時「便當」一詞已經非常普通了。

在明治三十八年（1905）的《家庭雜誌》上，刊登了每個星期的各種便當菜餚的製作法，分為成本 20 錢（當年的兩毛）、10 錢和 6 錢三種。在同一年的《九州日日新聞》中，以《便當的研究》為題連續數月刊登了相關的文章，這表明，便當已不再是簡單的充飢果腹的食物，裡面的菜餚越來越多姿多彩，根據各人的嗜好，可以變出無數種花樣來。媽媽做的便當，成了無數的小孩乃至丈夫們的期待和驕傲。這一情形差不多一直持續到 1950 年代。

1950 年代以後，日本經濟開始起飛，學校實行了午飯供應，大部分工廠和公司也在內部設立了食堂，以後在都市商務區的寫字樓周邊，開出了各種餐飲店，人們的午飯從自己製作的便當開始轉變為在食堂或者各類飯館內用餐，家庭手工製作的便當日趨衰退。與此同時，便當產業開始興起，便當不再是自己家庭內製作好後帶到學校或公司去充當午餐的一種食物形式了。1974 年，日本第一家便利店「7-11」在東京都江東區豐州開張，店內出售盒裝的便當。1976 年，第一家在現場製作便當售賣的「ほっかほっか亭」營業，ほっかほっか是熱乎乎的意思，你可在店內買到剛剛製作好的多種熱乎乎的便當。ほっかほっか亭後來成了一家風行全日本的連鎖店，在任何一個偏僻的街角幾乎都能看到它的身影，不僅成了上學族（因為中小學已經實行了校內供餐，上學族多為高中生或大學生）和上

班族經常光顧的地方，甚至連家庭主婦們都時常會出現在購買便當的行列中。它在全國共有 1,600 餘家連鎖店，每當午飯時分，店門前總會湧滿了來買便當的各色人等。也有些做便當生意的夫妻老婆店，開着小型廂式貨車來到公司銀行集聚的街角設攤叫賣，生意倒也相當紅火。現在，便當的銷售，已經成了「7-11」、「FamilyMart」（全家）、「Lawson」（羅森）等各家大型便利店吸引顧客的重頭炮，店家絞盡腦汁，使出渾身解數，不斷開發新的品種和口味，根據四季的變化，推出色香味俱佳而價格低廉的各色便當。日本人通常都習於冷食，在冬天想要熱食的，店內有微波爐，免費為客人加熱。便當的價格一般在 450 日元到 700 日元不等，便當屋和便當攤的貨色似乎要在超市和便利店之上，食物新鮮，大抵還供應湯和湯料。便當的形式也已經從當年柳條編製的「行李箱」、竹製的提籃、精緻的漆盒、鋁質的飯盒演變為今日塑料或木片容器的新型餐式。外賣的便當現在已經很少用木盒，而改用一種內分成六、七格的淺底軟塑料盒，有透明的塑料盒蓋，可見裡面晶瑩雪白的米飯和色彩各異的葷素菜餚，也有既有米飯又配有麵條的，大抵都十分潔淨。

由日本的便當，不能不說到差不多是日本獨有的「驛便」。「驛便」自然是「在驛站所售賣的便當」的簡稱。「驛站」一詞源於中國，原本是古代時設置在大路上的供來往的官吏和傳遞公函的驛馬憩息的場所，總之是交通要道上的一個站點。日本在進入明治時代後，努力向西方看齊，在明治五年（1872）便建成了第一條鐵路，由東京

的新橋通往橫濱，以後又陸續開通了多條鐵路。明治以後，日本雖然引進了許多外來詞語來表示新出現的事物，然而鐵路車站卻借用了來自中國的一個古老的詞語「驛」，在現代日語中，「驛」就是軌道交通沿線的車站，那麼，「驛便」就是鐵路車站上所出售的便當。

　　鐵路開通後，人們開始了乘坐列車的公私旅行。那時自然還沒有新幹線，火車的時速都比較慢，常常是用餐的時間到了，人卻還在火車上。開始時，人們大都自己攜帶便當，但也有忘記或是不方便的時候。於是，鐵路公司就委託路線比較長的站點附近的吃食店事先做好一點食品，在車站上售賣。於是，明治十八年（1885）7月16日，在剛剛開通的東京上野開往宇都宮的終點站上出現了由白木屋旅館供應的日本最早的「驛便」。雖然後來這被稱為日本「驛便」的元祖，但當時只是兩個撒了點芝麻、加上了梅乾的飯團而已，每份售價五錢。當時的宇都宮站周邊差不多還是一片荒原，火車每天來往只有四次，每次只有兩節車廂，因此，當時「驛便」的銷售情況並不理想。同一年10月在信越本線橫川站上出現了第二號「驛便」，同樣也只是加了點醬瓜的飯團而已，這其實也折射出了當時一般民眾的生活實況。

　　這一情形到了1888年，出現了很大的轉折。當時山陽線從神戶延伸到了姬路，姬路車站上一家專門經營餐飲業的店家「招食品」，推出了一種相當考究的便當，內容有鯛魚、雞肉、魚糕、伊達卷（一種用魚肉和雞蛋烤成的食物）、金團、百合、奈良漬（一種用酒糟醃

製的醬瓜）等，還有一份做成糧食袋形狀的米飯，分成上下兩格分別裝在由杉木等製成的輕薄的盒子中，結果很受好評。1890 年，關西鐵道龜山車站上的伊藤便當店，推出了一種改良品，在一個便當盒內分成幾格，分別放入米飯和各色菜餚，這要比上下兩段的飯盒吃起來方便多了，成了「驛便」中的「幕之內」便當，由此，「驛便」的形式也就大致定型。

進入了 20 世紀後，日本的鐵路建設愈益發展，鐵路網遍佈全國東西南北，「驛便」也因此興盛起來，特別是那些小驛小站，為使本地的名聲隨鐵路的延伸傳遍全日本，紛紛開發當地獨有的食物資源，以風味獨特的鄉土料理來吸引南來北往的旅客，猶如中國的德州扒雞、符離集燒雞、嘉興粽子等，不過樣式有些不同，比如富山車站的「鱒魚壽司」，函館本線森車站的「魷魚飯」等等，都享有聲譽。戰後，隨着新幹線的出現和一般列車時速的加快，一般車站的停車時間縮減到只有幾秒到一兩分鐘。以前人們坐火車出行，品嘗沿線風味不一的各地「驛便」也是旅途的一大樂趣，現在這種閒情逸致已在匆忙的行程中逐漸消失了。不過，如今日本的列車基本上已不設置餐車，而往來於各地的商務旅客和觀光客較戰前大為增加，「驛便」仍有其市場，只是很少有時間中途下車，大抵都事先買好了後帶上車。全日本現在尚有「驛便屋」三百餘家，供應約三千種不同的「驛便」。說是三千種，其中有一種全國都差不多，這就是上文提到的「幕之內」便當。1958 年 2 月，在大阪市的高級百貨公司

「高島屋」舉行了第一屆「全國驛便大會」，展示各地富有特色的「驛便」，引起了各界的廣泛關注，贏得了相當的好評，此後，這樣的展示會就經常在全國的主要城市中舉行，聚集了旺盛的人氣。

在「驛便」展銷大會上立即被賣完的品種之一是信越本線橫川車站的「山嶺釜飯」。其實，這一「驛便」的歷史並不悠久，就是在舉辦第一屆大會的時候由當地人創製出來的，小柳輝一在《食物與日本文化》一書中記載了當時創製的情形：「『山嶺釜飯』作為驛便被創製出來，可以說也是與燒窯方面合作的成果。恰好這一時季，東京在流行釜飯。陶瓷之鄉、栃木縣益子的塚本製陶所的女主人塚本繁有一天突然想到，我們若燒製出釜飯的釜，建議驛便屋向來往列車的乘客出售釜飯，我們就能賣出大量的釜了吧，於是趕緊研製出適宜於用作釜飯的小釜。出發去輕井澤那邊的客戶，因突然有事，在途中的橫川站下了車。結果讓當地的驛便屋看到了，於是立即就達成了買賣協議，決定不賣給附近的輕井澤，而由橫川的商人一手包了下來。之後，經營驛便的商人經過了精心的策劃，在乘客面前呈現出了不同凡響的『山嶺釜飯』，於是就成了驛便中的佼佼者。」

信越本線自橫川站到輕井澤的一段，由於 1997 年長野新幹線的開通已經停運，著名的「山嶺釜飯」被挪到了新幹線列車上銷售。恰好我有一年曾在長野縣上田市的一所大學任教，經常坐長野新幹線在上田和東京之間往返，有機會領略了「山嶺釜飯」的風采。「釜飯」一詞對於我們現代中國人有點陌生，但「釜」這個字原本自然是從中

國傳去的，曹植《七步詩》中的「煮豆燃豆萁，豆在釜中泣」這兩句詩可謂是婦孺皆知的。「釜」是一種鍋狀的炊器。《辭海》中解釋說：「斂口，圓底，或有兩耳。其用如鬲，置於灶口，上置甑以蒸煮。有鐵製的，也有陶製的。」昔時人們煮食物大都是將鍋或釜置於柴薪之上炊煮，東洋的日本人亦是如此。現在這樣的風景在大部分地區已經消失，釜飯也就成了稀罕物。車上所售的釜飯，容器是一個類似小罈狀的陶製品，打開緊閉的木蓋，一股山野的香味撲面而來，其情景稍稍有點類同食用中國的「佛跳牆」，當然滋味不一樣。裡邊的內容倒也並無特別之處，無非是些雞肉、雞蛋、豆製品之類，但捧着個小釜吃飯，自然會有一種不同尋常的感覺。大都市來的人，往往會買這種釜飯吃，價九百日元，不算貴。

　　長野新幹線上的「驛便」，除了「山嶺釜飯」外，還有「深川飯」、「佐久平物語」、「達摩便當」和「善光寺前便當」4種，都儘可能顯出沿途各地的食文化特色，不妨逐一寫來，以使我們對日本的「驛便」有一個比較具體的認識。

　　「深川飯」。深川是東京都的一處地名，「深川飯」原本是那一帶的中下層市民常用的一種飯食，取東京灣捕獲的小蛤蜊，取出其肉，與豆醬一同拌入洗淨的大米內蒸煮成飯。長野新幹線上供應的「深川飯」似乎又勝一籌。盛器是一輕巧的長方形木盒，內以木片一隔為二。一邊盛以蛤蜊肉煮成的「深川飯」，上置有烤魚兩塊及兩小尾用番茶、糖煮入味的杜父魚，另一格中則有少量藕片、胡蘿蔔、香

菇等蔬菜，價九百日元，味道不錯，其飯尤有特色。

「佐久平物語」。我們對於「物語」一詞已並不陌生，用在這裡只是增添幾分浪漫的氣息。「佐久平」是沿線的一個地名，在長野縣境內，長野以蕎麥麵的產地而著稱，「佐久平物語」中除了兩種滋味不同的米飯外，還配有蕎麥麵，並有數種高原蔬菜。從東京一帶來的乘客也許能從中感受到幾分山野的氣息，而恰好此時的窗外正展開着一片原野和山嶺交匯的景色。價一千日元，稍貴了些。

「達摩便當」。達摩原為禪宗的始祖，梁時在嵩山少林寺面壁坐禪九年，禪宗語錄中多有他的記錄。在日本流行一種模擬達摩坐禪時的面相製成的不倒翁，以塑料製成的「達摩便當」的圓形盛器，其蓋子即如達摩的面具，打開盒蓋，底下為米飯，上面則錯落有致、色彩和諧地放置着嫩筍尖、香菇、數棵珠玉似的銀杏、一段青碧的野澤菜，當然還有雞肉等葷食，雖然達摩大概是不沾葷的。價九百日元。

「善光寺前便當」。善光寺位於長野市北端，初建於公元 642 年，遵奉三國時從中國傳來的阿彌陀佛為本尊，現在的寺宇重建於 1707 年，古樸宏偉。「寺前便當」原是善光寺會席料理的一種，在一木質的方盒內以菱形分成五格，中間則依次放上了黃燦燦的厚蛋燒、白嫩嫩的筍尖、紅豔豔的小蝦和香菇、玉蕈、胡蘿蔔等蔬菜，最惹人眼的是一個用青青的竹葉色的塑料紙隔開的壽司。沒有肉類。這樣的便當可以說是比較闊氣的了，價一千日元。

順便説及，現在日本的便當，尤其是比較出名的「驛便」，在外觀上是做得越來越漂亮了，使得平民性的食物，提升到了精緻的懷石料理或是會席料理的程度。

日本人的深碗蓋澆飯——「丼」

　　「丼」是日本人創製的漢字，基本的意思是深口的陶製大碗，大約產生於江戶中期（18世紀前後），它本身只是一種盛器，並不是料理的名稱。在出現的當初主要用於盛麵條，街上有如此的麵條攤販在叫賣。19世紀前期的江戶末年，一個名叫大久保今助的戲院老闆首先開始了將烤河鰻置於米飯上的吃法，這我在前面的烤河鰻部分已有敘述，恐怕這是日本最早的「丼物」。以後又產生了將天麩羅蓋在米飯上的吃法，謂之「天丼」，這我在天麩羅的部分也有敘述。

　　但是「丼物」的盛行，主要是在明治以後，大正年間（1912~1926年）逐漸普及，戰後則出現了新的局面。除了已經敘述過的「鰻丼」和「天丼」，在日本比較多見的還有「親子丼」、「豬排丼」和「牛肉丼」等。這類廣泛使用了肉類的蓋澆飯自然是傳統的日本所沒有的，但是，有意思的是，這種用深口陶製大碗盛放的蓋澆飯形式在日本以外的地方也沒有，更重要的是，這種蓋澆飯的內涵雖然用了肉類，但其調味和烹製已經完全日本化了，這種滋味，更是日本以外的地方所沒有的，因此，將其視作現代日本料理的一種並不過分。而且，

在「丼物」上，我們可清晰地看出日本傳統的飲食在走向現代過程中的文化意義。

「親子丼」就是將雞肉和雞蛋做成菜餚蓋在米飯上的深碗蓋澆飯，雞與雞蛋乃親子關係，人們便想出了這樣一個有趣的名稱。是明治時期東京中央區的一家名曰「玉秀」的雞肉菜館發明出來的，具體的製法是，取雞胸脯肉或腿肉若干，雞蛋兩個，洋蔥和三葉菜若干，首先把淡口醬油和木魚花、昆布熬製的鮮湯加上味醂、砂糖製成的調味料放入鍋內，然後將切成小塊的雞肉、切成長條的洋蔥等放進去，待鍋的四周煮沸起泡時再放入打勻的雞蛋，雞蛋留出四分之一在碗內，待雞蛋至七成熟時，倒入剩下的雞蛋，最後輕輕傾倒在深碗內的米飯上。做法非常簡單，但與我們一般的炒雞蛋有兩點不同處，第一是調味料的日本特色（熬製的海鮮湯、味醂等），這是決定它日本式口味的關鍵；第二是雞蛋並不是百分百的凝結，並有四分之一生雞蛋的成分，這使得它具有了滑溜的口感，而且不用油，煮熟的洋蔥分泌出的甜味更增強了它的柔和口感。這樣的口味迎合了日本人的喜好，因此，它雖不見於日本的傳統料理，卻是非常日本化的製作，喜歡刺激口味的其他民族未必會喜歡。親子蓋澆飯是一款非常大眾化的食物，價格約在 600~800 日元左右，一般的吃食店都有供應。

「豬排丼」，顧名思義是豬排蓋澆飯。這豬排是炸豬排，然而與純粹西式的炸豬排或是中國式的炸豬排也不相同。明治初年，日本

人是先引進了牛肉，過了相當的歲月，豬肉的飼養和食用才從沖繩、鹿兒島一帶傳到東京周邊，這時已經是明治中後期了。明治後期，中國料理也逐漸在日本傳開，這就為豬肉的食用起了推波助瀾的作用。豬肉在日本的普及，應該在大正年間，現在人們所喜歡的炸豬排的吃法，也誕生於大正時代。大正二年（1913），在德國修習烹飪的高田增太郎在東京舉行的一次料理發表會上公佈了自己創製的炸豬排，並在位於早稻田鶴卷町的自己所經營的餐飲店「歐洲屋」裡開始供應這種炸豬排。也有說是大正十年（1921）一個名叫中西敬二郎的早稻田高等學院的學生發明的。這兩種說法在年代上差異比較大，但地點是在早稻田一帶，時代是在大正年間這兩點倒是一致的。在隨後的歲月裡，東京銀座、日本橋的吃食店以及大阪的道頓堀陸續出現了這種料理，不久便受到了日本人的喜愛，並在戰後贏得了很大的人氣，成了一種既有西洋的風味又很日本化的餐食。

現在日本炸豬排的做法是：豬排取豬的裡脊肉（無大骨），每塊重約 70 克，先用刀尖剔除豬肉的筋絡，再用肉錘拍打，抹上食鹽和胡椒，再滾上充分的麵粉，然後裹上打勻的雞蛋和麵包粉，接着在165~170 度油溫的鍋內炸成金黃色。到這裡為止似乎與中國炸豬排的程序相近，但是尚未結束。在鍋內放入與親子蓋澆飯一樣的調味汁，煮沸後放入切成一段段的豬排再次煮沸。之後放入切成長約 2~3公分的鴨兒芹，將一個打勻的雞蛋均勻地澆在上面，然後蓋上鍋蓋，關熄爐火，燜上 30 秒，雞蛋至半熟狀態即可，最後蓋在米飯上就算

做成了。這是一種做法，最初源於早稻田鶴卷町，現在已經在福井縣（是一個面向日本海的、地域和交通都比較偏僻的縣份）境內開出了 19 家門店的「歐洲屋」大致是這樣的做法，在日本電視台週四晚上的「你選擇哪一個」的料理競技節目中獲勝的「ふみぜん」的豬排丼基本上也是這一做法。ふみぜん的豬排丼大概代表了這一料理的最高水平，豬肉選用的是日本最受好評的鹿兒島產的黑毛豬的裡脊肉，熬製海鮮湯的材料是日高的昆布和鹿兒島產的木魚花，雞蛋用的是群馬縣產的散養雞蛋，洋蔥是埼玉縣的新洋蔥，做出的豬排丼滋味清爽，又帶點甜味，售價高達 3,000 日元，依然門庭若市，也難怪，ふみぜん開在赫赫有名的東京新大谷飯店內，身價自然不凡。

　　但也有不同的做法。豬排炸兩次，第一次中火炸熟，第二次旺火炸成金黃色，切成一段段後，碼放在米飯上，再澆上另外做成的調味汁（以肉汁、醬油、香辛料等為主）。豬排外面脆香而裡面鮮嫩，調味汁滋味濃厚，香氣襲人，滲入飯內。這樣的做法也許更合中國人的口味。

　　在如今的日本更為常見的蓋澆飯是「牛丼」。牛丼不算是太新的料理，當年西洋的牛肉大舉登陸日本時，稍晚於「牛鍋」的就曾有「牛飯」，還被稱為是「開化丼」，這大概是最早的牛肉蓋澆飯。然而今天風靡全日本的牛丼基本上是「吉野家」的創製。吉野家最初是明治時期在東京日本橋魚市場內的一家個人商店，1958 年創立了株式會社吉野家，瞄準了美國的牛肉供應市場，並在美國丹佛建立了

合資公司。1968 年在東京的新橋開出了第一家門店，以「便宜、快速、好吃」為廣告語，日顧客數達到了 4,000 人。1977 年門店數達到了 100 家，並且自 1973 年起先後進軍美國的丹佛，中國的台灣、香港，1992 年又登陸北京。1996 年，日本國內的門店數突破 500 家，1998 年門店的佈局覆蓋了全日本 47 個都道府縣。2000 年在東京證券市場一部上市，此後又瞄準了上海、紐約、新加坡和馬來西亞、菲律賓等海外市場。2004 年因瘋牛病等原因，美國牛肉禁止進入日本，吉野家因此而大受打擊，只能停止供應牛丼，而改用豬肉，營業額受到了影響，不過這一年日本國內的門店數已經突破了 1,000 家。2006 年，美國牛肉被允許重新進入日本，吉野家的牛丼得以復活。如今，「吉野家」差不多已經成了「牛丼」的代名詞了。

吉野家用的「丼」，是一種稍有浮世繪畫風的粗瓷做的深口碗，牛肉基本上用美國弗羅里達州產的價格相對低廉的牛肉，肥瘦搭配，切成細長的薄片，與洋蔥一起用醬油、砂糖、甜酒、海鮮湯一起煮，煮至入味後與湯汁一起澆在米飯上，牛肉顏色鮮亮，米飯粒粒飽滿，腹飢的時候很能勾起食慾。不過，它的魅力與其說是美味還不如說是廉價，時至今日，普通的一碗售價 380 日元，大碗的 480 日元，特大碗的 630 日元。每份配一杯麥茶。也有牛肉的烤肉蓋澆飯，稍稍貴一些，普通的 420 日元，大碗的 540 日元。也供應炸豬排蓋澆飯，價格與烤肉蓋澆飯差不多，至於豬肉蓋澆飯的「豚丼」，則價格又要便宜些。也有另外供應味噌汁和蔬菜湯、豬肉湯的，價

格一般也都低廉。店的門面都是小小的，間或也有比較寬敞的，在裡面忙碌的一般都是打工的學生，而店裡的食客一般也以低收入的上班族和學生居多，總之，這是一種非常大眾化的食物。

但是吉野家的大佬位置未必能坐穩，1982年開出第一家店舖的「すき屋」，後來瞄準吉野家，以多元和頻頻推出的新品為招牌，已經成了吉野家的強勁對手，甚至有後來居上的勢頭，2015年在全國已擁有了近兩千家店舖。它的牛丼，除了吉野家的類型外，還有蘿蔔泥柚子醋口味的，有蓋滿了綠色小蔥再加一個黃橙橙生雞蛋口味的，有泡菜口味的。除了牛丼之外，還有各色咖喱飯、炭火烤豬肉飯、炭火烤雞肉飯、生鮮金槍魚飯、各種豐富多彩價格實惠的定食，還有面向小孩的可愛的飯食。它的最大的特點就是多姿多彩，與時俱進，價格低廉，不斷推出新品種，但是牛丼還是它的基本款。進入吉野家的多是男人，而「すき屋」還吸引了許多女孩子和小孩，氣氛顯得輕鬆活潑。

「天丼」、「鰻丼」、「牛丼」、「豬排丼」和「親子丼」差不多是日本蓋澆飯中的五大金剛，佔了「丼物」的大半江山，其他還有諸如「海鮮丼」、「魚子醬丼」等，間或也可見到，但這都是高級的蓋澆飯了。而且所謂的海鮮和魚子醬，大抵都是生的，蘸上一點醬油就算調味品了，除了日本人外，真正喜歡的外國人恐怕不多見。

上述所論的「牛丼」、「豬排丼」和「親子丼」，就材料而言，都是近代以後從海外傳入的（包括輔料的洋蔥），但日本人卻將其融入

到江戶後期形成的「天丼」、「鰻丼」這樣的「丼」的形式，用醬油、甜酒、毫無油脂的海鮮湯進行調味，而其基層又是他們十分喜愛的米飯，用具有日本特色的深口陶碗或粗瓷碗盛放，儼然就是一款具有濃鬱日本風情的料理了。在這樣的飲食演變中，我們看到了日本文化善於汲取外來營養的基本面，這使得它的文化呈現出多元的色彩，而與此同時又不失其本民族文化的主體性（有時候這種主體性會被外在形式所掩蓋，但始終蘊含在其內核中），這是平安時代以後日本文化的基本性格，即多元中的主體性，主體精神中的多元色彩。

大眾化的「居酒屋」和貴族風的「料亭」

嚴格而言，日本式的居酒屋和料亭這樣的餐飲場所，在世界其他地域都非常鮮見（英國等地有所謂的 Pub 或者後來的 Bar，但那主要是喝酒的），中國好像也沒有（中國有酒肆、酒家、酒館、酒樓、酒店、飯館、菜館、餐館，但感覺上與居酒屋和料亭都不一樣），雖然它們的普及，也是在江戶時代的晚期，卻成了最富有日本風情日本氣息的地方。

上文曾經說及，由於日本城市的發育和成長比較晚，因此具有商業形態的餐飲業也是在 18 世紀左右的江戶等地才勃興起來。日本的釀酒業自然也是歷史悠久，但歷史上的「酒屋」，只是沽酒的所在，並無供客人坐下來閒閒喝酒的設施，也沒有特別的下酒菜。「借問酒家何處有，牧童遙指杏花村」，中國唐時的酒家，應該是既可沽酒也可飲酒的存在吧，到了宋代，城市商業就越加發達，出現了酒旗飄揚、酒肆林立的熱鬧場景。18 世紀的江戶中期，隨着城市商業的興起和消費階級的形成，可供喝酒的酒屋也就應運而生。為了區別此前僅可沽酒的酒屋，表示可以坐在裡面慢慢飲酒的，就在傳統

的「酒屋」一詞前加了一個表示可以長時呆着的「居」字,「居酒屋」的名稱,正式誕生於江戶中晚期。

倘若要我舉出最喜歡的日本的幾個存在,我一定會舉出居酒屋。今天日本的居酒屋,可以開在全國任何一個地方,可以是都市高樓內的某一空間,也可以是繁華大街的一個側面,可以是大學校園的左近,也可以是冷僻小巷的深處,或者公路兩邊,或者村頭巷尾,以前多是男人的去處,如今也頻頻可見倩女的身影。

在我逗留日本的三年多時間裡,當然去過無數家居酒屋,印象比較深的有那麼幾次。

一次是 2000 年的秋天,其時我在四國的國立愛媛大學擔任外國人特聘教授,受福岡大學的山田教授的邀請,到那裡去做一次小型的演講。山田教授原來是神戶大學文學部的教授,對魯迅和中國現代文學均有卓越的研究,是我敬仰的前輩學者。從松山坐了飛機到達福岡,自行找到了福岡大學。當晚,山田教授幫我安頓好了住宿以後,帶我去吃晚飯。穿過大街,拐入一條小巷,往前好像是一個居民住宅區,幾乎沒有明亮的燈火,我心裡不覺有些納悶。驀然,眼前的公寓樓下出現了一家居酒屋,不很明亮的燈光下,可見在秋風吹拂下輕輕飄蕩的「暖簾」,可惜沒有記住店名。店堂不算逼仄,甚至覺得有點寬敞,客人佔了一半的座位。山田教授將我引到了開放式廚房前的吧台上,自己掌勺的老闆和老闆娘夫婦是主角,看來山田教授與他們很熟。一開始照例是兩杯冰鎮的生啤和兩小缽下酒

小菜，小菜的內容每日更換，可以是用白醋涼拌的海草和蝦米，也可以是放入了一點鰹魚花、用柚子醋調味的一小塊涼豆腐，或者是胡蘿蔔絲、豆芽和甜玉米粒煮在一起「煮物」。小缽都是陶製的，很小，有時也有方形的，方形的小缽，在懷石料理中就稱之為「八寸」。當天甚麼食物比較不錯，熟客就會與掌勺的老闆開聊，老闆會適當地推薦幾樣，由客人自己選用。那天具體吃了甚麼，說實話我都有點不記得了，只是感到氣氛相當地好，食物也非常可口，生啤之後換了燙熱的日本酒，店主拿出一個竹編的盛器，裡面放滿了形狀、材質各不相同的小酒盅，由客人按喜好自己挑選。我和山田教授坐在吧台前隨意聊天，也不時與在灶台上忙碌的老闆老闆娘搭幾句話，爐火上升騰起來的食物的香味並不太濃烈，剛剛可以勾起人們的食慾。酒酣耳熱之際，山田教授才向他們介紹說這是中國來的教授，店主人臉上稍稍露出了一點驚訝的神情，也似乎更加熱情了起來。其時中日關係尚未交惡，光顧居酒屋的中國人也很少。

還有一次是 2005 年的 8 月末，那時我在山口大學短期講學。山口大學的所在地山口市是一個人口不到 20 萬的小城市，由西南向東北呈狹長的形態，真正的主大街只有一條，兩邊有許多小巷，平素都很少見到行人，只有沙沙駛過的汽車，是一個非常閒靜的地方城市（中國即使是一個小縣城，也是終日人聲鼎沸）。邀請我去山口大學的東亞研究科長藤原教授怕我一個人寂寞，不僅請我到他的府上去吃過飯，還經常帶着我去各個居酒屋喝酒。一日晚上，教授帶我

去了一家只有半個門面的小酒館，在一條寂靜的巷子內。居酒屋在一幢有些低矮老舊的屋子裡，進入門內，連店堂帶廚房，只有六七個平米，點着兩盞昏黃的電燈。典型的夫妻店。窄窄的一個吧台，呈曲尺形，擠擠地可以坐六七個人，客人都是熟客，彼此也大抵熟稔。沒有菜譜，黑黢黢的牆上貼着幾個菜名。老闆娘每天都會煮好幾個菜，裝在大瓷盤裡，比如牛肉煮土豆（不是我們一般見到的土豆燒牛肉，牛肉是薄片狀，土豆切成大塊，一般還放入洋蔥、胡蘿蔔塊和荷蘭豆，醬油色很淡），比如小魚和鮮貝的「佃煮」（一種起源於江戶的放入大量醬油和白糖的烹製法）等。教授問，今天有甚麼特別的？老闆娘答道，沙丁魚的刺身。沙丁魚形體很小，平素活的只在屏幕上見過，一簇一簇的，密密集集，市場上好像從來沒有見到有賣的，作為食品，只有沙丁魚罐頭還有些感覺，用來做刺身，倒真是頭一回聽說。老闆娘說，今天買到的沙丁魚特別新鮮，就用來做刺身了，用柚子醋拌了一下。每人要了一份，一條一口，放入嘴裡，無比地鮮嫩，雖然是生鮮，卻毫無魚腥味。沙丁魚的滋味原來竟是這樣的，領教了領教了。那天的牛肉煮土豆也十分可口，遺憾的是有些涼了，好在並不是冬天。也和其他的居酒屋一樣，一開始喝的是生啤，然後喝的是冷酒。冷酒也是清酒的一種，要冰鎮，倒入小小的水藍色的玻璃杯內（喝冷酒不可用陶瓷的酒盅），夏天喝十分愜意。那天吃了多少喝了多少到後來也不記得了，離座時結賬，問老闆娘多少錢（所有的菜餚和酒類都沒有標價），答說每人 3,700

日元。於是各自付了帳，皆大歡喜。出了門，與教授分手後，我騎着自行車，搖搖晃晃地穿過仁保川上的秋穗渡瀨橋，拐入一條小路，經過一片開始泛黃的稻田，回到了我臨時租住的屋舍。

還有一次差不多是 20 年前了。在早稻田大學時，不知怎的與研究歐洲中世紀史的教授交上了朋友。有一年去訪他，他請我到學校附近的一家法國菜館吃晚飯，完了之後，又走到校園的另一端去喝「二次會」。一條巷子內散落着幾家居酒屋，教授帶我拐入了其中的一家，說這一家是專門喝酒的。店堂頗為寬敞，燈光亮亮的，除了小方桌之外，就是吧台式的，供應一些下酒菜，但品種很少，來此地的客人，主要是品酒，論「合」（一合為十分之一升，0.18 公升）賣，裝在日本式的小酒壺內，常溫、加熱或冷酒，主隨客便。一整個牆面，擺滿了全國各地的各種清酒和燒酒，至少上百個品種。能在這裡佔一席之地的，大抵在日本被稱為「銘酒」，即都是各地純米釀造的好酒，諸如愛媛縣出的「雲雀」，一種純米吟釀未過濾的原酒；高知縣出的「醉鯨」，也是一種純米吟釀未過濾的原酒；長野縣出的「真澄」，也是純米吟釀酒；新潟縣出的「極上吉乃川」，一種上等的純米吟釀酒。當然也有用番薯或小麥釀造並進行蒸餾加工的燒酒。酒客在這裡就是品酒，覺得喜歡上哪一種了，日後就常常選用這一品牌。這些「銘酒」，一般釀造量都不是很多，雖然現在流通業發達了，酒客也可通過各種渠道購得，但不少人還是願意來此地以酒會友，與三兩好友，在酒酣耳熱之際，議論風發，也是人生的一

大樂趣。

可惜，上述三次的居酒屋，我都沒有記得店名，不過這也許不重要。這三種類型的居酒屋，在中國式的餐飲場所中，好像還真沒有。如今日本的居酒屋，連鎖店已成了一種普遍的形式，諸如「穴八」、「白木屋」、「養老乃瀧」、「和民」等等，店堂都很大，價格也比較低廉，頗適合學生和年輕白領的聚會，遇到畢業季或年終歲尾，往往熱鬧非凡，喧囂之聲不絕於耳，平素規規矩矩的日本人在這裡突然變得放肆起來，也許人們正是需要這樣的地方來釋放所謂的壓力。不過這樣的場所，卻不是我衷心嚮往的。

居酒屋供應的菜餚的量，一般都較少，最後覺得尚未能果腹的，可以叫一份炒麵或烤飯團。

料亭的歷史，差不多與居酒屋一樣，也開始於江戶時代。我上文已有述及，這裡再展開一些。料亭裡提供的，一般都是懷石料理。懷石料理或會席料理最初是誕生在上層社會的酬酢社交的場合，不久便逐漸影響到一般比較富裕的市民社會，應運而生的便是各種高級的酒樓飯館，這樣的高級飯館後人稱之為「料亭」。「料亭」這一名稱出現於何時，似乎還無人考究，不過大概不會早於江戶末期，而盛行於明治（1868~1912 年）和大正年間（1912~1926 年），至少我們在昭和初期的詩人中原中也（1907~1937 年）的詩作《在日歌·冬之長門峽》中可以見到「料亭」這一詞語。權威辭典《廣辭苑》的解釋是「供應日本料理的（高級）飯館」，20 卷本的《日本國語大辭

典》的解釋是「主要供應日本料理和日本酒的料理屋」，但實際上，一般的日本料理屋是不能隨便冠以「料亭」的。

說到料亭的時候，一定會涉及到懷石料理。何為懷石料理？「懷石料理」原本應該是「茶懷石料理」，與茶道的最後形成和發展有密切的關係，而「懷石」兩字則源於佛教，主要是禪宗的禮儀作法。鎌倉時代的 12~13 世紀，禪宗經由榮西和道元等人之手，正式從中國傳入日本，與此同時，禪院的清規和禪僧的規戒也逐漸在日本的禪寺中確立，在飲食方面，過午不食幾乎已經成了禪僧們鐵定的規矩。但有時從午後到夜間，不斷地修業念經，也常常使得有些僧人體力不濟，難以支持。於是有些人便將事先烘熱的石頭放入懷中，以抵擋轆轆飢腸。這樣的石頭，被稱為「溫石」。後來，寺院中的規矩漸有鬆懈，有人便製作些輕便的食物臨時充飢，這樣素樸而簡單的食物，被稱為「懷石」，大抵類同於點心，但更具有禪院的色彩。這大概形成於鎌倉時代的末期和室町時代的初期，與同時期引入和發展的精進料理也有相當的關聯。

茶會料理雖然菜品比較少，在我們中國人看來也毫無膏腴肥脂的珍肴，其實在選材和烹製上也是相當講究的，在日本人的心目中，還是一種上流社會的飲食。到了江戶時代之後，尤其是經過江戶中期的經濟發展，市民階級（町人）成長，城市社會出現了前所未有的繁榮。當年千利休的時候，茶會大都是在他所設計的狹小的草庵風格的茶室中進行，到了 17 世紀末，茶會基本上都在書院風格的建築

中舉行。

這裡，對所謂的書院風格的建築（日語稱之為「書院造」）做一些解釋，因為這與料亭有關。日本在室町時代末期至安土桃山時代（16 世紀中後期）出現了一種稱之為「書院造」的建築樣式，「書院」兩字來自中國，不過與中國的「嶽麓書院」等的意思稍有不同，在日本主要是指書庫、書齋，當然也有講學場所的意思，後來又演變為會客的場所，最後成了一種貴族和中上層武士的住宅樣式。除寢室等之外，比較重要的是稱之為「床間」的部分，榻榻米的房間內，設置一頗為雅致的區域，稍高出一般的地面，中間牆面上往往懸掛有一幅立軸畫，或為山水，或為花卉，水墨或彩墨畫下，還會有枝丫扶疏的插花。一般的詞典把「床間」譯成壁龕，大抵是這樣的意思吧。兩邊還有本色的木柱和錯落有致的高低擱板，固定的几案，厚紙糊成的拉門上往往是手繪的圖案或畫卷，屋外一般都有個庭院，外側則是低矮的圍牆。如今，這已成了傳統的日本住宅建築樣式，雖然現在的新構在佈局上會有些變更，但大體的格局還是依照書院造。其實書院造的徹底完成，是在 16 世紀後期，它的普及，則在江戶時代。書院造的格局總體說來頗為考究，基本上是當時日本中層階級以上的住宅樣式。

以後，在一般的上流社會（幕府將軍、各地大名、上層武士、都市豪商、文人墨客等）的互相酬酢中，漸漸形成了一套比較固定的「懷石料理」或是「會席料理」的菜式和禮儀作法。1837 年出版

的《茶式花月集》和同時代的《茶湯一會集》中詳細記錄了當時懷石料理的具體內容和上菜方式，經整理之後，可了解到大致是這樣一種程式：首先端出的是放有湯碗、飯碗和盛有鱠或刺身的小碗碟的膳（也就是食盤），然後呈上米飯和湯，之後拿出用碟子盛放的下酒菜和酒，斟酒三次，此謂之第一次獻酒；接下來是端上燒烤的魚或飛禽，用酒壺再斟酒三次，此謂之「二獻」；然後將湯碗和飯碗撤下送上高級清湯（日語稱之為「吸物」），再斟酒三次，此謂之「三獻」；然後上醬菜和熱水桶等，將碗擦拭乾淨；吃完最後上來的菓子後，客人到外面的茶庭稍事休息，之後到茶室喝濃茶。這差不多是江戶時代中後期的懷石料理的基本模式。

到後來，懷石料理演進成了「會席料理」（兩者發音在日語中相同）。會席料理並無一定的嚴格的模式，但也不是毫無章法，它大抵沿着本膳料理和懷石料理的基本格局，一定是在榻榻米的日本書院式的建築中進行，早期均是席地而坐，每人一個食盤（膳），上的菜餚中，依次大抵是「向付」（一個較小的陶器器具中的，用醋等調味的用於下酒的涼拌菜，可葷可素）、刺身、米飯、湯以及「燒物」（烤魚等）、「煮物」（一種滋味清爽的煮蔬菜，一般會有好幾種合煮）、「揚物」（麵裏的油炸魚蝦或蔬菜）和「香物」（數種醬菜），上酒的順序也並不固定，不再嚴格地規定「獻」數。現在往往是先喝酒，米飯已經放在最後上，除了食盤之外，如今每人面前都有小矮桌，或是一長聯的矮桌。湯一般有兩種，先上的是「吸物」，吃飯時再上一種

「味噌汁」（醬湯），用以佐飯。這樣的格局，在江戶末期正式確立，其中曾有若干的小變動，但大致的形態一直延續至今。

2007 年夏日，我在可清晰地眺望大阪城公園全景的 KKR 賓館 12 層的餐室內品嘗了一次比較新的懷石料理或者說是會席料理，幸好保存了當時的「獻立」（食單），結合當時用餐的體驗，在此作一介紹。這一套料理的名稱謂之「葉月懷石」，頗有詩意，其構成分別如下。第一道上來的是「先付」，或許可譯為開胃菜，菜名叫「枝豆摺流」，就是將毛豆煮熟後打成泥狀，裝在一個晶瑩的玻璃杯內，翠生生的煞是好看，裡面還有水晶蝦肉、冬瓜末和細小的柚子顆粒，清爽而有柚子的果香。第二道是前菜，分別有好幾樣，盛在一個名曰「豬口」的盛器內的菜，名叫「芋莖山桃和」，實際內容是將山藥剁成泥後和切成碎粒的山桃拌和在一起的涼菜；另一個名曰「平鰺炙壽司」，一個方形的小小的壽司飯團上蓋着一片炙烤過的竹莢魚；還有一個叫「鰻柳川煮凍」，有切碎的河鰻在裡邊；再有一個是「金時草東寺卷白醋掛」，實際上就是一個小小的紫菜包裹的壽司；此外還有一個「萬願寺唐辛子」，實際上就是一個兩端切除的青青的甜椒，因為辣椒是自中南美經中國傳入日本的，所以前面冠以「唐」字，當然，「唐」字的寓意在日本也並不僅僅限於中國，可泛指一切海外的東西。第三道開始上正菜，曰「椀」，請注意這個詞是木字旁，一般不用陶瓷器的碗，而是木質的漆器，是清煮的幾樣食物，包括一小段康吉鰻（一種產於日本沿海的體形較小的鰻魚），一小塊藕餅，

蓮芋葉，一小塊柚子。第四道是「燒物」，內容是一塊烤鱸魚，一個抹上了豆醬（味噌）的無花果（抹上豆醬燒烤的食物日語稱之為「田樂」），一片用醋浸漬的野蒜。第五道是「肉料理」，底下是一大片圓茄，上面是日本產的牛裡脊肉（日本牛肉價格明顯高於從美國和澳洲進口的），只是從沸水中焯一下即撈起，捲在裡邊的部分還是生的，牛肉上還有新鮮的海膽，清淡得幾乎沒有鹹味。第六道是「焚合」，實際上是好幾樣食物煮熟後放在一起，有章魚、芋芳、南瓜、四季豆和柚子顆粒。第七道是「揚物」，即油炸食品，有炸大蝦，小青椒等。最後是「御食事」，簡單的說就是吃飯，分別是一碗米飯，一碗醬湯（味噌汁），還有三樣醬菜（日語謂之「香物」）。全部完了後是「水物」，「水物」原本是新鮮水果的意思，那天實際上是甜食加一點水果，甜食是杏仁豆腐，做成布丁狀，水果是罐頭桃子。在傳統的懷石料理中，「肉料理」不會出現，杏仁豆腐也不會有，其他應該與江戶時代也不會有太大的差異。我在日本各地也品嘗過多次懷石料理或日會席料理，從程式和內容上來說，可謂大同小異。

但高級賓館內的餐廳，嚴格來說依然不能稱之為料亭。在 1823年出版的《十方庵遊歷雜記》的第四編中，記錄了許多家當時著名的料理店，書中最為讚不絕口的，是一家由豐倉平吉經營的酒樓，門面寬有幾十間（一間為 6 尺），深有 40 間，裡邊有一個寬廣的庭園，引山溪入園，鯉魚、鯽魚在溪流中嬉戲游泳，森森綠蔭中掩映着書院式的雅致建築，在和式屋宇中的客人，對着紙糊的拉門敞開後顯

現出來的優美風景，把盞淺唱低吟，風情無限。這裡的料理也絕對是一流的。這樣的場所，已經不是當初普通市民充飢果腹的路邊茶屋，應該是文人雅士或是富商豪門光顧留連的料亭了。

就像當年的高級酒樓大都臨河枕流、富於風情一樣，如今的料亭，一般也遠離紅塵滾滾的鬧市，而地處冷街幽巷，或比鄰寺院，或面對清流。費用大概在每人 15,000 日元以上。我個人因為公務的緣由，曾經出入過幾次料亭，下面就其中京都的一家「吉川」，記錄些自己個人的印象。

有一年楓葉正紅的深秋，應京都的一所大學的校長之邀，去吉川吃晚飯。吉川位於二條大街附近的一條幽深的小巷內，門前掛有「吉川」的白色燈箱。小小的玄關前鋪的是青石板，上面掛着短短的中間分開的布簾，這就是所謂的店招，日語謂之「暖簾」。門邊是一叢植物，好像是數枝細竹，在夜色中未及細看。年逾五十的「女將」（老闆娘）和另兩位中年婦女身穿和服在門口躬身迎候。脫了鞋換上拖鞋後，沿走廊先至一休息室小坐，然後被引入餐室。餐室是一間日本式鋪着榻榻米的大房間，日語稱之為「廣間」。正前方的格子式的紙扇已經被拉開，透過落地大玻璃窗可以看見被綠色映射燈照射的庭院，大約有半畝地之廣。中間有一魚池，一座精雅的小石橋跨越其上，兩端各有一石燈籠，幽幽地發出暈黃的光輝，一小片竹林，幾株精心修剪過的樹木點綴其中，優雅得令人感到寂寞。榻榻米上放置着兩排矮桌，桌後是日本人獨創的無腿坐椅。在賓客的座

席後面，是一處日語稱之為「床間」的壁龕式空間，牆上掛有一幅中國式的山水畫掛軸，下面是一個造型別致的花瓶，數片長長的綠葉中映照着三兩枝白色的鮮花，疏淡有致，據說是遠州流（插花的流派之一）的作品。背靠「床間」的是正座，矮桌上已經放置着稱之為「膳」的食盤。落座後依次上的料理大抵如上文所敍述的各色懷石料理的菜餚，這裡不再贅述。所喝的日本酒是燙熱的，日語稱之為「熱燗」。端菜斟酒的，都為四十以上的中年婦女。當然也不盡然，有一次在京都的另一家料亭「土井」中進食時，有身着和服的年輕女子相伴，一問，是立命館大學的學生在此打工，薪酬不薄，兩小時後，女學生退去，五十多歲的婦女上場。不過無論是年輕還是半老，一近食桌便立即跪下來，想來也是，這麼矮的食桌，不跪又如何上菜呢？這樣的排場和精緻得不忍下箸的菜餚，想來價格必定高昂，但說實話，我等賓客並不覺得愜意，雙方正襟危坐，致詞，説些客套話，氣氛沉鬱。料理程式化地一道道上來，主客小心翼翼地一道道吃完。熟識日本傳統文化的，可以對整個的氛圍和料理乃至器皿細加玩味，充分享受，但對一般的外國賓客，除了新奇外，恐怕不會有太愉悅的感覺。

　　還有一次是在東京的椿山莊，白晝，書院式的屋宇正對着一泓池水，蒼苔斑駁、顏色暗黑的大石上，有瀑布緩緩流瀉下來，清越的水聲中流淌着古琴演奏的日本樂曲，環境醉人。那次吃的不是懷石料理，是「石燒」，即在燒熱的平滑的石塊上烤牛肉，但服務生依

然是紅顏半老的身穿和服的婦人，配菜也是日本菜餚。

　　如今的懷石料理，也可以不是那麼太沉重的。2015 年 8 月初，有上海的朋友過來，請他們在京都四條大橋附近的先斗町上的一家京都料理店「多から」吃晚飯。這家（或這一類）料理屋在夏季的賣點就是「川床料理」。店家面臨京都最有風情的河流「鴨川」，臨河的店家每家每戶都在伸向河沿的空間搭出涼台，有點像湘西鳳凰沱江邊的吊腳樓。鴨川的河水沒有沱江那麼深，很多河段都是淺淺的，宛如寬廣而平坦的溪流，在北邊由加茂川和高野川兩條溪流交匯而成，流水淙淙，大抵都是清澈見底，給暑熱沉悶的京都帶來了一絲清涼。尤其是傍晚，夕陽漸漸沉入西端的山巒間，炎暑消去了白晝的威猛，河上吹來的晚風，令人心曠神怡。多から在晚間供應的是會席料理，寫作「會席」而不用「懷石」，也許是表示其「格」還沒有達到料亭的檔次吧。菜譜上有兩種規格，7,500 日元和 12,000 日元，服務生抱歉地告知，那天晚上只有 7,500 日元的，那也就隨緣吧。「川床」的筵席，也是榻榻米式，食客席地而坐，但是並無料亭的講究，與鄰座的矮桌之間，也無屏風相隔，餐具也非常一般，但是菜品相當好。夏季的日本，人們認為海裡的當令食品當推海鰻，河裡的當推香魚，那天，這兩樣都有了。海鰻是「吸物」，半碗清淡的蓴菜湯內放入一段菊花狀的海鰻。我們知道，海鰻多刺，中國東南沿海一帶，多用來清蒸，冬季則製成鰻魚羹，都很鮮美。日本人則是將其肉質最肥厚的部分，除去大骨，挑去魚刺，然後剁碎，做成菊

花狀，這樣入口時，就沒有了骨鯁在喉的擔憂了。野生香魚的個體很小，最典型的做法是插上竹籤鹽烤，外表烤得有點焦黃色，放在一個狀如長瓦的陶器內，底下鋪墊的是箬葉，香魚上置放一片白白的藕片，色覺味覺都不錯。那天每人先要了一大杯生啤，然後飲冷酒，口中品味着美食，抬起頭來，則是鴨川兩岸古都的風景。河岸的建築本身並無特別可以圈點之處，好在建築的高度都有嚴格的限制，舉目望去，就是籠罩在夏日暮色中的蒼翠的山巒，耳畔則傳來了淙淙的流水聲，要說沒有愜意的感覺，那恐怕是假的。

在料亭和居酒屋之間，還有一種稱之為「小料理」或「割烹料理」的日本料理屋，在料理的製作上很有特色，環境也頗為雅致。餐桌有吧台式的，廚房大都是開放式的，但完全是日本的傳統風格，燈籠式的照明，不施任何油漆的原木桌椅，滿屋子蕩漾着的是日本菜餚的氣味。這樣的店家，比料亭隨意，比居酒屋優雅，資費也在兩者之間，大約每人 5,000~7,000 日元左右。一次與朋友一起觀賞京都「祇園祭」中 7 月 24 日的「還幸祭」，結束時已是晚上七點左右，於是就來到了「烏丸通」上的一家餐館，名曰「菜彩」，在一幢西式的大樓下，門面卻是純然日本式的，供應的是「會席」，每套價格在 3,000~5,000 日元不等，就價格而言，是相當低廉的。我記得我們要的只是 3,500 日元的會席，豆腐衣料理非常可口，一個用圓形茄子挖出內囊後放入各色蔬果的菜餚也很讓我們驚喜。也有香魚，不過只是一條。吧台式的座席上坐了幾位日本客人，我們被安排在長方

形的小桌上，感覺也很雅致，廚師就在吧台內烹製，屋內低低地播放着古箏音樂，全然沒有喧譁的聲響。那天沒有喝日本酒，涼涼的生啤，與日本料理似乎也挺般配，三個人都很開心。也許在這樣的店內更能賞玩日本文化的情韻，更能體會日本料理的真味。

茶酒篇

日本酒的起源和釀造史

　　關於日本酒，也就是日本列島上所產生的酒的最初的起源，一直是眾說紛紜，雖然近年來人們傾向於日本酒的製作工藝乃是日本人所獨創的說法，而且近年來的一些科學實驗的結果在某種程度上也支持了這一結論，但在歷史文獻上依然還留存了不少難以解釋的疑點，至今尚無非常明確的結論。

　　在日本最早成書的半是事實半是故事傳說的《古事記》(712 年)的「應仁記」中有這樣的敘述：「又秦造之祖，漢直之祖，及知釀酒人，名仁番，亦名須須許理等，(自百濟)參渡來也。故是須須許理釀大御酒以獻，於是天皇宇羅宜是所獻之大御酒而御歌日……」(原文為漢文。)

　　這段用日本式的漢文寫成的文字不大容易看懂，這裡稍作解釋。這裡的天皇，《古事記》上稱之為應神天皇，歷史上也許實有其人，但應神天皇的名稱應該是不存在的(現在一般認為天皇的名稱最早出現於 673 年即位的天武天皇時代)，不少歷史學家認為應神天皇應該相當於歷史上倭五王中的倭王讚，生活在 5 世紀前半期，在

位期間與中國南朝的宋有朝貢往來。秦造之祖、漢直之祖，指的是經由朝鮮半島渡海而來的自稱是秦代和漢代後裔的移民，傳來了大陸和半島的先進文化。上述《古事記》的這段文字，說的就是自半島來的名曰仁番或是須須許理的人，深通釀酒技術，製作美酒獻給天皇，天皇飲後大為愉悦，吟歌抒情的經過。《古事記》和稍後的《日本書紀》（720 年）多處記載了朝鮮半島來的移民帶來先進文化和技術的事跡，釀酒技術即是其中一例。

那麼，在須須許理來到日本列島之前，歷史上是否就沒有酒類存在呢？不是。成書於 3 世紀末的中國史書《三國志·魏志·倭人傳》中對當時日本列島的風俗情形有這樣的記載：「始死停喪十餘日，當時不食肉，喪主哭泣，他人就歌舞飲酒。」這說的是人死後喪葬時的習俗。還記載說：「其會同坐起，父子男女無別，人性嗜酒。」這裡記述的應該是 3 世紀前半期的事，說明那時列島上就已經有比較普遍的飲酒習俗，至少酒不是太稀罕的飲品。那麼，這裡的酒到底是甚麼酒呢？《三國志》上沒有明言，大概記史者也不是很清楚。一般來說，只有兩種可能，一種是果酒，另一種是糧食釀造的酒。事實上自古以來東亞地區的果酒釀造就很不發達，這與自然環境和物產是有極大關聯的。因此，日本食物史研究家篠田統推斷說，古代日本不存在果酒。另一種可能就是用糧食釀造的酒。3 世紀時東亞大陸的稻作文化早已傳入列島，稻米以及其他作物的種植已經比較普遍，用穀物釀酒的條件已經成立。穀物釀酒最原始的可能是讓

煮熟的飯食在自然環境中發酵後釀成的酒,但這樣的過程相當緩慢並且成酒率不高,真正成規模的釀酒實際上並不可能。當然,後人發明了用酒麴釀酒的技術,根據史籍記載和考古的成果,在中國,這樣的技術在 4 千多年以前應該就已經存在,但是 2 千年前的日本列島是否就已經有了這樣的技術,文獻無法證明。

日本酒與東亞大陸的釀酒技術到底是一種怎樣的關係呢?我本人對釀酒技術基本上是外行,對此難以作出簡單的判斷。我只是根據我閱讀中日兩國文獻的便利性,試圖將兩國的部分研究成果做一個對比性的陳述,以期在學界展開有意義的探討。我的目的是探討作為一種文化的日本酒與中國大陸和朝鮮半島的關聯。根據我自己對文獻的閱讀,我的理解是,在 2,300 多年前稻作文明傳入列島之後,在中國已經成熟的釀酒技術也很可能藉此通過各種途徑傳入日本,即便當時沒有傳入,在此後的屢次移民潮(在《古事記》和《日本書紀》中都比較詳細地記錄了移民以及移民帶來新技術的狀況)中釀酒技術也應該會傳來,《古事記》所記述的須須許理(仁番)的事跡是一個典型的例子。從歷史邏輯上來說,大陸傳來的應該是已在大陸和半島普遍使用的利用根霉的餅麴技術,但也不排除在南方仍然留存的利用米麴霉的散麴技術。由於在日本用於釀酒的原料主要是黏性較大的粳米,大陸的技術對此也許不能完全適用,日本人在大陸技術的基礎上經過反覆實踐摸索出了比較獨特的麴霉發酵法,就是在蒸熟的大米中摻入木灰,木灰中富含礦物質,呈鹼性,在摻

入蒸米之後不易生長細菌，反過來為麴霉的繁殖創造了條件，也容易生成孢子。這一技術在室町時代（14 世紀末至 16 世紀）被用於培育種麴。值得注意的是，種麴培育出來後的釀酒法，與《齊民要術》中所說的「三投」的工藝順序非常相像，日本稱之為「三添法」或是「三掛法」，就是在酒麴釀成之後，再分三次投入蒸米和水，投入的量在 16 世紀後半期是相同的，進入江戶時代後，量呈幾何式的增加，即分別為 1、2、4。這裡又顯現出了與中國釀造酒工藝的相似性，因此在對日本酒源流的分析上，我認為既要充分認識日本釀酒工藝的獨特性，又要充分留意其與大陸釀酒技術之間的傳承關係。這方面，我覺得曾經擔任日本國稅廳釀造試驗所所長的秋山裕一的立論比較公允。他在其所著的《日本酒》一書中專門列了一章「探討日本酒的起源」，在對上述日本方面的研究成果進行了比較分析之後，他的意見是：「關於日本酒的起源，有從中國江南傳來的稻米和麴的說法，有穀芽麴的說法，有米麴是我們祖先發明的說法。到了今天雖然還沒有定說，但（通過以上的分析）我想大家已經充分理解了與中國大陸的深切關聯。」

在釀酒工藝方面，江戶時代出現了一個重大的改進，就是碾米技術的提高。原本碾米的方式主要是利用杵和臼所進行的舂米，是人工的腳踏式，效率比較低，獲得的大米的精白程度也比較低。大約在 18 世紀中葉起，漸漸成為日本酒名產地的位於大阪灣北岸、今日兵庫縣靠武庫川河口一帶的稱為「灘」的地方，在峭立的六甲山下

的蘆屋川、住吉川等的上游地區，水流湍急，水力資源豐富，於是利用水車碾米的方式漸漸得到了推廣，不僅大大節省了人力，而且大米的精白程度也較以前有了很大的提高。米酒的品質如何，當然牽涉到各種釀造工藝和水，但是稻米的品質以及米的精白程度也是相當關鍵的。這一時期開始使用精白度很高的大米來製造酒麴並用作「掛米」（即分三次添加的蒸米），從而釀造出來的酒達到了相當的品質，這種酒在江戶時代被稱作「諸白」，而只是在「掛米」中使用精白大米的稱為「片白」，當然以「諸白」為上位，它也可以理解為今日日本清酒的前身。兵庫縣南部的「灘」，生產名聞遐邇的高品質的播州米，很久以前就是美酒的產地，19世紀30年代又在沿岸的地下發現了適宜於釀酒的硬水，於是這一帶就逐漸成了日本最出名的釀酒地，稱為「灘五鄉」，大抵在今日神戶一帶，而「灘酒」也就成了名酒的代名詞。

進入近代以後，釀酒的規模不斷擴大，釀酒的技術也在不斷地改進，但就像日本料理一樣，其基本的內質是在江戶時代最後定型的。

林林總總的「銘酒」

　　現在的日本酒一般稱之為清酒。當然，清酒這一詞語在中國出現得更早。戰國時的《楚辭‧大招》中有「吳醴白蘗，和楚瀝只」的詞語，漢代王逸對這一詞語的注釋是「再宿為醴。蘗，米麴也。瀝，清酒也。言使吳人釀醴，和以白米之麴，以作楚瀝，其清酒尤釀美也。」由此可知，在春秋戰國時的長江流域，已經有了一種稱之為「楚瀝」的清酒。聯想到 1977 年在河北省平山縣三汲鄉戰國時代中山王的墓中所出土的兩瓶密封於青銅壺內的古酒，一種呈翠綠的透明體，一種是黛綠色，皆酒體清澈，堪稱清酒。當然，此清酒非彼清酒，並非將此與今日日本的清酒混為一談，我只是想說明，清酒原本只是對一種酒體的形容，或是相對於濁酒而言的詞語，2 千年前在中國的漢代已經出現，並非固定名詞，事實上，日本的清酒這一名稱得以成立，也是相對於濁酒之謂。在上一節中說到的採用「三掛法」（也就是中國的三投法）之後經一個月釀成的酒，是一種酒精度數在 20 度左右的濁酒，需要對其加工過濾並經低溫加熱進行消毒處理，才可得到酒色清澄的清酒。最初的清酒還未達到完全純淨的

透明，呈淡黃色，酒香醇厚，近代以後，隨着技術的不斷改進，酒體也變得越發清澈透明。今天我們一般就把清酒稱作為日本酒，當然，就如下文中會述及，日本酒的種類並不局限於清酒。

我初到日本時，看到酒店或超市中出售的清酒標貼上寫着「大吟釀」、「吟釀」、「純米酒」，有的則沒有標明，也搞不清這到底有甚麼區別。後來讀了不少文獻，慢慢理出了點頭緒。現在日本的清酒，根據其原料和製造法以及 1990 年日本政府方面頒佈的《清酒的製法品質表示基準》，大致可分為兩大類，一類是「特定名稱的清酒」，另一類是「特定名稱以外的清酒」。第一大類的酒再加以細分，則有吟釀酒、純米酒和本釀造酒三類，這第一大類一般稱之為高級酒。第二大類加以細分，還可分為加入酒精後使其增量的酒精添加酒和除酒精之外再加入其他調味液（如葡萄糖、飴糖以及乳酸、穀氨酸等混合在一起的物質）的增釀酒兩類。增釀酒目前沒有單獨銷售，它必須與其他酒類摻合在一起才可作為商品上市，目前這一類的酒主要是將用蒸米、酒麴和水釀成的純米酒再加入酒精和調味液使其量增加到三倍，也就是說是一種調合而成的酒。第二大類一般稱之為普通酒。目前全日本大約有 2 千家左右的清酒釀造商，近年來年生產總量呈逐漸減少的趨勢。據日本總務省統計局的統計，1980 年時為 119 萬千升，1995 年降為 98 萬千升，2003 年更降為 60 萬千升，幾乎只有 23 年前的一半左右。與此對應的另一個傾向是日本燒酒的產量在年年上升，這我在下一節中敘述。在這些清酒的總產量

中，大約有接近 7 成是普通酒。

　　不過我所感興趣的是被稱為高級酒的三類酒，即吟釀酒、純米酒和本釀造酒。這三類酒目前在所有日本清酒（包括普通酒）中所佔的比率分別是吟釀酒 3.4%，純米酒（包括純米吟釀）7.7%，本釀造酒 19.4%。也就是說，吟釀酒的產量最低，處於最高級的層面。那麼，區分這三類酒的標準是甚麼呢？主要是用於釀酒的大米的精白程度，也就是原料成本的高低。按照《清酒的製法品質表示基準》，吟釀酒又可分為「大吟釀」和「吟釀」，區別還是在於大米的精白程度。用於釀造大吟釀的大米，必須在糙米的基礎上進行反覆的碾磨精白，最後只取其 50% 以下的核心部分用作釀酒的原料，也就是說糙米將有一半以上被碾磨損失掉，吟釀酒則為 60% 以下，純米酒和本釀造酒的取用率是 70% 以下。按照目前日本的釀酒工藝，大米的精白程度越高，釀製出來的酒就越清冽醇美，這是因為糙米外層的部分含有比較豐富的蛋白質和脂肪成分，這對於米飯的營養來說是很重要的，同時也會增加口感的豐富性，但是在釀酒的過程中，容易產生各種雜味，影響到酒的純度，因此需要將此碾磨掉。當然，這在米價相當昂貴的日本來說，會增加不少釀酒的成本。

　　米料的精白程度與釀酒的關係，其實這一點中國人在很久以前就已經認識到了，賈思勰在《齊民要術》中說：「米必細舂，淨淘三十許遍；若淘米不淨，則酒色重濁。」這裡的「細舂」、「淨淘三十許遍」，我的理解就是一種大米的精白過程。米粒經反覆淘洗三十

多遍之後，必定會磨損許多，留下的是大米的精核部分，只是在南北朝時期還沒有現代的精白技術和設施，《齊民要術》上才會有如此的表現，其實賈思勰已經清楚地認識到了「若淘米不淨，則酒色重濁」，米的精白程度與酒色的清冽與否應該是有關係的。

　　吟釀酒作為一種清酒的種類在日本的出現其實是很晚近的事，它其實是新酒鑑評會的產物。新酒鑑評會是日本政府國稅廳下屬的釀造試驗所（現改為研究所）所發起的日本酒評選活動，開始於1911年，之後一直持續到現在。如今在全日本設有11個地區，先在各地的國稅局主辦的選評會上進行初選，初選中獲勝的品種再進入全國性的鑑評。所有參選的釀酒商和釀酒師都鉚足了勁，精心配料，悉心釀製，以期在新酒鑑評會上獲得金獎。要釀製出上好的清酒，作為原料的大米、酒麴和水是非常關鍵的。近代以後，日本在稻米的品種改良和耕作技術上傾注了極大的努力，各地都有一些適合本地區的優秀的稻米品種。釀酒師們很清楚大米的精白程度與酒的品質之間的關係，因此為了獲得好的名次，他們不惜工本，對用於釀酒的原料米反覆碾磨精白，務求達到最佳程度。每年一度的新酒鑑評會，催生了不少優質酒。日語中有個詞語叫「吟味」，除了吟詠品味詩歌的妙趣外，還有一個意思是詳細地研究、精心地選擇，後來與釀造結合，誕生了一個新詞，曰「吟釀」，就是將精心擇選的原料傾心釀製酒類或醬油等，再後來主要是指酒類。大概在1960年代初期，人們將這些新酒鑑評會上參選的優質酒稱為「吟釀酒」，但這一

詞語在 1973 年出版（以後有重印）的篇幅最為浩繁的 20 卷本的《日本國語大辭典》中未見載錄，可見廣為流傳並正式使用還是比較晚近的事。當初的吟釀酒由於主要是為了參評，製作的量很少，評過之後一般也不上市，或密藏於酒窖中，或者與別的甚麼好酒調配之後以特級酒的名目問世，總之，一般的人們很難有緣識其真面目。1963 年，大分縣首先推出了品牌為「西關」的吟釀酒，720 毫升的瓶裝酒每瓶 1,000 日元，而當時同等量的特級酒才賣 360 日元，可以想像其價格的高昂。儘管如此，酒商方面還是虧本銷售，結果只賣出了 640 瓶。以後由政府方面對這類酒制定了明確的標準並冠以正式的名稱，根據精白程度的不同分為大吟釀和吟釀兩類。隨着以後日本人生活水準的提升，高級的吟釀酒受到了人們的追捧，經濟景氣的時候，形成了吟釀酒熱。

按照規定，被稱為吟釀酒的除了在原料米的精白率（即糙米經碾磨精白後留存下來的比率）上必須達到 50~60% 以下外，還有一個重要的指標是必須經過緩慢的低溫發酵。普通酒是在氣溫 15 度的狀態中經過 20 天的發酵，而吟釀酒必須在 10 度的溫度中經過 30 天的發酵。為何要使用這樣的工藝並經過 30 天的緩慢發酵呢？是為了能釀製出吟釀酒所獨有的透發出水果香味的吟釀香。這種吟釀香只有在低溫狀態下才能慢慢釀成。

那麼，碾磨精白的比率同在 70% 或以下的純米酒和本釀造酒之間又有甚麼區別呢？這區別在於釀造方法的不同。純米酒是日本傳

統的釀造法，也就是江戶時代正式固定下來的「三掛法」，即在釀成的酒基上分三次添加蒸米和水的釀造法，純粹用米釀製，故稱為純米酒。而本釀造酒的製作法，則是在米酒的釀製過程中加入少量的釀造酒精，這一釀酒法起源於太平洋戰爭時期，戰爭期間日本食物日趨緊缺，當時用於釀酒的原料米嚴重不足，於是便在米酒中加入少量的釀造酒精。所謂釀造酒精，是將澱粉質的東西進行糖化後的物質，或是將大米等植物性的原料進行發酵以後蒸餾出來的酒精，基本呈無色透明，香味很低。若是純用大米釀製的吟釀酒會在標貼上標明純米大吟釀酒和純米吟釀酒，而沒有純米標誌的，就可能是釀造吟釀酒。現在中國的一些日本料理店中每人 200~300 元可以任意飲用的日本酒，基本上都是這些摻入了釀造酒精的比較低檔的日本酒。

　　從一個品酒師的視角來看，日本酒還可以根據它的酒香分成四種類型。第一種是香味比較濃鬱的類型，雖然是用大米釀製，卻有明顯的甘甜的水果香味，這一類酒的代表是大吟釀酒和吟釀酒；第二種是口味清爽、口感清涼的清酒，甚至是清冽如水的感覺，這類酒多為「生酒」，「生酒」在釀成之後不經過加熱殺菌的工藝，存放時間較短；第三種是具有大米原本的香味，帶有明顯的米酒特色，這一類就是最常見的「純米酒」；第四種是儲存時間比較長、酒質比較醇厚的「古酒」，具有濃烈的複雜的香味。之所以會形成以上四種類型，當然是原料米、水質、酵母、釀造處理、釀酒師的技術等多種

因素疊合在一起的結果。

　　同樣是穀物釀製的酒，日本的清酒與中國的白酒、黃酒等在釀造主原料上的一個最大區別是它只用粳米。因此，米的優劣將直接影響到清酒的品質。與釀製葡萄酒的葡萄不同於一般供食用的葡萄一樣，用於釀酒的大米也不同於平時食用的大米。為此，日本各地開發栽培出了多種用於釀酒的大米品種，這類大米在日語中稱為「酒造好適米」。與一般的大米相比較，用於釀製清酒的「酒造好適米」主要有三個特點。第一個特點是米的顆粒大。釀酒前首先要對大米進行碾磨精白，碾磨的過程一方面會帶來不小的損耗，另外米粒也容易碎裂，這時米粒大的話就會有不少優點。第二個特點是由於原本大米外層所具有的蛋白質、脂肪等成分在釀酒時容易產生雜味，因此培育「酒造好適米」時就儘可能減去這些成分，所以這類大米在烹煮成米飯時吃口未必好，營養價值也未必高。第三個特點是大米的中心部分要有「心白」。「心白」的特點是大米中的澱粉組成比較鬆軟、密度比較稀疏的部分，呈白色的結晶體，這與製造酒麴有很密切的關係。米的中心部分比較鬆軟的話，麴菌在繁殖的時候就容易將菌絲伸展到裡面去，能夠形成優良的酒麴。也就是說有「心白」，就比較容易製造出糖化力高的優質的酒麴。另外在用作「掛米」（即釀酒的原料米）的時候，比較容易從米的內部開始溶解，釀成的酒具有獨特的米香。具有這些特點的「酒造好適米」，可以釀製成具有獨特風味的、口感綿密醇厚的好酒。

在釀酒工藝上，當原料米選定之後要考慮的一個重要問題就是水。日本酒的成分 70% 是水，因此選用甚麼樣的水釀酒就是一個至關重要的問題了。就水源而言，水有泉水、河水（包括溪流）、湖水、井水等多種，然而從水的性質上來説只有硬水和軟水兩種。所謂硬水，一般是指富含礦物質的水，而軟水則礦物質的含量非常低。適宜於釀酒的水，一般是希望含有較多的鎂、鉀和鈣等成分，而不希望帶有鐵、錳、銅等成分，尤其是鐵，容易使酒產生顏色，這是釀酒的大忌。因此，在傳統的日本酒的釀造中，受歡迎的一直是硬水，江戶時代中期以後「灘酒」之所以會出名，也是在當地發現了適宜於釀酒的「宮水」，實際上是一種上好的硬水。硬水中含有的礦物質等營養成分能夠激活酵母的力量，使發酵快速而均衡地進行，由酵母的力量形成的糖分就不斷地演變為酒精，從而能釀成口味清冽乾爽、具有一定的刺激感而甜味較弱的酒。而軟水因為礦物質含量比較少，使得酵母無法有力地發揮作用，因而也使得發酵的過程相當緩慢，所以糖分也是在非常緩慢的狀態中逐漸演變為酒精，釀出來的酒，口感比較柔和，酒味也稍微偏甜。在明治時代中期（19 世紀末期）之前，人們一直推崇硬水，但是隨着釀酒技術的改進和消費者需求的多樣化，人們慢慢意識到了軟水也有其特點，就像吟釀酒需要在低溫狀態中緩慢發酵一樣，軟水所造成的緩慢發酵，也能形成許多獨特的風味，釀成的酒口味綿密細膩、柔和綿長，酒味有些甘甜。時至今日，消費者的需求也呈多元形態，已經很難一口斷定

硬水和軟水的優劣。人們戲稱用硬水釀成的酒為男人酒，軟水釀成的酒為女人酒。只是在工業化的時代中，水源污染比較嚴重，釀酒商們便紛紛標榜自己的水源乃是地下湧出的泉水或者是伏流水（一種在河床或湖床及其附近的表層下潛流的優質水），日本有所謂「名水百選」，使用入選的名水往往就成了釀酒商藉以抬舉自己酒質的大旗。

現在日本的釀酒作坊或釀酒廠大約有近兩千家，大致可以分成兩大類。一類是全國性的大酒廠，規模比較大，設備比較先進，生產的清酒面向全國市場。每家的產品種類大約有十幾種，因為有營銷的策劃和廣告宣傳，至少有幾種知名度很高，比如寶酒造株式會社生產的「松竹梅」，於大正九年（1920）問世，被譽為酒中精品，價格也甚為高昂，往往是同類清酒的兩倍。還有菊正宗酒造株式會社，原本是創業於江戶前期 1659 年的「灘酒」釀造作坊，創始者是嘉納家族，算起來已有 350 年左右的歷史，秉承了丹波杜氏的傳統，釀造的菊正宗系列的清酒，在日本聲震遐邇，也是高級清酒的代名詞。此外如總部位於京都伏見區的黃櫻株式會社，生產的黃櫻系列的各類清酒，在日本也廣受好評。除了這類聲名卓著的大酒廠之外，日本更多是些規模較小的釀酒作坊，差不多各地都有，比較有口碑的大多集中在東北地區（南部杜氏）、新潟縣（越後杜氏）、京都和神戶一帶（丹波杜氏）等。這些地區生產的清酒，一般被稱為「地酒」，也就是當地的清酒，生產的量不是很多，一般的酒店或超市未

必有銷售，但都有各自的風格和獨特的風味，其中不乏佼佼者。真正會品酒的人，往往對這些「地酒」感興趣，各地的居酒屋，也大都以這些「地酒」為賣點。

日本各地，大抵都有好酒。一般好的釀酒地都在丘陵地帶，一來所產的稻米比較優良，二來水源可採用湧出的地下泉水或是伏流水，雜質鐵分少，幾乎沒有污染，水質甘冽。日本的釀酒人，大都十分敬業，對於技術，往往是精益求精，不斷改良，加之有各種比較權威的評酒機構，促進了好酒的湧現。不過，對於日本清酒的品味，就像對於日本傳統料理的品嘗一樣，需要氣閒神定的功夫，仔細吟味，慢慢體會，從杯中的酒香，到入口的口感，以及入口後在口中的蔓延散佈程度，通過喉嚨時的感覺，回味如何，都有講究。另外，飲酒時的酒溫，也絕對不可忽視。比如未經加熱殺菌的「生酒」，為了要體會其清冽的感覺，一般適宜的酒溫在 5~10 度，差不多是乾爽的白葡萄酒的酒溫，而如酒香比較濃鬱的大吟釀或吟釀酒，酒溫在 10~12 度比較適宜。冬天的時候，適當加溫後的純米酒也十分令人陶醉。以我個人的經驗而言，日本酒只有在配日本料理時，甚至是只有在日本式的酒館氛圍中品味時，再苛刻一點，只有在與日本人一起把盞斟酌時才能深切感受到它的真味。若不然，對於一般的中國人，尤其是習慣飲用酒香濃鬱、酒味強烈的白酒的人來說，日本清酒也許只是一種口味寡淡的米酒而已。這樣說來，飲食真的是一種文化，絕不只是簡單的口福之惠。

最近二十年來，燒酎異軍突起，大有蓋過清酒（在日本也多稱日本酒）之勢，清酒的釀造者、銷售者和熱愛者都有一種危機感。為了吸引年輕的飲酒者，近來一些廠商和店家都煞費苦心求新創異，設計了一些非常新穎的酒瓶，造型和標貼都讓人耳目一新，店舖設計得時尚摩登，配以柔和或獨特的燈光，給人如夢似幻的感覺。酒杯改用香檳杯，創設了站立式的吧台，還配以日本的小點心，經營店舖的都是些穿着時髦的三十來歲的帥哥，如此一來，果然引來了大批年輕的女子，清酒的銷量還真的有所上升。

燒酎（燒酒）在現代的崛起和流行

　　1991 年 12 月初，第一次訪日時來到了廣島，此前相識的廣島大學小林文男教授請我吃飯，選在了一家連鎖店的居酒屋，這時正是日本忘年會的季節，店裡生意興隆，店堂裡一片熱氣騰騰。小林教授問我喝甚麼，我說請酒吧。而他自己則要了燒酎，還兌熱水喝。其時我尚未喝過日本的燒酎，更沒見過兌熱水的喝法，不禁覺得有些新奇。

　　燒酎（姑且可以理解成日本的燒酒或白酒，其詞義下文再解釋）的歷史雖然沒有清酒那麼悠久，早期的普及程度也遠不如清酒，但仍可看作是日本兩大傳統酒類之一。早年基本上是處於酒類的邊緣或下層狀態，倘若說清酒是位居廟堂的話，那麼燒酎就是在野的了。在產量上也是如此。不過這一情形在 1980 年前後出現了重大的改變，燒酎的產量驟然上升，甚至超過了清酒。據日本總務省統計局《日本統計年鑑》的統計，1970 年日本清酒的年產量是 126 萬千升，2003 年則跌到了 60 萬千升，而燒酎的年產量則從 1970 年的 22 萬千升，飆升到了 2003 年的 92 萬千升，遠遠超過了清酒的年產量。

就如中國的紹興黃酒和白酒的主要差異一樣，雖然同屬穀物酒，清酒是釀造酒，而燒酎是蒸餾酒，製作工藝不同，製成的酒在酒精度數和口味上也有極大的差別。前文已經述及，利用酒麴釀酒的基本工藝大致在公元 5 世紀前後或者更早的時候由中國大陸和朝鮮半島傳入日本，以後在日本列島經過了改良和創造，形成了今天清酒的釀製技術，那麼，燒酎或者燒酒這一類蒸餾酒是甚麼時候出現在日本的呢？

　　就全世界範圍而言，蒸餾酒技術的出現以及成熟要晚於釀造酒。歷史上最早出現蒸餾技術的應該是現在位於阿拉伯半島的美索布達米亞地區，年代可以追溯到公元前 3 千年左右，以後向東南傳入印度北部地區。但是蒸餾酒的製作一直沒有廣泛地傳開，可以說在 13 世紀下半期之前，世界上絕大多數地區並未掌握蒸餾酒的製作技術。

　　中國雖然在 4~5 千年前就出現了比較成熟的穀物釀酒技術，但蒸餾酒的出現是比較晚近的事。明代的李時珍在《本草綱目》中寫道：「燒酒非古法也，自元時始創，其法用濃酒和糟入甑，蒸令氣上，用器承取滴露，凡酸敗之酒皆可蒸燒。近時惟以糯米或粳米或黍或秫或大麥蒸熟，和麴釀甕中七日，以甑蒸取，其清如水，味極濃烈，蓋酒露也。」現在有不少學者主張蒸餾酒的出現在中國可能更早，根據是唐代的文獻中已有「燒酒」和「白酒」一詞出現，比如《全唐詩》卷四四一白居易《荔枝樓對詩》中的「燒酒初開琥珀香」，

卷五一八雍陶《到蜀後記途中經歷》中的「自到成都燒酒熟」，《全唐詩》卷五八九李頻《遊四明山劉樊二真人祠題山下孫氏居》中的「起看青山足，還傾白酒眠」，卷五九六司馬扎《山中晚興寄裴侍御》中的「白酒一樽滿，坐歌天地清」等的歌詠中，都出現了「燒酒」或「白酒」的詞語。但這裡所說的「燒酒」或「白酒」恐怕並非現代意義上的燒酒和白酒，王賽時在《唐代飲食》中指出：「值得注意的是，唐代文獻中常見的『白酒』一詞，此非白色酒，也不同於現代概念中的白酒。這種白酒就是濁酒。唐人常以釀酒原料為酒名，凡用白米釀製的米酒，唐人稱之為白酒，或稱為白醪。」而唐人筆下的燒酒，應該是一種經過低溫燒法進行滅菌處理（以使保質期延長）過的酒，「唐人稱經過加熱處理的酒為燒酒。」我覺得雖然還不能貿然斷定唐代時的「白酒」和「燒酒」就一定不是今天的白酒或燒酒，但比照同時期的其他文獻和當時中國的釀造技術，蒸餾酒似乎還沒有出現。但是否在元代才由外域傳入，似乎還可商榷。北宋的田錫在《麴本草》中說：「暹羅酒以燒酒復燒二次，入珍貴異香。」可知宋人已經知曉暹羅酒在製造工藝上的獨特性，「復燒二次」是否可理解為將釀造的初級酒再通過蒸餾的方式重新製作，尚需進一步的論證。

中國的蒸餾酒技術的傳入，有一支可能來自南方的暹羅（現泰國）和雲南一帶。蒙古在消滅了南宋之後，又向南佔領了暹羅。暹羅此時已經有蒸餾的燒酒生產，來源可能是印度北部和阿拉伯一帶，之後從南方帶入了蒸餾酒的製作技術。另有一支是直接來自阿

拉伯地區。元代的蒙古人曾出兵西域，在西亞及阿拉伯一帶建立過「察哈台汗國」和「伊兒汗國」，這一時期東亞和西亞乃至東歐的交通被武力打開，蒙古人的馬隊馳騁在廣闊的歐亞大陸上，蒸餾酒的技術也有可能在這時期被帶入中國。不過，蒸餾酒在元代中國的普遍傳開，似乎是在 13 世紀末或 14 世紀以後，馬哥孛羅在其《東方見聞錄》（或譯作《馬哥孛羅遊記》）中記述了中國用米和麥釀造的酒，但未提及蒸餾酒一類的烈性酒。馬哥孛羅在中國的逗留期間大約是在 1275~1292 年間，即便這時已有蒸餾酒出現，大概還未達到普及的程度。在 1330 年元代宮廷的飲膳太醫忽思慧撰獻給文宗皇帝的《飲膳正要》一書中，記述了一種從南方傳入的稱之為「阿拉吉」的燒酒，在同時代的《居家必用事類全集》中出現了一種傳自南蠻的燒酒「阿里乞」，「阿拉吉」和「阿里乞」應該來自於阿拉伯語 araq，意謂「蒸發、發散」。此後，蒸餾酒的製作在中國蓬勃展開了，各地出現了一系列廣受歡迎的白酒。

那麼，日本的蒸餾酒技術是否有可能是從中國傳來的呢？答案似乎是否定的。由於元在 1274 年（當時南宋王朝還存在）和 1281 年兩次進攻日本，所以此後的一百餘年間中日之間基本上斷絕了官方的往來。直到 1401 年，主掌室町幕府的將軍足利義滿才重新恢復了與明朝中國的貿易，此後的 12 年間，曾向中國派遣了總共 11 次、計 50 艘的商船。但是在從明輸入的貨品中沒有諸如燒酒的名目，此外，似乎也沒有燒酒傳入日本的確切記錄。

根據現有的文獻和實際情形來判斷，蒸餾酒傳入日本的途徑，應該是來自南方的琉球群島。日本最早製作和盛行蒸餾酒，也就是燒酎的地區，是緊鄰琉球群島的鹿兒島周邊的九州南部。琉球群島大約在 9 世紀左右進入農耕時代，14 世紀中葉在沖繩本島建立了北山、中山和南山三個小國家，先後向明朝的中國進貢稱臣，獲得明朝的冊封，並與中國之間開展了朝貢貿易。與此同時，這一地區與朝鮮半島和暹羅、爪哇也有海上貿易。琉球的蒸餾酒技術大概傳自暹羅一帶。據 1534 年明朝派往琉球的冊封使陳侃在其所著的《使琉球錄》的記載，其所見所飲的琉球燒酒「色清而烈，來自暹羅，釀法同中國之露酒」，露酒是當時中國人對蒸餾酒的稱謂。其時蒸餾和蒸餾器的製作技術已經傳至琉球，在 15 世紀後期和 16 世紀，燒酒在琉球本島和周邊島嶼逐漸普及。

　　在近代以前與琉球發生關係的，主要是位於現在九州南部鹿兒島一帶的薩摩藩。琉球正式向薩摩派遣官方朝貢船是在 1478 年，此後，兩地之間便開始了貿易和官方文書的交換等往來，應該會有薩摩的武士見過或飲用過琉球燒酒。最初有確切文獻記載的是當時擔任薩摩藩主的島津家族的家老、作為薩摩的使者來往於薩摩和琉球之間的上井覺兼所撰寫的日記。據此記載，1515 年琉球王府曾派使臣向島津貢獻物品，其中有「唐燒酒一罈、老酒一罈、燒酒一罈」。此「燒酒」兩字，是日本有關這類酒的最早的記錄。1546 年，葡萄牙商人阿爾瓦萊斯坐船來到薩摩，逗留在現在的揖宿郡山川町，據

其所撰寫的《日本報告》，當時的山川地方，種植有稻米、大麥和小麥，但不食雞和一切家畜，飲用的有「用米製造的奧拉卡，不分身份上下，人人皆飲用。」所謂奧拉卡，原文是 orraqua，源自上文引述的阿拉伯語 araq，這裡可以理解為蒸餾酒，也就是燒酒，說明當地人已經普遍飲用用米製作的燒酒。而日本人自己最早的記錄是 1954 年在鹿兒島縣北部大口市拆除整修當地的神社郡山八幡宮時發現的一塊棟材上的文字，乃是當時的兩名木工的隨意塗寫，意思是當時的神社當家人十分吝嗇，一次也沒有讓他們喝過燒酒。落款的年月是永祿二年（1559 年）八月。令人感到興味的是，表示燒酒的漢字是「燒酎」。這說明，在 16 世紀中葉，現今鹿兒島地區的人已經普遍飲用現在的日本人所飲用的燒酎。另有證據表明，薩摩地區的蒸餾器與琉球的蒸餾器在結構上是相同的，這也是日本的蒸餾酒是來源於琉球的一個明證。

那麼燒酒一詞為甚麼在日本變成了「燒酎」呢？我們先來考察一下「酎」這個詞語。「酎」原本是源於中國的漢字，《辭海》中解釋說是「反覆多次釀成的醇酒」，在成書於漢初的《禮記》中有「天子飲酎」的記錄，在《史記》中有「正月旦作酒，八月成名曰酎」的記載。而在東漢許慎所著的《說文解字》中對「酎」的解釋是「三重醇酒也」，由此觀之，應該是一種多次釀製的酒味比較醇厚的濃酒，但並未涉及蒸餾技術。這一漢字在平安時代之前就已傳入日本。總之，原先日本人對「酎」的理解也是濃度比較高的醇酒，而非燒酒。而後

來日本之所以會產生「燒酎」一詞，大概是日本人認為「酎」是三重醇酒，至少經過一次以上的再製造，而蒸餾酒也是在初釀酒的基礎上再次蒸餾製作的酒，於是便將這類酒稱為「燒酎」了吧。另外，日語中「酎」的發音與「酒」基本相同（「酒」讀作 shu，「酎」讀作 chu）。當然，這都是今人的推測，雖有道理，但也未必能作為定論。

早年用於製作燒酎的原料，主要還是大米。但是，隨着甘薯播種面積在九州一帶的逐漸擴大，人們開始嘗試用甘薯來釀酒。甘薯最初是由南方傳入九州南部的薩摩一帶，以後逐漸北移，在江戶時代中期以後才漸漸在本州地區傳開，因此，日語中甘薯被稱為「薩摩薯」。日後在人們的印象中，鹿兒島一帶製作的燒酎主要是甘薯燒酎，其實一開始並非如此，用甘薯造酒是比較後來的事了。

進入了明治時期以後，自西方傳來了一項比較先進的蒸餾技術，這就是連續式蒸餾機。它是 1828 年由蘇格蘭威士忌的釀造家羅伯特・斯坦因（Robert Stein）開發製造的，又在 1830 年經愛爾蘭人科菲（Aeneas Coffey）的改良而獲得了專利，之後在全世界受到了廣泛的應用。這種連續式蒸餾機與原先的單式蒸餾機相比，在構造上要複雜不少，技術上也更先進。1895 年，連續式蒸餾機傳到了日本。在這之前的燒酎是用單式蒸餾機製作的，大約能獲得酒精含量 30~45% 的液體，由於工藝相對簡單，這些液體中會留存少量的雜質和原料的滋味，然後再兌入適量的水，以 25~40% 酒精度的燒酎上市。而使用連續式蒸餾機，能獲得酒精含量 90~96% 的液體，幾乎

濾去了原來酒醪中所有的雜質和異味，成為無色透明的純淨液體，在作為蒸餾酒出品時，可兌入更多的水，對於製造商而言，可獲得更多的利潤。1910年日本開始使用連續式蒸餾機製造燒酎，傳統燒酎製造地區以外的製造商，顯然對這一新的蒸餾技術更感興趣，以此生產的燒酎的產量也就更大。在戰前，用單式蒸餾機製造的被稱為「舊式燒酎」，而用連續式蒸餾機製造的則被稱為「新式燒酎」。戰後的1949年，因為酒稅法的修訂，新式燒酎被正式定為甲類燒酎，舊式燒酎被定為乙類燒酎。然而不知底裡的一般消費者也許會認為這是燒酎的等級分類，甲類要高於乙類，於是使用傳統的單式蒸餾機製造燒酎的酒坊覺得冤屈，希望政府當局更改名稱，因此在1971年乙類燒酎又可稱作「本格燒酎」，這個詞語中文也許可以譯作「正宗燒酒」。目前日本市場上這兩種燒酎同時存在，就市場的佔有量而言，也許甲類燒酎更多，但真正懂得品味的酒客，大多更推崇「本格燒酎」。儘管這類燒酎的純淨度不如甲類，但留有原本材料的滋味和香氣，更有韻味，而隨着近年來技術的改進，雜質度和不適的異味也在大大減低，酒坊獻給消費者的是品質更優良的燒酎。

傳統燒酎的最初生產地是鹿兒島，飲用者也局限於當地，後來逐漸擴展到九州的其他地區。二戰以後，百廢待興，儘管糧食嚴重匱乏，但由於市場的需求強烈，各種劣質酒充斥市面，所謂的燒酎，多半也是用工業酒精勾兌的假酒或是用腐爛或有黑斑的劣質甘薯（合格的甘薯都被政府徵收了）製成的。在1945~1948年的數年間，

每年都有成百上千因飲用假酒而死亡的人，因此，在戰後的一段時期，燒酎成了劣質酒或廉價酒的代名詞。以後，隨着整個日本經濟的恢復，作為原料的甘薯等獲得了比稻米更有力的保障，燒酎逐漸淡化了劣質酒的形象，產量一路飆升，在 1955 年曾一度達到了頂點的 27 萬千升。但也就是在這一時期，日本經濟開始步入高速增長的時代，稻米產量連年上升，民眾逐漸變得富裕，人們開始追求高品質的生活，於是清酒和啤酒的產量迅速上揚，舶來的葡萄酒受到了人們的青睞，多少還染有廉價酒色彩的燒酎屢屢受挫，產量一路下跌，經歷了將近 20 年的痛苦歲月。

經歷了不斷的波波折折之後，燒酎終於在 1975 年以後開始正式崛起，這一上升的趨勢差不多一直延續到了 21 世紀的今天。之所以會產生這樣的情形，這裡有兩個背景，實際也孕育出了兩類不同而又比較穩定的消費群。

第一個背景是在美國影響之下的年輕一代的消費觀念和生活方式的改變。1974 年前後在美國發生了一場所謂的「白色革命」，人們的興趣逐漸從原先佔主流地位的波旁威士忌酒（一種原產於美國肯塔基州波旁地區的以玉米為原料的蒸餾酒）轉向了所謂白色的伏特加酒。這原因是由於伏特加或朗姆酒是一種無色無臭的蒸餾酒，幾乎不含有營養成分或糖分，卡路里很低，最適宜於做雞尾酒的酒基，也適宜兌在其他碳酸飲料內飲用，即使飲用稍稍過量，酒醒後也很爽快，而這一切，帶有酒色的、香味濃鬱的威士忌和白蘭地都

不適宜。因此，1970 年代中期以後，「白色革命」在美國人，尤其是美國年輕人中悄然興起，又逐漸波及歐洲，人們用乾白葡萄酒兌碳酸飲料，用啤酒兌檸檬水，用金酒兌檸檬飲料，花樣百出。1970 年代的後期，日本人的生活水準已經與歐美並駕齊驅，歐風美雨時時浸染着日本人的生活方式，日本人在本國找到了一種很好的白色酒類，這就是燒酎。於是在日本誕生了一個新詞語「酎 highball（highball 在美國英語中是在威士忌或金酒中兌入蘇打水等的一種飲品，多放冰塊）」，簡稱「酎 high」，一般是指在燒酎中兌入碳酸水，再加入一片檸檬和冰塊，或者再加入檸檬汁和酸橙汁等。這樣的飲用方式在 1980 年前後迅速在日本風靡起來，大大促進了燒酎的消費。一份在 1980 年代前半期展開的現代日本人飲酒觀的調查中，半數以上的人選擇了如下幾個項目。一、通過同飲的方式加深與別人的聯繫；二、不是為了買醉而是為了求樂；三、喜歡比較明快的飲酒氛圍；四、喜歡入口比較清爽的飲品；五、酒醒要爽快；六、與料理相配。如果是這樣的話，「酎 high」倒真的比較合適，這也是燒酎能夠東山再起的一個主要的文化因素，當然，媒體的推波助瀾也是一個不可忽視的因素。這一部分人選擇的燒酎，大多為無色無臭的甲類燒酎。

第二個背景是一批真正懂酒的人，尤其是有學問有知識的文化人的推薦介紹和懷想情緒的萌生。在日本的酒文化中，用稻米釀造的清酒已經具有頗為悠久的歷史，由此而形成的文化積澱也比較深

厚，歷來王公貴族或騷人墨客所吟詠沉醉的對象也多為以大米為原料的釀造酒。相對而言，燒酎的歷史要淺得多，而且它在日本本土的發源地是在地處南隅的鹿兒島，在江戶時代中期之前，幾乎不為一般日本人所知曉。但是，隨着戰後燒酎製作技術的改良和進步，尤其是單式蒸餾機造酒技術的大幅度提升和造酒作坊的不懈努力，一度曾經被甲類燒酎完全壓倒的乙類燒酎，也就是本格燒酎，無論在內涵還是在包裝和宣傳上，都有了令人刮目相看的卓越成就。這些變化引起了一批被稱為「酒通」的文化人的矚目。1970 年代中期以後，日本社會的都市化傾向越來越顯著，從鄉野移居到城市中的上班族們，開始懷念自己的故鄉，衣食無憂的富裕起來的都市人開始厭棄過於工業化的物品，人們開始留戀工業化前的鄉村社會，懷戀手工製作的物品，更關注於自己的健康，於是，用老式的單式蒸餾機蒸餾出來的、由九州地區的家庭式作坊製作的本格燒酎，受到了人們的青睞。也許它不如甲類燒酎那麼純淨，但正是因為它留存了糧食原本的獨特滋味和香氣，使人們感到更富有鄉土的氣息。這一時期，不僅傳統的大米燒酎和甘薯燒酎已經深入人心，九州地區還研製開發出了以裸麥和蕎麥甚至是黑糖為原料的各色燒酎，豐富了燒酎的種類，它們那種不同於清酒也不同於洋酒的獨特風味，吸引了大量飲酒愛好者，並培育出了相當數量的酒客。這一類的消費者，主要是略略上了年紀、比較有文化和品位的男性，他們飲用的燒酎，基本上都是乙類或者說是本格燒酎。

在這樣的背景之下，自 1970 年代後期開始，燒酎的產量，尤其是本格燒酎的產量一路上揚。原本與燒酎製造無緣的日本各大啤酒廠商如麒麟、朝日、三得利、札幌（又譯為三寶樂）等紛紛投入巨資生產燒酎，他們的產品，更多的是將甲類和乙類混合而成的新品，力圖保持兩者的優點，也獲得了很大的市場份額，並成了各自的主要產品。燒酎的品種雖然日趨多元化，但真正受到愛酒者青睞的還是鹿兒島一帶出品的甘薯燒酎，特別是用黑麴發酵的酒。近年來，甘薯燒酎增幅比較明顯，而麥燒酎和米燒酎的產量則開始下滑。今後的一段時期，燒酎的產量將進入一個平穩期。

大致說來，現在日本的本格燒酎按原料可分為如下幾種。

泡盛。泡盛的產地在沖繩，原來是舶來品，沖繩本地原本並無「泡盛」的名稱，就叫燒酒，傳到九州後，薩摩藩主為了區分本地的燒酒和外來的燒酒，便命名為「泡盛」。1879 年沖繩被併入日本的版圖，也就算日本酒了。泡盛可謂日本燒酎的祖宗，它用沖繩地區所產的秈米（日本本土所產的為粳米）製作，通過黑麴菌發酵製成酒精度在 15~18 度的酒醪，這一過程夏天約需要 12~14 天，冬天約需要 15~17 天。然後將未經過濾的酒醪直接用單式蒸餾機蒸餾，之後移入酒罐中放上一年讓其熟成，然後再分置於陶製的密封的酒罈中，儲存在恆溫的酒窖內。隨着時間的推移，油脂成分會氧化，形成醇厚芳香的陳酒（日語稱為「古酒」），儲存時間越長，酒味就越加綿長醇厚。現在，能夠被稱為古酒的，儲存年份必須在三年以上，

且原酒的比率必須在 50% 以上，不然在標示上就不能稱古酒。目前在沖繩推出的比較權威的是「紺碧 3」、「紺碧 5」、「紺碧 7」，後面的數字表示儲存的年份，被稱為是「紺碧」的，必需百分百都是原酒。陳年泡盛被認為是燒酎的正宗。

甘薯（日語為「芋」）燒酎。主要製造地為鹿兒島縣、宮崎縣和隸屬東京都的距離本州頗遠的伊豆群島。甘薯在 17 世紀末由南洋和中國大陸正式傳入九州南部的鹿兒島一帶，鹿兒島舊稱薩摩，因此甘薯在日本被稱為「薩摩芋」或「唐芋」，主要種植於被火山灰覆蓋的鹿兒島和宮崎縣南部，現有 40 餘個品種，其中以澱粉含量高的「黃金千貫」、「紅薩摩」、「紅東」等頗為著名。以此製作的燒酎，具有獨特的甘薯香味，其中由鹿兒島縣薩摩酒造生產的「薩摩白波」最為著名。相對於零散的家庭作坊式的造酒企業，薩摩酒造的規模最大，其產量超過了全縣的一半。近來媒體熱烈地宣傳說甘薯燒酎有利於血液循環，有軟化血管之功效，除了美味，還有益於健康，於是飲用者日增，甘薯燒酎幾乎成了本土燒酎的正宗。

米燒酎。最初的燒酎都是用稻米製作的，因而歷史也最為悠久。由於日本絕大部分地區都產稻米，所以米燒酎全國都有製造，然而相對用米釀造的清酒，它的特色並不明顯，因而受歡迎的程度也就一般，其中以熊本縣球磨地方產的比較著名。球磨地方在地理環境上是一處盆地，歷史上盛產稻米，流經境內的球磨川，河水清冽，從水質上來說是最高 3.0、最低 0.6 的硬水，不適宜釀造清酒，卻宜

於製造燒酎。現在這一地區打出的主要牌子是「球磨燒酎」。這類燒酎一般分為輕柔和爽烈兩種，前者具有吟釀香系列的芳香和清爽淡雅的口味，後者則具有稻米獨有的芳香和濃醇飽滿的酒味。

麥燒酎。最初用麥做原料製作燒酎的是地處日本西北的小島壹岐。壹岐隸屬長崎縣，自古以來是東亞大陸文化傳來的交通要路，全境地勢比較平坦，適宜種植稻米和麥，是長崎縣境內比較重要的糧食產地。明治初年，當地農民將多餘的小麥用蒸餾的方式來造酒，於是誕生了麥燒酎。不過這種麥燒酎原料雖然是用麥子，但酒麴卻是用米做的，在整個比例上大概是麥子佔了三分之二，米麴佔了三分之一。當地產的比較有名的品牌是「天川」，也可譯成「銀河」。戰後的 1973 年，位於九州的大分縣日出町酒藏開發成功了用麥麴發酵的酒醪製成的麥燒酎，於是麥燒酎從酒麴到釀製的原料百分百地使用了麥子，製造出來的燒酎就具有了純粹的麥香，一時大獲好評。此後，大分縣就成了麥燒酎的主要產地，其所生產的「二階堂」、「吉四六」等品牌風靡東京一帶，大分縣也因此成了產量僅次於鹿兒島縣、宮崎縣的第三大本格燒酎出產地。

此外還有用蕎麥、黑糖為原料製造的燒酎，前者 1970 年誕生於宮崎縣，後者則出產於早年以榨製黑糖出名的奄美大島。奄美群島位於九州南端的鹿兒島與沖繩群島之間，原本與沖繩的聯繫更緊密些，17 世紀以後劃入薩摩藩的管轄範圍，現隸屬鹿兒島縣。以蕎麥和黑糖為原料製造的燒酎各有特色，也有相當一批愛好者，但在燒

酎中不佔主流。

　　燒酎的酒精度一般在 25~40 度之間，且以 25~35 度者居多，以中國人的眼光而論，連低度白酒都有點不夠格，酒精度數比威士忌還低。但即便如此，在日本幾乎沒有人直接飲用的，一般必須兌水，冷熱均有，用減壓蒸餾法製造的兌涼水，比如著名的本格燒酎「築紫」白標，而用常壓蒸餾法製造的兌熱水，比如「築紫」黑標，各有風味。配兌的比率當然因人而異，但一般水的比率都在 70% 左右，在中國人看來，真的有點味同飲水了。當然，還可像威士忌一樣放入冰塊，慢慢品啜。就我個人而言，更喜歡後者。就像清酒一樣，日本各地，尤其在九州，有不少專門品嘗燒酎的居酒屋，雲集了一批真正懂酒的通人。

洋酒的傳入和興盛

　　初到日本訪問的 1990 年代初期，那時中國幾乎還沒有洋酒供應，只有在極少數高級酒店內，開始出現了酒吧，因此初到日本時，看到一般民眾光顧的酒類售賣店裡琳瑯滿目的洋酒以及大街小巷邊的各色精緻的酒吧，感到頗為驚訝。其實近代日本人接觸洋酒的歷史，與中國人差不多，而中國人欣賞葡萄酒的經歷，則遠在日本人之上，只是那時中國人因為政治的原因，長期暌隔外部世界，洋酒甚至與政治的意識形態連在了一起，想起來也實在是荒唐。

　　洋酒是一個泛稱，並沒有非常嚴謹的定義，中國如此，日本也是如此。日本雖有「東洋」一詞，但是來自或是隸屬東洋的人或物都不會冠之以「洋」。曾任東京葡萄酒研究院理事長的的場晴將其理解為「排除了日本酒和中國酒的外來酒」，基本上不錯，不過好像也太寬泛了一點，根據一般的常識以及酒稅法的分類，本書中指葡萄酒、啤酒、威士忌、白蘭地等近代來自西洋的酒，重點論述屬於釀造酒的葡萄酒（在日本的酒稅法中，葡萄酒被列入果實酒類）和啤酒。

　　人類飲用葡萄酒的歷史要比穀物酒更悠久。根據現有的常識，

葡萄樹的栽培距今七千年前就出現在西亞的高加索地區和敘利亞一帶了，大概在一千年之後，在底格里斯河流域的蘇美爾地區就已經有了葡萄酒的釀造，此後這一地區受到了閃族人的統治，後來誕生了古代巴比倫國家，在人類最早的法典《漢莫拉比法典》中就記載有葡萄酒稅，可見當時葡萄酒的飲用已經比較普遍。另外，在古代埃及也很早就開始了葡萄的種植和葡萄酒的釀製，在第十八王朝（約公元前 1580 年左右）王室墳墓的壁畫中，有描繪人們收摘葡萄、釀造葡萄酒的圖景。葡萄酒釀造的技術後來經由腓尼基（現敘利亞、黎巴嫩一帶）人傳給了古希臘人，又從古希臘向西傳到了他們殖民地的意大利、西班牙、法國南部和北非地區，到了古羅馬時代，已經誕生了用酒桶儲藏的技術，人們了解到了酒桶在恆溫的酒窖中儲存越久酒就越醇厚的知識。中世紀時，由於紅葡萄酒被視作耶穌的血，各種祭祀活動都不可或缺，葡萄酒的釀製一直維持了下來。17世紀時由於玻璃生產技術的改進和軟木栓的應用，葡萄酒的製作和儲藏基本上已經達到了今天的水平，之後隨着歐洲國家在全世界的擴張，葡萄酒也傳遍了世界各地。

由於古代中國的西域與中西亞地區交往比較頻繁，葡萄的栽培和葡萄酒的釀造較早就從西域一帶傳入中土。《史記·大宛別傳》中記載說：「其俗土著，耕田，田稻麥，蒲陶酒。」大宛在西漢所設的西域都護府的最西端，也就是今天的新疆和哈薩克斯坦交界的地方，距今 2 千年前已有葡萄酒的釀製。現在被認為是成書於漢魏時

期的《神農本草經》（最後的成書年代仍有爭議，但基本內容應該形成於漢魏時期）中有對葡萄的比較詳細的介紹：「蒲陶，味甘平，主筋骨濕痺，益氣倍力，強志，令人肥健，耐飢忍風寒，久食輕身，不老延年，可作酒，生山谷。」魏文帝曹丕（187~226年）在《詔群臣》一文中說葡萄「又釀以為酒，甘於麴糵。」但在唐代之前葡萄的種植以及葡萄酒的釀製似乎並未普及，北宋時期撰修的《太平御覽》中說：「葡萄酒西域有之，前代或有貢獻。」同為成書於宋代的《南部新書》記載：「（唐）太宗破高昌，收馬乳葡萄種於苑，並得酒法。仍自損益之，造酒成綠色，芳香酷烈，味兼醍醐，長安始識其味也。」如此看來，唐代以前，中原地區的一般民眾對於葡萄酒並不熟識。中唐以後，有關葡萄酒的記載和吟詠屢屢見諸文獻，尤其是詩人的歌唱，王翰「葡萄美酒夜光杯，欲飲琵琶馬上催」的詩句則是家喻戶曉的了。不過，這裡的地域，依然在西部，而且在近代以前，葡萄酒也始終未能成為中國的主要酒類，這與葡萄未能獲得大面積的種植有直接的關係，這裡涉及地理環境和人們的口味喜好等因素。

　　日本在16世紀葡萄牙人傳來葡萄酒之前有否出現過葡萄酒，沒有明確的歷史記載。在唐代的兩百餘年間，日本曾派遣了十多批使臣出訪中國，如果如《南部新書》所述，唐太宗時開始在長安一帶釀製葡萄酒，日本的遣唐使應該也可能接觸過葡萄酒。在奈良的正倉院（建造於8世紀中葉的用來珍藏奈良時代皇室文物書籍等的庫藏）中藏有玻璃器皿和銀製的酒器，由此觀之，當年經絲綢之路傳來的

西域文化在日本也留下了一定的痕跡，但依然不能確定那時的日本人是否飲用過葡萄酒。現在可見的最早記錄，是出生於西班牙的聖方濟各・沙勿略於 16 世紀中葉，作為抵達日本的第一個西方傳教士，向山口的領主大內義隆貢獻的珍陀酒（vinho-tinto，紅葡萄酒之謂），此後也有少量的葡萄酒通過南蠻貿易傳到過日本，但沒有廣泛傳開。

近代日本人感覺到葡萄酒的存在，是 1867 年，即明治時代開始的前一年，受到駐日法國公使的邀請，江戶幕府派出了由將軍的弟弟德川昭武為正使的代表團參加在巴黎舉行的世界博覽會的時候。其時法國近代葡萄酒的生產正處於蒸蒸日上的時代，波爾多地區的葡萄酒名揚海內外。當時的代表團中有一個叫田邊太一（1831~1915年）的人，以公使館秘書的身份一同參加了世博會的活動，隨後又出訪了歐洲諸國，算是在日本較早見過外面世界的人。回國後，田邊在開埠後的橫濱經營起進口生意，波爾多葡萄酒是主要商品。後來從歐洲留學歸來的磯野計也在橫濱開設了一家名為「明治屋」的商舖，經營的葡萄酒主要也是波爾多的產品。因此在戰前的日本，說起葡萄酒，人們大都會推崇波爾多，其源頭蓋在於此。當然，由於價格高昂，能接觸到這些高檔葡萄酒的，只限於在日本的洋人、在鹿鳴館內舉行西式酒宴的達官貴人和少數富裕的知識人。除了日本人經營的洋酒商行外，也有外國人開的舖子，所出售的葡萄酒，八成來自法國，此外也有美國、德國、西班牙、意大利、葡萄牙的

產品。但一直到昭和初年，葡萄酒的銷售和飲用始終停留在中上層階級。

　　進入明治時代後，日本人開始想自己嘗試釀造葡萄酒和啤酒。開風氣之先的不是東京大阪，而是在地處偏遠的北海道。北海道雖然在遙遠的北方，但因是一個完全的新開墾地，不存在傳統的保守勢力，而且一開始就聘請了大量的歐美人來做開發的指導，維新的氣氛濃烈。明治三年（1870），北海道的開拓使在函館北部的天領農場開始嘗試種植用於釀酒的葡萄，並在 1873 年出版了一冊《西洋果樹栽培法》的書籍。經過若干年的試驗，他們在札幌的官營果園裡收穫了葡萄，並於 1877 年在一家麥酒（後來稱為啤酒）釀造所中嘗試葡萄酒的釀製，使用原料 35 石（一石約為 180 升），費去大量資金，結果發現得不償失，終於放棄了這一計劃。距離北海道僅隔着津輕海峽的青森縣弘前的清酒釀造商藤田半左衛門，自明治八年（1875）起在傳教士的指導下開始了葡萄酒的釀造。他從北海道的開拓使那裡購入了數種歐洲種的葡萄樹加以培育，並讓自己的兩個兒子共同參與，雖然取得了一定的成功，但在 1886 年時遭遇了一場嚴重的病蟲害，因此而一蹶不振。

　　另一個比較早就種植葡萄樹並試圖釀造葡萄酒的地方是在東京西北面的山梨縣。據《明治事物起原》的記載，當時的山梨縣知事藤村紫朗是一個維新派人物，對葡萄酒的釀製甚感興趣，他獲知葡萄樹主要生長在山坡地帶，而山梨縣境內山巒起伏，稻米產量不豐，

他有意引進葡萄種植並進行葡萄酒的釀製，以振興當地經濟，於是在 1877 年成立了藤村葡萄酒釀造會社，開始在山梨縣種植葡萄，不僅引進外國的葡萄樹種，還培育成功了本地的「甲州種（山梨古稱甲州）」。但是葡萄酒的釀造需要專業的人才，當時日本非常缺乏掌握新知識的專業人士，除了設法在國內網羅之外，還在 1877 年 9 月派遣了高野積成等兩人專門到法國去學習釀造技術。兩年之後他們回到日本，利用山梨縣境內栽種成功的葡萄釀造了 150 石的葡萄酒，之後又釀造了幾次，但終因技術不過關，釀造出的葡萄酒發生了酸敗現象，公司落到了解散的境地。之後被民間企業家宮崎光太郎收購，改名為大日本山梨葡萄酒會社，以最適合葡萄種植的勝沼地區為基地，培植適合本地風土的良種葡萄，於 1889 年生產出了「甲斐產葡萄酒」並推向市場，三年後改為「大黑天印甲斐產葡萄酒」，雖然未能達到堪與歐美進口的洋酒相媲美的高級葡萄酒的水準，但山梨的葡萄酒也慢慢出了名。不只是酒，山梨縣全境降雨量較少、冬季寒冷、夏季高溫的自然環境頗適合葡萄的生長，附近的農家也紛紛仿效，這裡開始大規模的廣泛種植葡萄，不僅有宜於釀酒的品種，還有很多供食用的良種葡萄，如今已是日本最大的葡萄出產地，且品質優良，在全國享有很高的聲譽。為謀生路，種植葡萄的農家自己也紛紛開始了葡萄酒的釀造，政府方面也給予鼓勵。至 1936 年時山梨縣境內釀酒的農家竟達到了三千多家，但是規模都相當小，產品也主要供應本縣，並沒有形成左右市場的巨大能量。如今，山梨

縣內釀酒的廠商和農家的數量已經減少到了一百家左右，這一方面是產業結構整合的結果，但另一個原因，是適合於當地風土的引種的美國葡萄樹種雖然有較強的抗病蟲害的優點，但距離釀出美酒的要求還有一定的差距，近來日元升值之後，難以與價格比較低廉的進口葡萄酒相抗衡。

不過，從影響的程度上來說，山梨縣葡萄酒的出名似乎還是稍後的事，使一般民眾感覺到葡萄酒存在的，也許是日本人自己創製的帶甜味的所謂紅葡萄酒。1879 年曾經在橫濱的法國酒商手下工作過的神谷傳兵衛與人合作創製出了一種品牌曰「蜂印香竄葡萄酒」的改良酒，後來人們一般稱之為「蜂葡萄酒」。它其實不是一種純粹的葡萄酒，而是以紅葡萄酒為基本原料，再加上蒸餾酒、甜味甚至藥材，組合成一種口味甘甜、酒味濃烈、具有滋補作用的飲品，一般的家庭甚至學校的保健室中都會置放一瓶，身體若有不適時喝上幾口，具有提神醒腦、強健體骨的作用。比「蜂葡萄酒」更出名的是由聲名顯赫的三得利的創始人鳥井信治郎在 1907 年 4 月創製的「赤玉葡萄酒」。在這之前的 1899 年，鳥井信治郎在大阪創辦了一家鳥井商店，銷售各種酒類，後來自己動手造酒，取名「赤玉」。所謂「赤玉」，在日語中就是紅太陽之謂，酒瓶的標貼上也畫着一個紅太陽。其製造法與「蜂葡萄酒」可謂異曲同工，是將西班牙進口的紅葡萄酒配上甜味和酒精成分，然後着力推銷，實際上這是一種調製酒。三得利在廣告上做得很成功，特別是 1922 年推出的半裸少女像的招

貼畫，在當時的日本可謂是大膽的設計，給人印象深刻，帶動了商品的銷售，在戰前，「赤玉」差不多成了日本最出名的葡萄酒，這也因此對一般的日本人造成了一種誤導，以為葡萄酒都是甜的。就像戰前的西洋料理具有濃重的日本色彩一樣，葡萄酒的形象也被日本化了。

　　一般日本人真正認識葡萄酒，恐怕是在戰後經濟發展起來的年代。1960 年代以後，隨着民眾購買力的提升和海外旅行的走熱，人們開始欣賞比較純粹的西洋料理，由洋人製作或是由專門在海外研習歸來的日本人烹製的接近原味的法國菜和意大利菜受到了都市人的青睞，相應地帶動和提升了對真正葡萄酒的認識。隨着日元的日益升值，來自世界各地的葡萄酒出現在了大眾的視野中，日本本土的葡萄酒廠商也力圖使自己出品的葡萄酒能夠達到世界先進水平。在這樣的背景下，由日本國內 15 家比較大的葡萄酒釀造企業發起成立了「日本葡萄酒釀造商協會」，總部設在東京都中央區，現在已經擁有 38 家會員企業和 3 家準會員企業。大約從 1970 年代末期開始，日本出現了一個包括葡萄酒在內的洋酒熱。據日本國稅廳的統計，1975 年時，日本市場上供應的葡萄酒總共僅為 31 千升，其中進口的更少，只有 7 千升，但到了 2000 年，總量達到了 269 千升，進口的葡萄酒為 166 千升，是 25 年前的將近 24 倍。以後的總量稍有減少，但大致仍在 250 千升左右。如今，在日本的市場上人們不僅可以隨處購買到法國、德國、意大利、西班牙、奧地利等歐洲傳

統的優良葡萄酒，也可方便地品嘗到美國、智利、阿根廷等美洲的葡萄佳釀，除少數的名品之外，價格大致與國產酒相當。國產酒中，三得利和山梨縣產的葡萄酒佔了相當的份額。

　　儘管日本全國都市化的程度很高，城鄉差別已經很小，但葡萄酒畢竟屬於洋酒，正式在日本傳開也不過一百多年的歷史，它的飲用，一般總是與西洋料理相關聯，因此，就全國區域而言，其消費量的地區差別還是非常明顯。有一份 2003 年的統計顯示，日本各地的消費量比率，東京、橫濱等大城市所在的關東地區（包括山梨縣）佔到了將近一半的份額，大阪、京都、神戶等大城市所在的近畿地區和名古屋等大城市所在的中部地區也佔去了相當的比率，三者相加，佔到了全日本的 77%。

　　說到葡萄酒的生產，目前最大的製造商應該要推在中國家喻戶曉的三得利。三得利當年即是以釀造葡萄酒起家，後來其所生產的「赤玉」，在戰前就已深入人心。1970 年代末期葡萄酒熱掀起後，三得利在提升品質上傾注了頗大的努力，並竭力與世界上著名的葡萄酒製造商合作，以提升自己的地位。1983 年，它取得了法國波爾多地區的名門 Chateau Lagrage 的經營授予權，1988 年又獲得了德國的 Robert Weil 釀造所的經營權，這在歐美地區以外可謂都是破天荒的情形，也使得三得利的品牌具有了相當的權威性。雖然現在進口葡萄酒的數量已經超過了國產品，但因為整個消費基數在增大，國產葡萄酒的產量較 30 年之前，依然有了數倍的增長。

與上述的葡萄酒飲用量上升的大勢相對應，日本於 1976 年在原來的飲料販賣促進研究會的基礎上成立了葡萄酒品酒師協會（J.S.A），大力推進葡萄酒品嘗的專業化程度。之後又在全國各地設立了分會，並在 1986 年加入了國際葡萄酒品酒師協會，積極參加國際上的品酒競賽活動。1995 年，由日本葡萄酒品酒師協會承辦的第八屆國際葡萄酒品酒師大賽在東京舉行，東京出身的時年 37 歲的田崎真也一舉奪得了第一名，徹底打破了歐美人一統天下的局面，這使日本人感到揚眉吐氣，歡欣鼓舞，也使得本來已經比較紅火的葡萄酒的人氣急劇攀升。田崎真也不到 20 歲時就赴法國研習葡萄酒的釀製，三年後歸國，苦心鑽研，曾在 1983 年舉行的日本第三屆全國葡萄酒最高技術賞大賽上一舉奪魁。1995 年獲獎之後，他幾乎成了一位家喻戶曉的名人，在各種媒體上頻頻亮相。1997 年他在東京銀座開設了葡萄酒沙龍，又成立了相應的公司，主編葡萄酒雜誌，1999 年還獲得了法國波爾多市的獎章。如今，他自己開設了名為 wine!wine town 的網站，普及葡萄酒的知識。與此同時，日本葡萄酒品酒師協會也在 1996 年舉辦了第一屆全日本最優秀葡萄酒品酒師大賽，迄今已經舉辦了四屆，同時還推行葡萄酒指導師和專家的資格考試和認定，出版機關刊物 *Sommelier*（即葡萄酒品酒師）雙月刊，其他有關葡萄酒的出版物也可謂林林總總，在書店中佔據了相當的位置。在這樣的社會氛圍中，對於葡萄酒的了解和品評，已經成了中上流社會中教養的一部分，一般的日本人，尤其是社會名流，

都不甘落伍，積極汲取相關的知識，生怕自己在公共場合遭人恥笑，其結果是，大大提升了日本人在葡萄酒方面的素養。

不過，也不必過分誇大葡萄酒在日本的市場，因為葡萄酒的飲用，畢竟只局限在西洋料理的場合，葡萄酒本身與日本料理並不十分吻合，儘管在現在的日本哪怕是非常偏僻的鄉野，也都有頗具品位的西餐館，但是上了年紀的地方上的居民，日常的飲食還是以傳統的日本料理為主，他們也許更喜歡飲用日本的清酒或燒酎。因此，即使如今的葡萄酒消費量是 30 年前的 8 倍多，但在整個日本酒類消費市場上僅佔 2.7%（2005 年的統計，10 年前的 1995 年為 1.6%），目前葡萄酒的消費已經處於一個成熟而穩定的階段。除了在大型百貨公司的地下食品館和超市之外，日本各地都有許多規模不小的酒類專賣超市，可供選擇的品種極為豐富，價格也頗為公道，飲用洋酒在日本毫無奢侈的感覺。

與初期葡萄酒在日本的釀造屢屢受挫的情形相比，啤酒的命運要好得多，當然，萬事都不可能是一帆風順的。由於啤酒是用大麥和啤酒花釀造的，所以在日本最初被稱之為麥酒。19 世紀中期，日本國門被迫打開，江戶幕府的末期，西洋的風物已經陸續傳了進來，在飲食上也是如此。當時已經有一些如蘭學（江戶時代以荷蘭為首的西洋學問）家川本幸民這樣的先進開始嘗試釀造啤酒了，不過只是處於試驗的階段，釀出的啤酒也主要供同好品嘗，並無商業的企

圖。進入明治時代以後，歐美的酒類、飲料和肉食等紛紛在開埠的沿海港口城市出現。1870年，挪威出生，跟從德國啤酒釀造技師學習啤酒釀造技術後加入了美國國籍，並於1864年來到日本的威廉‧科普蘭（William Copeland）在橫濱山手開設了日本第一家啤酒作坊，向英美人提供瓶裝的熟啤，向德國人則供應巴伐利亞風味的啤酒。在歐風美雨的催化下，不少日本人也開始躍躍欲試，拜洋人為師，自己動手釀造，較早的是甲府（現山梨縣）出的野口正章，他向科普蘭學習啤酒釀造技術，在明治六年（1873年）製造了品牌為「三鱗」的麥酒。

堂堂正正打出日本人自己品牌的，大概要算1876年9月北海道開拓使廳開設的釀造所推出的札幌麥酒。北海道是一個新開墾之地，明治以後處處開風氣之先，啤酒的釀造也不甘人後。請了在德國研習多年歸國的中川清兵衛擔任主任技師，釀造所設在札幌市北二條東四町目，原料用來自美國品種的大麥，技術採用德國的方法，翌年向東京推出了以北極星為標記的札幌啤酒，大獲好評，當時售價為大瓶16錢，小瓶10錢。這是如今在日本啤酒市場上佔據第三位的札幌啤酒的起源。後來北海道開拓使廢除後，釀造所出售給民間，1887年日本近代著名的企業家澀澤榮一等收購了這家企業，改名為札幌麥酒株式會社，規模逐漸壯大起來。

明治二十年（1887），東京的一批企業家成立了日本麥酒釀造會社，從德國請來專家指導，在1890年2月推出了「惠比壽啤酒」（至

今仍是日本高檔啤酒的一個品牌），並在 1899 年在東京銀座開設了惠比壽啤酒廳。1889 年 11 月，大阪麥酒會社成立，並於 1892 年推出「朝日啤酒」（最早的漢字表示是「旭」，在日語中「旭」與「朝日」的發音相同，後來曾改為「朝日」，如今已不用漢字，用片假名或羅馬字母 Asahi 表示），並在 1893 年的芝加哥博覽會上獲得最優等獎，1900 年又在巴黎世博會上獲得金獎，這大大鼓舞了日本人釀造啤酒的信心，這一年，朝日啤酒首次生產出了日本的瓶裝生啤。1907 年，後來成為另一家日本啤酒製造巨頭的麒麟麥酒株式會社也宣告成立，這家公司的前身是早年由挪威出生的美國人科普蘭在 1870 年創建的啤酒製造公司，推出的「麒麟啤酒」聲譽日隆。到了明治後期，日本國內出現了幾十家啤酒釀造商，並形成了札幌、日本、大阪和麒麟麥酒四大廠商激烈競爭的局面。1906 年，札幌、日本、大阪三家合併，成立了大日本麥酒株式會社，佔據了日本啤酒市場的 70%。1912 年時，國產啤酒的產量達到了 20 萬石（36,000 千升），其中大日本麥酒旗下的札幌、惠比壽、朝日三大品牌的產量是 15 萬石，麒麟麥酒的麒麟約為 3~4 萬石，四大品牌佔據了整個日本啤酒市場的 90% 以上。之後，日本的啤酒生產和消費一直處於一個比較穩定發展的時期，直至日本當局發動了大規模的對外侵略戰爭，整個社會陷入了艱難困苦的非常時期。1943 年政府當局取消了所有的啤酒商標，一律改為單一的毫無風情和趣味的「業務用麥酒」。

戰後，根據美國佔領當局的改革方針，為了防止過度的集中和

壟斷，將大日本麥酒株式會社分割為日本麥酒和朝日麥酒兩家公司，前者沿用了「札幌」和「惠比壽」的商標，而朝日則繼承了「朝日」的品牌。1958 年 9 月，朝日推出了日本最早的罐裝啤酒，並在 1971 年將其改為鋁製的易拉罐。1964 年 1 月，日本麥酒更名為札幌啤酒株式會社，「惠比壽」的品牌曾一度銷聲匿跡，但在 1971 年底，經過札幌啤酒株式會社的反覆研製，推出了廢棄一切副料而在日本首次純用 100% 麥芽的德國口味的新「惠比壽」，由此「惠比壽」啤酒成了日本高檔啤酒的代名詞。

目前日本的啤酒業界基本上由四大公司唱主角，從市場的佔有率而言，依次的排列分別是朝日、麒麟、札幌和三得利。1987 年，朝日推出了至今在日本啤酒市場上依然長盛不衰的「辛口」生啤「朝日超級乾爽」（Asahi Super Dry），這在當時的日本啤酒業界幾乎具有革命性的意義，人們常到了一種嶄新的口味，一種清爽而又刺激的口感，「超級乾爽」由此成為朝日啤酒不可搖撼的王牌產品，引領朝日的市場份額一路走高。2001 年朝日在啤酒和發泡酒的市場上奪得了銷量第一位，與其互為伯仲的是麒麟。麒麟是朝日最強有力的對手，也曾屢屢位列業界第一，其在 1990 年 3 月開發上市的「麒麟一番榨（生）」，以其選用原料的上乘、製作工藝的先進、口味的純粹爽快而贏得了大量的飲用者。札幌的拳頭產品分別是「札幌（生）黑標」和上面提到的「惠比壽」。三得利的主打產品是「The Malt's」，前幾年新推出的高檔品牌「The Premium Malt's」曾在比

利時舉行的名曰 Monde Selection 的世界酒類大獎賽上連續三年（2005~07 年）奪得啤酒類的金獎，這令啤酒屆老四的三得利頗感自豪。除此之外，日本還有一家本部設在沖繩名護市的 Orion 的啤酒釀造公司，創業於戰後的 1957 年，在現存的釀酒公司中歷史最短，規模也最小，原本只是面向沖繩市場，但在 1990 年代以後開始衝擊日本本土的關東和關西地區，以「Orion Draft」為主打品牌，雖然引起了世人的注意，但要與原先的一些大老一決高低，畢竟還是勢單力薄，力不從心。不過，它倒是一家純粹的啤酒製造商。

說到現在的日本啤酒，這裡要舉出兩個日本獨有的情形。一個是所謂的「發泡酒」，另一個是中國人聽來很陌生的「地啤酒」。

所謂的「發泡酒」是一個產生於 1990 年代中期的概念有些模糊的新名詞。根據日本 2006 年 3 月新修訂的《酒稅法》，除水和啤酒花之外的其他原料中麥芽的佔比不超過 50%（原本是 66.7%，即三分之二），就可列入發泡酒。事實上現在的日本市場上的發泡酒，麥芽的使用比率都在原料的 25% 以下。至於其製作工藝，大致與啤酒相同，酒色和口感也與啤酒非常相近，泡沫豐富，入口清爽，外行人甚至都難以分辨。由於它成本的降低，再加之酒稅比較低，因此價格至少要比啤酒低廉三分之一到四分之一（日本的啤酒價格相對比較整齊，一般各品牌的價格差只在 3~10%），開發上市後，立即就風靡了全日本。三得利在 1994 年 10 月率先推出了號稱發泡酒的「Hops（可譯為啤酒花）」，不過當時它的麥芽是用率還在 65%，

翌年札幌開發出了麥芽比率在 25% 以下的「Draft」，之後三得利自己也推出了 25% 以下的「Super Hops」，札幌緊跟着推出自己得意的黑標發泡酒。1996 年 10 月酒稅法對發泡酒的稅率進行了修正，降低了稅率，於是各啤酒廠商便風起雲湧，積極開發出各種口味獨特新穎、深受消費者喜愛的發泡酒，甚至根據不同的季節推出風味各異的新品，諸如「常夏」、「品味秋生」、「冬道樂」，還有麒麟的「麒麟淡麗（生）」、「白麒麟」，朝日的「本生 Off Time」等等，甚至連後起之秀的 Orion 啤酒釀造公司也積極跟上，推出了「鮮快生」、「南國物語」等，一時市場上可謂群雄逐鹿，繽紛絢麗，到 2000 年時產量達到了 175 萬千升。但是 2003 年 5 月當局又修改了《酒稅法》，提高了發泡酒的稅率，實際達到了 33.5%，廠商面臨着嚴峻的成本壓力，不得不調整價格，發泡酒的產量因此而下挫，04 年的產量降低為上一年的 92%，05 年的產量是上一年的 75%，06 年是上一年的 83%，連年下跌。儘管如此，發泡酒已經贏得了很好的口碑，如果把近年來各廠商開發出來的新品種也歸入其內的話，它目前的產量幾乎已經達到了與啤酒相抗衡的地步，是一個絕對不可小覷的存在。幾年前，在廠商的推動下，日本成立了「思考降低發泡酒稅會」，聯絡民意，公佈各種相關信息，向政府當局施加壓力，獲得了消費者的共鳴。

「地啤酒」也許可以解釋為大啤酒製造商以外的、地方上的小啤酒作坊釀造的啤酒。不過，這與我們中國遍佈各地的地方啤酒廠生

產的地方品牌的啤酒有較大的不同。首先，日本所謂「地啤酒」的釀造歷史嚴格而言是很短的，1994 年 4 月前的《酒稅法》規定，只有年生產能力在 2,000 千升以上的廠商才有資格生產啤酒，這意味着大瓶裝的啤酒產銷量每年必須在 300 萬瓶以上，這對於四大企業幾乎已經完全分割了市場的地方上的小作坊來說幾乎是不可能的，因此，當時在日本只有岐阜縣和熊本縣各有一家。但是 1994 年《酒稅法》修訂之後，將這一標準從 2,000 千升驟降為 60 千升，如此一來，不僅在生產投資上要容易得多，而且年銷量只要在 9 萬瓶就可以了。門檻降低後，全國各地的啤酒作坊立即如雨後春筍，紛紛崛起。1995 年出現了 18 家，1996 年達到了 83 家，1997 年猛然增加到了 186 家，至 1998 年則升至 230 家，產量也從 1995 年的 1,800 千升升到了 1998 年的 52,000 千升，雖然產量還只有全國總產量的 1%，卻是聲譽鵲起，成了當地和愛好飲酒的旅行者們追逐的對象。與中國的地方廠商製造的啤酒主要供應當地市場（多數的情形是佔據了當地大部分市場）且價格相對低廉的情形不一樣，日本的「地啤酒」的市場佔有量非常小，它主要是啤酒作坊的產品，非常講究它的手工性和風味的獨特性。「地啤酒」的英文表現是 craft beer，意為「手工製作的啤酒」。中國的地方品牌啤酒往往是品質一般的雜牌酒，而日本的「地啤酒」則多是高檔啤酒或是風格獨特的代名詞，它一般並不在通常的市場上銷售，幾乎每一個作坊都擁有自己開設的啤酒館和專賣店，年產銷量 9 萬瓶，每天只需銷出 300 瓶就可以了。啤

酒的製作人也未必旨在盈利，更多的是尋求一種生活的品位和樂趣。

也有人對「地啤酒」不以為然，覺得原料的麥子和啤酒花都是國外進口的，釀造的技術也是引進的，唯一有特色的也就是當地的水罷了。也許是這樣。但是日本自室町時代起就建立了並一直傳承着精進執着、苦心鑽研的所謂「職人」精神，這些「職人」們十分在意自己的名譽和周圍的口碑，在啤酒的研製上殫精竭慮，全力以赴，希望形成自己的特色。日本人又十分注重細節，製造者和消費者都會細心體味產品在細微處的獨特性。與清酒和燒酎的釀造一樣，各地都非常注重選用清冽甘甜的清泉水或是伏流水，與大都市周邊的大型製造廠的水源相比，綠蔭覆蓋的山鄉的水質確實更勝一籌，加之小批量的生產，在原料和工藝上往往精益求精，經媒體的適當渲染後，便引起了很多都市人的濃烈興趣，週末常常開着車專程去尋訪所謂的「地啤酒」。這一酒文化的內涵，與德國存在着某種相似性。

威士忌雖然隨着日本國門在近代的打開和葡萄酒、啤酒一起在江戶幕府末年和明治初期由西洋人傳入日本，早年也有在西洋人和日本人開設的店舖中出售，但是日本人的製作和飲用相對是比較晚近的事。被譽為是日本威士忌之父的竹鶴政孝（1894~1979年），出身於廣島的釀酒世家，1918年赴英國留學，進入格拉斯哥大學化學系攻讀應用化學，掌握了威士忌的製造方法後於1921年歸國，兩年後進入三得利前身的壽屋株式會社，幫助三得利的創始人鳥井信治

郎在京都北部的山崎創建了日本第一家製造威士忌的工廠「山崎蒸餾所」。優良的威士忌，除了製作原料和技術之外，貯藏的條件也非常講究，之所以選擇在山崎建廠，是因為這地方背倚天王山，南面桂川、宇治川、木津川三川交匯口，三條河流的水溫各不相同，河對岸是男山，再往南面是京都盆地和大阪平原，這裡恰好是一個狹窄的關口，經常霧氣升騰，這樣濕潤的氣候對威士忌的貯藏很有裨益，且擁有豐富的優質水源。要出品優良的威士忌，多年的貯藏是一項必不可少的工藝，製成的酒放入橡木桶內，貯藏於恆溫的地下酒窖，酒在適宜的條件下在橡木桶內發生緩慢而複雜的化學反應，若干年後才能成為上品的威士忌酒。因此山崎蒸餾所所生產的威士忌不可能立即上市，直到 1929 年才初次推出品牌為「白扎（也就是白標）」的威士忌。當時的售價為 4.5 日元，差不多相當於一般日本人家庭一個月開銷的十分之一，應該說是相當昂貴的，且當時的日本人也並不習慣這樣的酒味，儘管傾注了大量的人力和資金，並在報上大做廣告，卻無法打開銷路。當時只有極少數的上流社會人士有時會飲用威士忌，對他們而言，價格高昂的舶來品威士忌更多的是一種身份的象徵，而國產的威士忌並不能給他們帶來這種感覺。第二年，三得利又推出了「紅標」，依然未能引起市場的強烈反響。

1934 年，竹鶴政孝退出三得利，自立門戶，在遙遠的北海道余市町創辦了「大日本果汁株式會社」，簡稱「日果」，戰後的 1952 年改名為「日果威士忌」，專門生產威士忌。1937 年，三得利經過了

多年的鑽研和試驗，加之貯藏的年份也達到了一定的時期，終於在1937 年推出了方形酒瓶（日語稱為「角瓶」）裝的三得利 12 年威士忌。這一款酒雖然獲得了好評，也打開了一定的銷量，但隨着日本對外侵略戰爭的日益擴大，國內的經濟迅速陷入困境，國產威士忌也與其他酒類一樣受到了嚴重的限制。

事實上，日本民眾真正接受威士忌酒，是在戰後。1960 年前後，隨着日本人飲食生活的日益歐化及經濟的恢復和發展，威士忌開始受到都市男性的喜愛。1960 年，三得利為紀念創業 60 週年，隆重推出了貯藏 12 年的 royal（皇家版），並將酒瓶從普通的長方形改成漢字的「酉（原意為酒器的一種）」字形，「酉」字最上面的兩點設計成日本神社前鳥居形狀的瓶蓋，含蘊了較深的東方文化的內涵，第一次建立起了日本自己的威士忌的形象，立即受到了市場的矚目，由此三得利威士忌不再是舶來品的簡單的模仿，而真正擁有了日本威士忌的品位。威士忌的種類，大致可分為純麥芽釀製和混成酒（由數種威士忌或蒸餾酒兌成）兩大類。1984 年，三得利研製成了單一麥芽製成的威士忌的高級品牌「山崎 12 年」，顯然取名於日本最早的山崎蒸餾所，由此賦予了它歷史的內涵，顯得內斂、高雅、尊貴，成了日本威士忌的尊品，並在 2003 年的國際蒸餾酒挑戰大賽（International Spirits Challenge）上獲得了威士忌酒類的最高金獎，這也是日本的威士忌首次在國際上獲得大獎。1989 年，三得利在它的創業 90 週年之際又深思熟慮地推出了威士忌的混成酒「響

17 年」，通過各種宣傳，賦予了它深沉的文化內涵，成了日本威士忌的另一個標誌性產品。2004 年在國際蒸餾酒挑戰杯大賽上，「響30 年」榮獲了整個大賽的最高金獎。稍後的 2007 年，由「日果」出品的「竹鶴 21 年」獲得了由英國的權威雜誌《威士忌雜誌》社舉辦的世界威士忌大獎賽（World Whiskey Awards）的純麥芽威士忌的最高獎。

　　值得注意的是，就如同葡萄酒和啤酒一樣，最初的威士忌釀製技術也都是從西方引進的，但是此後的改良、改進以及整體品質的提升和細節的吟味，都是日本人自己努力的結果，而並非借助合資的外在力量。進入 21 世紀後的這一連串的國際金獎，奠定了日本威士忌的世界性地位，事實上，日本的威士忌已經打開了它在國際市場，尤其是歐美市場上的銷路，並贏得了不錯的口碑。上述的這些日本出品的威士忌價格都並不低廉，像「山崎 12 年」，700 毫升瓶裝的售價 6,780 日元，「響 17 年」9,190 日元，「竹鶴 21」年 9,993日元，在價格上已經與同檔次的蘇格蘭威士忌完全並駕齊驅甚至躍居於其上。即便如此，對於中國的茅台、五糧液、水井坊等開出的咋舌的價格，這些日本的洋酒仍然無法望其項背，這只能說明由諸多因素抬高了的中國高檔酒暴利太甚。順便提及，「日果」已經在2001 年被朝日啤酒收購，成了朝日旗下的威士忌專業製造公司。

　　就像其他的飲食品一樣，日本人對於威士忌酒的品嘗也積極注意它的細節特性。不同的原料的獨特的口感，水質的優劣，橡木桶

的新舊，貯藏的溫度和濕度，貯藏時年散發量的多寡，都會對最後的出品產生微妙而重要的影響，每一個真正懂酒的人，都不會忽視這些細枝末節。威士忌酒一般都不直接飲用，而是需放入冰塊或是兌水，兌水的比例一般是一比一，於是，兌酒所用的水也必須十分講究，一般品質優良的酒都會用專門的小瓶裝礦泉水。迄今為止，日本人都非常為本國的優良水源而感到自豪，雖然在 1960~80 年代初期，由於工業和生活廢水的污染，日本的水源也受到了極大的挑戰，但隨着最近 20 多年來的竭力治理，日本的水源依然保持了世界範圍內的優良狀態。

有一個不容忽視的現象是，日本的酒類消費在最近的 10 多年中，總體上已經處於明顯的下跌狀態，這一現象在威士忌方面尤為顯著。威士忌的生產量在 1980 年達到了頂峰的 36.4 萬千升之後，便開始一路下滑，到了 2003 年時，跌倒了 1960 年代以來的最低點，僅有 8 萬千升。啤酒也從頂峰期 1995 年的 679.7 萬千升跌倒了 2003 年的 395.9 萬千升。相對而言，葡萄酒處於平穩的增長，燒酎在不斷上升（近年上升的趨勢已基本停止），清酒則不斷在跌落。這從另一個側面也許可以理解為日本酗酒現象的下降和人們對健康關注程度的提高。

日本茶源自中國

　　在今天的日本，飲茶習俗之普遍，絕不亞於中國。日本茶在世界上的聲望，也是有口皆碑，以至於有些日本人都不清楚，日本茶的源頭，明明白白在中國。經過國際學界數十年的研究爭論，經過對大量事實的植物性的、考古性的、史學性的稽考，1993 年 4 月在雲南省思茅召開的，有中國、日本、美國、韓國等 9 個國家和地區的學者參加的中國普洱茶國際學術研討會暨中國古茶樹遺產保護研討會上，與會者取得了一個共同的見解，即中國雲南是茶樹的原產地，中國西南地區是飲茶習俗的最早發生地，中國是世界上茶文化的故鄉。

　　1961 年在雲南省勐海縣的大黑山原始森林中，發現了一顆樹齡 1,700 年、樹高 32.12 米的大茶樹。1996 年，在雲南省鎮沅縣九甲鄉千家寨發現了佔地約 2.8 萬畝的古茶林，是目前世界上面積最大的喬木型野生大茶樹群落，其中有兩株的樹齡分別在 2,700 年和 2,750 年，這是目前已知的世界上最古老的野生大茶樹。而況這是存活至今的茶樹，在這之前應該還會有茶樹的存在。以此來推論，至

少 2,700 年以前就可能有茶葉的食用或飲用現象存在。

　　中國浩如煙海的歷史文獻也記錄了中國人飲茶的悠久歷史。在唐代中期陸羽的《茶經》問世之前，漢文典籍中對於「茶」的表述多用「荼」字，間或也有用「茗」等。初時，「荼」或「茗」也未必一定指茶，比如《詩經‧邶風‧谷風》中說的「誰謂荼苦？其甘如薺」，《晏子春秋‧內篇‧雜下》中有這樣的記述：「（晏）嬰相齊景公時，食脫粟之飯，炙三弋、五卵，茗菜而已。」這裡的「荼」和「茗」，大概只是一種帶有苦味的野菜，不能確定就是後世的茶。因為從植物發生學的角度來看，茶樹原產中國濕潤、溫暖、多霧的西南山區，在秦漢代之前，中原地區與西南一帶，尤其與雲貴地區的交通甚少，吃茶或是飲茶的習俗恐怕尚未傳播至中原地區。明末清初的顧炎武在《日知錄》卷七中說：「自秦人取蜀而後，始有茗飲之事。」這應該是基於歷史事實的一個判斷。東漢的《說文解字》中已收有「荼」、「茗」兩字，分別的解釋是「荼，苦荼也」「茗，荼芽也」，雖然不能據此判斷「荼」、「茗」就一定是茶，但茶的可能性很大。三國時魏國的張揖所撰的《廣雅》中對茶的記述就更詳細了：「荊巴（今湖北、四川東部一帶）間採葉作餅，⋯⋯欲煮茗飲，先炙令色赤，搗末置瓷器中，以湯澆覆之，用蔥薑橘子芼之，其飲醒酒，令人不眠。」這與唐代所飲之茶已經很相近了。南北朝時，長江流域一帶飲茶已經比較普遍，但北方依然為罕見之物。直至隋唐，大一統的王朝再次建立，南北交通打開，飲茶之風才由南而北，在全國傳開。飲食史家

趙榮光教授在《中國飲食文化史》一書中，根據《唐韻正》認為，「茶」字的出現，大約在唐憲宗元和（806~820）前後，在這之前的碑文上「茶」仍多寫作「荼」，但此後「茶」字便頻頻可見了。更是憑藉着陸羽《茶經》的影響力，「茶」字得以正式確立並獲得了廣泛的使用。

從以上對歷史文獻的粗略考察可得知，先秦時（或者說公元之前），茶已在中國西南地區被人們食用或飲用，漢代以後又自巴蜀一帶向長江中下游地區傳播，被當作具有藥用價值的食物或飲品，自隋唐（大約公元 6 世紀以後）開始，飲茶之風逐間瀰漫至全國，茶作為最重要的非酒精飲品的地位在中國正式確立。成書於唐宣宗大中十年（856）的楊曄所撰的《膳夫經手錄》中說：「茶，古不聞食之，近晉、宋（指南朝時的宋）以降，吳人採其葉煮，是為茗粥。至開元、天寶年間（713~756），稍稍有茶，至德、大曆（756~779）遂多，建中（780~783）後已盛矣。」

不過，唐代或者說《茶經》時代的中國人的製茶和飲茶方式都與今天的我們飲用綠茶或烏龍茶的形態大相徑庭。我們今天所飲用的是葉茶，即將採摘的茶葉在大鍋內炒乾後儲藏若干日，注入沸水後就可品飲。而唐宋時期的祖先飲用的是餅茶，即將採摘後的茶葉放入甑內再置於鍋中蒸，蒸後趁熱搗碎，然後在一定的模型內拍壓成餅狀後放入焙坑內烘焙，形狀可圓可方，乾燥後儲存。飲用之前，先要用火全面烤炙，然後將餅茶辦成小塊，碾碎，待釜內的水燒至初沸時，加入鹽調味，再至二沸時，用竹夾在沸水中攪動，隨之投

入碾好的茶末，待到茶湯「騰波鼓浪」時，即可飲用了。雖然《茶經》中對茶葉的產地、季節、水源、爐火的火候等都已相當講究，但這茶的滋味與今人所喝的肯定大異其趣。當然，與今人所熟識的炒青相近的茶似也有存在，比如唐代詩人劉禹錫在《西山蘭若試茶歌》中吟詠道：「自傍芳叢摘鷹觜，斯須炒成滿室香。」不過，這類茶應該不是主流。

到了宋代，茶的製作和飲用方式基本還是沿襲唐代，即屬於緊壓形態的團茶和餅茶。宋王朝曾將福建的建安等地作為貢茶的產地，向朝廷進貢由嫩芽製成的龍鳳團茶等，在宋代特曾將團茶或餅茶稱為「片茶」的，並已經有了在製作上蒸而不碎、碎而不拍的所謂蒸青和末茶，又可稱為散茶。所謂末茶，是在前代工藝上的進一步，即將烘焙後的茶葉用銀或熟鐵製的茶研碾磨成粉末狀。飲用方式與唐代也稍有不同，宋代中期以後，已經不放置鹽和其他調味品，而純粹是品嘗茶的真味。在飲茶方式上，出現了「點茶」的形式。點茶就是將沸水注入茶碗時一邊用竹製的茶筅將茶湯攪出均勻細微的泡沫（昔日稱之為「湯花」），誰的湯花緊貼盞沿時間長誰就獲勝，反之湯花先散退的則為輸者。這後來演變成了一種飲茶遊戲，即鬥茶。相對於朝廷貢茶的團茶形式，民間飲用的不少已是散茶或是末茶。

到了元代，雖然是蒙古人統治，但飲茶的習俗並沒有受到影響，散茶或是末茶的比重進一步加大，雖然貢茶還是沿襲了以前的團茶，但民間飲用的多為散茶和末茶。元代中期刊印的《王禎農書》

和《農桑撮要》等農書中，涉及製茶的部分，主要論述蒸青和蒸青末茶，很少或根本就不提及團茶了。

朱元璋建立了明王朝後，實施輕徭薄賦的政策與民休息，覺得作為貢茶的團茶製法太過繁瑣，於是「罷造龍團，一照各處，採芽以進」，於是散茶獲得了全面的發展。更具有革命性的是，製茶的主流方式從蒸製改成了炒製，1609 年刊行的羅廩撰著的《茶解》中說：「炒茶，鐺宜熱；焙茶，鐺宜溫。凡炒止可一握，候鐺微炙手，置茶鐺中，札札有聲，急手炒勻。出之箕上薄攤，用扇扇冷，略加揉挼。再略炒，入文火鐺焙乾，色如翡翠。」這一炒茶技術，一直延續至今。今日中國人的製茶技術和飲茶方式（尤其是綠茶），是對明代以來的傳統的延承。

在日本的學術界曾有一部分人根據日本人煙稀少的地區留有野生茶跡象和較為獨特的飲茶習俗，認為茶樹在日本原本就有生長，8 世紀末中國式的飲茶法傳來後，只是刺激了這些茶樹價值的發現和飲茶習俗的傳播，也就是主張日本茶的「自生說」。隨着研究的深入，日本茶「自生說」基本上已不能成立，而傳自中國大陸的認識，基本上已成了一般的共識。

根據對中日文化交流史的考察和對文獻的仔細研究，我認為中國的茶文化傳入日本，大致經歷了平安時代前期（9 世紀初前後）和鎌倉時代中期（13 世紀初前後）兩個比較大的階段，而茶樹的普遍種植和飲茶習俗的真正形成，則是在第二個階段之後。一個共同點

則是茶文化傳播的使命，都是由日本僧人來擔當並進一步完成的，與佛教有着密切的關聯。

在日本官方的史書、840 年完成的《日本後紀》中明確記載了嵯峨天皇（786~842 年）到近江國滋賀巡幸時，在梵釋寺受到大僧都永忠親手煎茶奉獻的歷史。大僧都永忠（743~816 年），在 775 年隨第十五次遣唐使來到中國，在長安的西明寺生活了 30 年，於 805 年回到日本，被授予地位很高的大僧都稱號（順便說及，鑑真和尚東渡日本後也曾被授予大僧都）。嵯峨天皇顯然對永忠的獻茶之舉頗為讚賞，對茶的滋味（或者說是飲茶的行為）甚為喜愛，下令京畿和近畿地區（今關西地區）廣泛種植並向宮廷進貢。在這一時期的日本漢詩集《凌雲集》等中，也頻頻出現了諸如「蕭然幽興處，院裡滿茶煙」、「吟詩不厭搗香茗，乘興偏宜聽雅琴」這類吟詠飲茶或煮茶的詩句。

令人有些費解的是，原本很受日本上層喜愛的飲茶文化，自 9 世紀下半期開始，就漸趨衰落，乃至於到了絕跡的地步。我個人認為唐代的茶文化傳到日本後不久幾乎出現了將近三百年的沉寂，原因也許有如下數點。第一，茶文化傳入日本不久的 838 年之後的數百年間，中日之間沒有出現有規模的往來（包括官方和民間的兩個層面），9 世紀以後唐王朝的衰敗減弱了日本人對大陸文化的憧憬，平安時代中後期日本本土文化的迅速成長（日本文化史上將其稱之為「國風時代」），也削弱了日本人對外來文化的興趣，這是一個背

景性的原因；第二，在茶文化傳來後的差不多半個世紀裡，其傳播的範圍一直局限於王公貴族的層面和都城及周邊的部分寺院，不要說普通民眾，對於地方上的豪族和僧侶幾乎也是陌生的物品，傳播（包括種植和飲用）區域的狹小，影響了它在民間的滲透性；第三，接受茶文化的上層貴族僧侶，主要也是將其視作高人雅士的風雅情趣，也就是說更多的是注重它的精神層面的價值，而未能將其融化為本民族的生活習俗，限於當時日本文化發展的水準，日本方面主要是被動地吸收和模仿，而未能根據本土的特點進行創造性的改造，也就是未能進行民族性的同化；第四，唐代餅茶繁複的製作工藝和與日本風土相異的口味，恐怕也是影響它在日本廣泛傳播並扎根的一個不可忽視的障礙。

再一次將茶傳入日本，不僅廣泛種植，並且著書宣傳的，是鎌倉時代中期的榮西和尚（1141~1215 年）。1168 年 4 月，28 歲的榮西搭乘商船到宋朝的中國，巡禮於天台山和阿育王山等佛教勝地，求得天台宗的典籍 60 卷，同年 9 月回國。1187 年 3 月，榮西又一次坐船來到中國，他來到臨安府（今杭州）拜見有關官員，希望准予其到西域巡禮，但由於當時南宋王朝已失去了對西北地區的控制，西夏人和蒙古人等佔據了西域的交通要塞，有關官員無法開具通行的文書。無法西行，榮西便潛下心來在中國認真習禪，跟隨臨濟宗黃龍派第八代傳人虛庵懷敞參禪，先在天台山萬曆寺，後又跟隨至天童寺，前後約有 4 年。1191 年，懷敞覺得榮西已有相當的造詣，

便授予他法衣、臨濟宗傳法世系圖譜及柱杖、寶瓶等器物，並贈一書翰囑他歸國傳法，這一年 7 月榮西回到了日本。回到日本後撰寫《興禪護國論》3 卷，執意要在日本播揚並建立禪宗，日後在京都建造了具有禪宗風格的建仁寺。可以說，他是將中國的禪宗帶到日本的第一個重要的人物。

差不多與傳播禪宗具有同等重大意義的是，榮西從中國帶來了茶樹的種子和飲茶的習俗。榮西主要是在禪寺中體會吃茶經驗的。自唐代中期開始，飲茶在寺院中就開始普及，茶的提神醒腦的功能早已為人們所熟知，而此時正是禪宗在中國興盛的時期，禪寺裡為了防止和尚坐禪時睡意襲來，也倡導飲茶，並且形成了一套規矩或者說是禮儀。榮西不僅從理論上了解禪院中飲茶的作法，應該在日常生活中也親眼目睹、親身體會了寺院內飲茶的種種習俗。非常有意思的是，在浙江一帶（榮西兩次來中國都生活在浙江的天台山和天童寺一帶）飲茶或喝茶都不稱飲或喝，而說吃茶，榮西後來通過他撰寫的《吃茶養生記》，給日本人帶來了一個新詞語就是「吃茶」。

榮西 1191 年乘坐中國商人揚三綱的商船第二次入宋回國時，是在今天九州的佐賀縣一帶登岸的，登陸後立即就將茶籽播撒在當地。1194 年在博多（今福岡）開創了聖福寺（一說崇福寺），在當地又移種了茶樹。1207 年，已經來到了京都並開建了日本第一座禪寺建仁寺的榮西，又將茶籽贈送給了華嚴宗的高僧明惠上人（上人，意為德高望重的僧人），這茶籽估計已經是在日本的土地上收穫的。

此事在《栂尾明惠上人傳記》有比較詳細的記載。云建仁寺長老（指榮西）向明惠進茶，明惠不詳此物，詢於醫師，答曰可遣困、消食、健心，然而日本本土尚不多見，於是尋訪茶籽，得兩三株，遂將此播種在自己所居住的栂尾，果然有提神醒腦的功效，於是勸眾僧服用。另有一說為建仁寺的僧正御房（亦指榮西）自大唐國攜來此物，將茶籽進奉明惠，於是植於栂尾。栂尾位於現在京都市右京區梅田，現為秋季觀賞紅葉的名勝地，明惠在此建有高山寺。大概栂尾的氣候和土壤都很適宜於茶樹的生長，爾後栂尾的茶就成了正宗茶、上品茶（日語稱之為「本茶」）的代名詞。當時茶的產地，除了栂尾之外，還有仁和寺、醍醐、宇治等地。如今的日本茶中，京都的宇治茶的名聲僅次於栂尾茶，甚至更為一般人所知曉，也曾有宇治茶是出於明惠上人之手的說法，但一直缺乏確鑿的證據，歸根結底，還是宇治的水土宜於種茶的緣故吧。

榮西除了將茶籽自南宋帶入日本，並傳來了中國宋代的飲茶法之外，他在日本茶文化史上最堪彪炳史冊的恐怕是他所著的《吃茶養生記》（原文為漢文）了。這部書非常詳盡地論述了茶的養生功效，他一開卷就開宗明義地說：

> 茶也，養生之仙藥也，延齡之妙術也。山谷生之其地神靈也。人倫採之其人長命也。天竺唐土同貴重之，我朝日本曾嗜愛矣。古今奇特仙藥也，不可不摘乎。

然後書中又用了大量的篇幅，反覆說明茶的藥用功能，特別是對於心臟的好處，因為榮西認為心臟是五臟之首：

> 日本國不食苦味乎，但大國（指中國——引者注）獨吃茶，故心臟無病亦長命也。我國與有瘦病人，是不吃茶之所致也。若人心神不快，爾時必可吃茶調心臟，除癒萬病矣。

在上卷的第六部分「調茶樣」中有如下記述：

> 見宋朝焙茶樣，則朝採即蒸即焙之，懈倦怠慢之者，不可為事也。焙棚敷紙，紙不焦樣。誘火工夫而焙之，不緩不怠，竟夜不眠。夜內可焙畢也，即盛好瓶。以竹葉堅封瓶口，不令風入內。則經年歲而不損矣。

從這段記述製茶的文字來看，榮西在中國所接觸到的以及傳到日本的已經不是唐代的餅茶和宋代進貢給朝廷的團茶了，而是末茶，即烹煮飲用時還需要用茶碾磨碾成粉末狀的末茶（唐代也用茶碾，但這裡已沒有壓榨成型的工藝，而是直接將焙乾的茶葉碾磨成粉末）。從製成的茶的形態上來說，與平安前期傳入日本的茶已經有較大的差異了。即鎌倉以後開始飲用末茶，而非早期用薑、鹽等調味的煮茶。以後種茶和飲茶就逐漸由西向東，傳遍了日本列島，並在掌權的將軍和上層武士中興起了鬥茶的頗為奢華的茶會。

茶道的緣起和流變

　　我第一次體驗茶道，是 1980 年代初在北京的大學時代。其時教授我們日語的，有一對愛知大學來的夫婦，丈夫研究《紅樓夢》，夫人則是一位富有教養、舉止嫻雅的淑女。有一次他們叫了我們幾個學生至其下榻的友誼賓館，演繹了一番茶道，並請我們品嘗。但是那裡並無真正的榻榻米房間，也沒有正式烹茶的茶爐、茶壺等，因此印象有些疏淡。1991 年初冬首次訪日，來到四國高松市，遊覽了建成於江戶時代的著名的栗林公園，其中在「掬月亭」這一茶屋風的建築內，我真正體會到了「風雅」的感覺。寬大的榻榻米房間，將隔扇和紙糊格子窗拉開，屋外就是有山泉流入的清澈的池水，遠山近樹，雖然在初冬時分顯出了些許蕭索，依然使人感到十分的清雅，心想，在此舉行茶會，絕對是一件雅事。後來去廣島，在海灣的宮島上，接待方讓我們去了一家僻靜的寺院（我不記得是真光寺還是寶壽寺），在這裡第一次體驗了比較像樣的茶會，或者說是茶道表演（這樣的說法似乎有點不恭）。那時對日本的茶文化幾乎沒有感覺，只覺得烹茶沏茶者動作遲緩，在榻榻米上的正坐（上身挺直、兩膝

着地）實在堅持不了多久。整個茶室內，大家默不作聲，注視着烹茶者的一舉一動，空氣沉悶而有些無聊。傳遞過來的抹茶，顏色碧綠，味道則是苦苦的，還要裝模做樣地轉着茶碗慢慢欣賞茶碗的設計風格和圖案。當時不解日本人為何要以這樣的方式來品茶。

茶道這個詞的誕生是相對比較晚近的事，它在當初被稱為「侘茶」，又被稱為「茶湯」。「侘」在日文中的解釋有三種，一是「煩惱、沮喪」；二是「閒居的樂趣」；三是閒寂的風趣。茶中的「侘」，主要取第三種釋義。「侘」字古漢語中也有，意為失意的樣子，現已不用。在日語中，原本也是失意、沮喪的意思，後來在連歌中漸漸演變為一種閒寂的美，與茶聯繫在一起，就使茶上升到了一種空靈的哲學境界。那麼顧名思義，「侘茶」應該是一種具有閒寂情趣的飲茶文化。它是對「婆娑羅寄合」這種喧鬧、奢靡的飲茶之風的一種反省和反動，甚至與室町幕府的將軍所舉行的茶會也有很大的不同。這種新的飲茶精神不再追求豪華的樓宇、爭贏鬥勝的刺激和呼朋招友的熱鬧，甚至都不在意茶質的優劣和「唐物數寄」的排場，而是非常注重內心的寧靜和愉悅，體現了對自我、自我與他人、個體與社會、人與自然關係的理解，既比較完整地包含了日本人的價值觀，也比較集中地體現了日本人的審美意識，而這種新的飲茶精神的核心部分便是「禪」。這樣的新的飲茶精神及相應的禮儀規範等大概就可以稱之為「茶道」。日本近代美術教育的創始人之一岡倉天心（1863~1913 年）在用英文寫成的《茶書》（*The Book of Tea*）中稱茶

道是一種審美的宗教，它不只是具有審美的意義，而且還包含了宗教、倫理和天人合一的思想，它在日常的俗事中找到了一種審美的價值。「茶湯（或譯為茶之湯，在日語中是日本茶道的代名詞——引者注）是禪的儀式的發展」，「正是這種發源於中國的禪的儀式發展成了 15 世紀的日本的茶湯」。這裡我想特別強調的是茶道與禪宗的關係（岡倉天心還講到了道教的影響），甚至可以不誇張地說，日本茶道是禪宗精神在飲茶程式和禮儀上的一種表現。

茶道在日本的發生、發展和完成，主要經過了三個人的努力。一個是村田珠光（1423~1502 年），是他首先創立了茶道。一個是武野紹鷗（1502~1555 年），茶道在他手裡有了很大的發展。還有一個就是聲名最響的千利休（1522~1591 年），他最終全面建立了茶道的體系和宗旨，現在日本三大茶道宗派的裡千家、表千家和武者小路千家三派，都是千利休一脈的沿承。下面我對這三人的事跡作一簡要的敘述，並且試圖在敘述中闡明禪宗與茶道的關聯。

村田珠光的生平，後世一直缺乏有說服力的史料，因此在很多方面顯得撲朔迷離。他本人很少有著述留存下來，在他去世後，從他的弟子那裡陸續傳出一些他的事跡，其中難免會有些誇張和失真的部分。在早期有關他的傳記資料中，影響最大的要推山上宗二（1544~1590 年）撰寫的《山上宗二記》序文。根據此文的記載，珠光的父親據說是奈良一個寺院裡負責寺務的檢校，他自己 11 歲出家到奈良的稱名寺做和尚。稱名寺是屬於淨土宗的，可他後來卻到京

都大德寺跟隨著名的一休和尚（1394~1481 年）去學禪。一休和尚是臨濟禪的高僧，猶如中國宋時的濟公和尚，現在的東京國立博物館中藏有一幅墨斎畫的一休畫像，雖着僧服，卻是留髮、蓄鬚，不同於一般僧人，他不循傳統的禮法，狂放不羈，人稱狂僧，卻是獨樹一幟，對禪有自己獨到的見解，觀物察事，往往勝人一籌。一休贈送給珠光一幅中國宋朝僧人圓悟克勤的墨跡，作為入門的明證，後來這幅墨跡被珍視為茶湯開祖的墨寶。珠光大概在一休那裡悟到不少禪的真諦，他尤其欣賞一休視富貴如糞土的平常心，他自己對當時的浮華世風也十分反感，決心將茶事從奢華的世風中解放出來，而使其成為常人修身養性、提升品性的一種方式。總之，珠光後來被傳為「侘茶」的創立者。珠光認為，不完全的美是美的一種更高的境界。這一審美意識對日後日本人審美理念的最後形成產生了很大的影響。

武野紹鷗是室町時代晚期（又稱戰國時代）的茶人，他出身於堺的一個很有錢的皮革商家庭。堺位於大阪市以南，現在與大阪差不多緊緊相連了，作為一個商業和港口城市，它的歷史似乎比大阪更悠久。15 世紀後半期的應仁文明之亂後，它的商業和良港的價值凸現了出來，被作為與明代中國通商的主要港口，堺也因此而迅速繁榮起來。紹鷗原本的出身大概頗為卑微，藉着城市的繁盛，家裡的皮革經營也紅火起來。市民階層的興起，也使得「茶寄合」也就是茶會這一人們聚會的形式更為普及。其間，有一些學養深厚、具有一

定遁世傾向的文人，喜歡在喧囂繁鬧的市井中，獨闢蹊徑，營造一處寧靜安閒的棲隱地，即所謂的「大隱隱於市」。其代表性的人物有珠光的弟子宗珠。宗珠曾在京都的下京營造了一處茶屋，內有四帖半、六帖鋪的小屋，大門處植有高松、水杉，牆垣潔淨。紹鷗雖是商人家庭出身，卻喜好文藝，年輕時鍾情於一種叫連歌的上下聯唱的日本詩歌。1525 年他 25 歲的時候來到京都，拜當時極有名的文化人三條西實隆為師，在聽他講《詠歌大概序》的過程中深有所悟。此時正是下京茶湯相當興盛的時候，於是他在此學茶參禪，這一時期積累的學養日後在「侘茶」的營造中都逐漸體現出來了。後來他在京都營造了一處茶室曰「大黑庵」，脫去了珠光也未能擺脫的武家貴族講究裝飾的傳統，茶室的「座敷」改為四帖半，牆面只是儉樸的土牆，木格子改成竹格子，去除了「障子（紙糊的格子門窗）」中部的板，地板只是稍施薄漆甚至只是原色，並且沒有台子（用於擺放和裝飾茶具）。他將枯淡美引入茶湯中，在將書院茶發展為四帖半的草庵茶的過程中發揮了指導性的作用。紹鷗後來又到和泉南宗寺跟大林宗套學參禪，從而開創了茶人參禪之風。最著名的是，他還提出了「茶禪一味」的主張，將茶與禪連為一體，或者說在茶中注入了濃鬱的禪的精神。由此，在他的努力下，初步形成了一種極具禪意的、崇尚簡素靜寂的「侘茶」，可以說，這樣的茶既淡化了幕府將軍等上層武家「茶數寄」的貴族氣，同時又將淋汗茶等庶民性的較為低層的飲茶習俗提升到了優雅、閒靜的高度。

在整個日本茶道史上，千利休的名聲最為顯赫，他被看成是茶道的最終完成者，茶道在他手裡，才最終成為一種道。他本來姓田中，千是通稱，但後來他的子孫都以千為姓。與紹鷗一樣，他也出生於堺，並且是紹鷗的入門弟子，不久他便在茶事方面蓄積了不淺的造詣。利休是一個在感性和悟性方面都非常出色的人，在茶事的實踐中，利休形成了一系列完整的「侘茶」的理念和具體的程式。「侘茶」在利休那裡的具體表現就是「草庵茶」。利休推崇的草庵茶，希望是一種出世間的茶，「將心味歸於無味」，真的具有很濃鬱的禪意。為了洗去講究格式法式的上層武家茶會的貴族風，他把原先 4 帖半的茶室再加以縮小，一舉改為 2 帖（不到 4 平米），以追求主客之間的更加近距離的交流。一直保存至今的京都妙喜庵的待庵，相傳是利休的作品，從外觀上看，實在是非常不起眼的一間小茅屋，而且沒有門，只有一個低矮的「躙口」，人必須彎腰或屈身才得以進入，其目的是讓人有一種緊張感，以拂拭人的世俗性或日常性，來使人的精神上升到一個新的境界。利休的生前，正是日本的戰國時代，人們深深感歎生命的無常，人生的無常，於是就有了利休的「一期一會」之說，意為人生如萍水，相逢是一種緣，此次相會，不知何時再能重聚，因此要珍惜偶爾一次的相會。後世利休的繼承者，往往都將他抬舉得很崇高，但利休本人雖然對禪具有較深的參悟，卻似乎並不是一個淡泊名利的人。

當時的一代梟雄織田信長（1534~1582 年）旌旗浩蕩長驅直入京

都之後，利休就有意親近信長，信長便起用他擔任茶頭。信長其實只是一介武夫，在獲得了地盤金銀之後，也開始仿效足利義滿等室町幕府的將軍，對中國傳來的各種文物珍品頗為饞涎，在大肆收集之後，也不免附庸風雅，召集些茶人，舉行幾次茶會，同時展示自己收集的珍奇寶貝。1584年信長在京都本能寺遭到部將的襲擊，自殺身亡，不久另一個梟雄豐臣秀吉（（1537~1598）率兵崛起，平定了天下，於是利休又成了秀吉的親信，擔任了他的茶堂。1583年，豐臣秀吉建成了大阪城，並在城內建造了名曰「山里丸」的茶亭，取市中的山里之意，似乎多少有些利休「草庵茶」的意味。但豐臣秀吉顯然無心追求「閒寂枯淡」的境界，他更在意稱霸天下的權力和炫目輝煌的排場，於是1586年在宮中小御所內營造了貼滿了金箔的黃金茶室，裡面裝飾了純金打製的一套台子茶具。在1887年10月於北野天滿宮舉行的一場規模空前的大茶會中，利休等人是主要的角色。秀吉這個人物猶如中國的曹操，既有雄才大略，猜疑心也很強。利休受到了寵信，也就有了些狂妄，1589年在為其亡父做50年忌的時候，出錢在大德寺山門上增建一層，並在樓上安置了自己的木像，這不免引起了秀吉的猜忌，於是下令利休返回到自己的家鄉堺，並對利休的行動處處加以限制。利休終於意識到自己觸怒了獨裁者，但他不願意請求秀吉的寬恕，於是在70歲時悲愴地自刃身亡。

利休一生浸淫於茶事中，也有了很高的修養，留下了不少足以供後人學習的言行，最終卻未能看明白世態炎涼，心境不能完全平

靜，時時有浮躁之舉，説來也很有些諷刺意味。對此，茶道史研究家林屋辰三郎評論説：「據説利休是茶道的集大成者，但是連利休也未能完全貫徹他所主張的『侘數寄』，也就是説是一段敗北的歷史。確實，從理論上來説，可以認為他是秉承了珠光以來的傳統並將其集大成。但從現實上來説，彼此並非一脈的黃金茶壓倒了他的侘茶。（中略）我即便認可利休是侘茶的集大成者，但並不認為此後的茶道史就是這一流的單傳史，準確地説，秀吉的黃金茶，也與之共生共存並達到了相當的高度。這是由於秀吉這一流與權力相結合的茶，在近世（日本史上一般指 1603~1868 年的江戶時代——引譯者注）獲得了出色的發展，而且號稱是利休門下的人，也發展出了可稱為『大名茶』的這一流譜系。」這一段評論是比較意味深長的。

　　茶道文化在江戶時代獲得了長足的發展，其第一個標誌是誕生了沿承千利休一脈的「三千家」、以古田織部（1543~1615 年）為創始人的「織部流」和以小堀遠州（1579~1647 年）為始祖的「遠州流」等影響深遠的茶道流派，並形成了以茶道為中心的演藝方面的所謂「家元」（也許可以譯為「宗師」）制度。「三千家」產生的一個關鍵性人物是千利休的孫子千宗旦（1578~1658 年）。利休自刃後不久，秀吉也因兩次出兵朝鮮而身心疲憊，暴病身亡，於是利休子孫決心繼承先人遺志，振興「侘茶」一流的茶道，其中貢獻最大者，便是千宗旦。宗旦追求「侘茶」的極致，擯棄一切豪奢和浮華，潛心於心靈的修養。他在 1648 年在京都建造的「今日庵」，僅有三平米左右，窄

小素樸，為其晚年的隱居地。他拒絕了江戶幕府請他做茶道示範的邀請，比其祖父更為徹底地堅持了「侘茶」的精神。此後，宗旦的第三個兒子宗左繼承了利休的茶室「不審庵」，自立門戶，因其居住在上代傳下來的屋產的外面部分，因而這一流的茶道稱為「表千家」，又稱為本家。而宗旦的第四個兒子宗室則繼承了宗旦的「今日庵」，又自立一流派，因其居所在傳統老屋的裡面，稱為「裡千家」。宗旦的另一個兒子宗守則自己創建「官休庵」，嚴格遵守宗旦的家風，這一流被稱為「武者小路千家」。以上就是日本茶道界影響最大的所謂「三千家」，名義上，都遵奉千利休為始祖，如今，以「裡千家」的勢力最為興盛。另外，每一家的歷代家元即宗師或曰掌門人，都沿襲最初創立者的名號，以體現其一貫性。現在這一家元制度已經擴展至花道、劍道及其他各類傳統的演藝界。

嚴格地說，在千利休手中最後完成的茶道是日本本土的產物，雖然在形成的過程中，受到了中國文化明顯的影響。中國古代對茶的種種講究，還只是一種茶藝，而非現代意義上的茶道，倒是明代以後，隨着葉茶的興起，在江南一帶，飲茶染上了濃鬱的文人趣味，在茶具的選用和飲茶的情趣上，更多地與琴棋書畫融為一體，但這種由飲茶體現出來的文化情趣依然不能歸之於茶道。雖然日本的茶道在形成的過程中明顯地可感受到中國文化的痕跡，「唐物數寄」推崇的就是中國的書畫，茶具的種類和樣式也沿襲唐宋的物品，禪宗的精神更是直接來自中國，但將禪與茶連接在一起，在茶中寄予了

人生的哲理，並通過茶來透現出比較完整的審美意識，顯然是日本人的創造。茶道形成之後，茶已經不單單是一種飲品，從茶庭的設計、茶庵的營造、茶室內的格局和裝飾、茶具的選用到點茶的方式、茶禮的制定，都建立起了一套完整縝密細緻的規範，乃至於有《山上宗二記》《南方錄》《宗春翁茶道聞書》和《茶道舊聞錄》《茶湯古事談》等多種茶道經典問世，「和、敬、清、寂」的茶道精神的確立，都説明了日本的茶道有自己的源流。

不過，對於日本的茶道也不必過於溢美。自它最初起的「婆娑羅寄合」到室町時代的將軍的茶會乃至於江戶時代的「大名茶」，或者説是後期富裕商人間盛行的各種茶會等，都染有濃厚的物質色彩和遊樂消遣的成分，通過茶道的形式來修養生性、砥礪品性、感悟人生的自然大有人在，但僅僅將其視作友朋間的交遊形式，甚至藉此炫耀擺闊的人也為數不少。即便標榜「和、敬、清、寂」的三千家等，也存在着將千利休等過於神聖化、茶道的演示方式過於程式化以及對於茶具等形式性的東西過於講究的弊病，反而容易喪失「侘茶」本身的真精神，把握不當，便易誤入歧途。

除了用於茶道的末茶之外，江戶時代中期起，人們日常飲用的茶的種類乃至方式也發生了重大的變化。

中國唐代茶的形式主要是餅茶，飲用時碾碎放入沸水中煎煮，宋代基本沿襲唐的習俗，進貢給朝廷的為龍團鳳餅，簡稱為團茶，飲用時將茶碾成粉末放入茶碗內，注入沸水後用茶筅擊點。榮西時

帶回來的習俗基本上是宋的飲茶法，即將餅茶或團茶碾成碎末狀再加水攪勻後飲用的，也可以稱為末茶，因此日本鎌倉和室町時代流行的應該也一直是末茶或曰抹茶，雖然現在茶道中所烹煮和飲用的也是末茶，但人們一般飲用的茶的形態已經發生了極大的改變，這一轉變與中國直接相關。

中國到了元代開始出現了採用蒸青法的散茶或是葉茶，但未普及，到了明代後，情形就發生了徹底的變化。洪武 24 年（1391），朱元璋嫌餅茶或團茶太費功夫，下令停止團茶的製作，全國普遍推行散茶或曰葉茶，開始時還是蒸青法，後來為保持茶香，而改為炒青，明人許次紓的《茶疏》中就已專門立了一章「炒茶」，這一製作方法一直延續至今。明代中葉以後，散茶或葉茶也以各種途徑傳到日本，其中重要的一條途徑是江戶前期的 1654 年，中國的隱元和尚在將黃檗宗傳到日本的同時也將散茶的炒製法和飲用法帶到了日本，京都的萬福寺當時就成了煎茶（日本為了區別傳統的末茶，將新興起的散茶稱為煎茶）茶藝的傳播中心。江戶中期（18 世紀），有一個叫高遊外（本名柴山菊泉，1675~1763 年）的賣茶翁，青壯年時曾多次出入萬福寺，受煎茶的影響甚大，晚年在京都的東山營造了一所「通仙亭」，專營賣茶，由此集聚了一批講究趣味的文人，也藉此傳播了中國的文人茶。賣茶翁去世後，人們在萬福寺天王殿的南面建立了一家賣茶堂以祭祀他。賣茶翁晚年時，大阪出身的大枝流芳寫了一本《青灣茶話》，這是日本第一部論述煎茶的著作。賣茶

翁自己在 74 歲時也著寫了一部《梅山種茶譜略》，論茶談藝。隨後，在文人中間對末茶的批判之聲漸起，煎茶一流的茶道也慢慢興起，其中比較著名的人物是花月庵田中鶴翁（1782~1848 年），對煎茶制定了一套禮式，融入了較多的文人趣味，由此開創了煎茶道「花月庵流」，一直流傳至今。如今，日本人只是在傳統的茶道上仍使用末茶，而在一般的日常生活中，都普遍飲用煎茶（即沖泡式），只是茶的製作，還是中國明代初年的蒸青法，而不用炒青。蒸青的茶葉也碾得比較細碎，泡茶時不將茶葉放入杯中，而是另置一茶壺（日語稱急須），在壺口備一過濾網罩，茶葉放入後，再將沸水注入，湯色青碧，但茶香不如炒青，這也是現代中日兩國在綠茶飲用上的一個比較顯著的差別。

今天日本人的飲茶生活

　　經過 260 多年相對比較安定的江戶時代，飲茶習俗也已經完全在日本各地以及各階層中普及，並成了日本人生活文化中的重要部分，從日語中的「日常茶飯事」一詞中可窺一斑。進入明治時代後，雖然社會的構造由前近代逐漸轉向近代，人們的生活方式也在一定程度上從傳統向現代發生蛻變，但傳統的底蘊依然深厚，飲茶的基本內容也未出現本質性的變化。明治前後，相對於西洋文明的湧入和各色新型飲料的出現，作為一種民族自覺，誕生了「日本茶」這一概念。大家知道，舊有的末茶和後來的煎茶（即中國稱之為「葉茶」的）原本都從中國傳來，完全與中國茶相分割的日本茶其實是難以成立的。但是，由於中國國土遼闊，地域廣大，自然條件千差萬別，從種類而言，日本茶並不能完全涵蓋中國國土上的茶，另外，從製茶的技術方式以及成茶的形態上來說，日本茶也不等同於中國茶，簡而言之，今天所謂日本茶，首先就是一種綠茶。

　　關於日本茶的分類，應該有兩個不同層次的概念。從製茶技術和飲用方式而言，大致可分為「末茶」和「煎茶」兩大類。這在前文

中已有敘述，這裡不再具體展開，簡單而言，前者是將採摘的茶葉經蒸熱乾燥之後在茶臼中磨成粉末狀，飲用時在茶碗中注入沸水，用茶筅快速有力地攪動，在茶的表層形成細密均勻的泡沫，謂之「點茶」。「末茶」又分為「濃茶」和「薄茶」兩種，前者用滿滿三茶勺量的茶末放入茶碗內，再注入少量的沸水，點茶之後顏色呈深綠色，茶汁濃稠；後者用一勺半的量並注入較多的沸水，點茶之後茶湯呈鮮綠色。在目前的日本，「末茶」主要用於茶道，當日所用的茶，在前一日用茶臼碾成粉末，以保持其新鮮度，而一般民眾所飲用的「末茶」，市面上則有密封的包裝出售。但一般的庶民事實上很少在日常生活中飲用「末茶」，倒是末茶食品頗受人們的歡迎。而「煎茶」實際上已經不在釜或壺中慢慢煎煮，其具體方式，一如我們的沏茶，不過，不同於晚近中國人的分杯沏茶，日本人的煎茶，一般是將茶葉放入茶壺（日語謂之「急須」）中，泡開後再分別注入各人的茶杯（日語謂之「湯吞」）中，茶杯大抵都比較小巧，無杯蓋，一般都是瓷器而不用玻璃杯。

　　從茶的栽培方式、採摘期和成茶的高低級層次而言，日本茶又可分為「玉露」、「煎茶」和「番茶」三類，下面細述之。

　　「玉露」實際上是一種在特定的區域，經過有些不同尋常的栽培採摘方式獲取的比較高級的日本茶。其名稱的由來，可以追溯到江戶晚期的天寶六年（1835）京都宇治鄉（現已成為宇治市，這裡自鎌倉時代起即是日本名茶的產地）的山本家族的第六代傳人山本嘉兵

衛，他將自家茶園內採摘的嫩茶葉烘焙成如露一般的圓形，日後將自家茶園出產的茶命名為「玉露」。

玉露不僅成茶後的形狀與一般茶葉不同（事實上，明治初年已經由辻利右衛門改良成了長條形），更在於它的栽培方式不同。以現在最大的玉露產地福岡縣八女地區的栽培方式而言，首先是對茶樹的枝丫並不進行特定的整修，讓芽葉自然生長；其次是在採摘之前的一定時期（一般為兩週），用稻草在茶樹上搭成遮陽的棚架，避免日光的直射，其目的是增加茶葉中形成美味的氨基酸的成分，減少茶葉中造成苦味的丹寧類的含量；還有在採摘的時候絕對採用手工的方式，一心二葉。這樣的茶稱之為「傳統本玉露」。玉露在飲用時也頗為講究，只能用 60 度左右（甚至更低）的熱水沏茶，用溫度高的沸水，就容易將茶葉中的澀味浸發出來，損害了玉露的甘甜。在現在的評品會上，將玉露專門分成一類。由於其栽培的區域有限，栽培、採摘以及烘焙的方式也比較麻煩，因此價格比較昂貴，成了日本茶中的高級品。

「煎茶」在這裡的概念與上述第一層次的概念有較大的不同。相對於「末茶」的「煎茶」是一個廣義的稱謂，從根本上來說「玉露」和「番茶」都可列入「煎茶」的範疇，而這裡的「煎茶」則是一個狹義的名稱，相對於高級茶的「玉露」和比較低級的「番茶」而言，以中國人較易理解的說法，可以說是一種綠茶中的新茶，也是最廣為人們所飲用的日本茶。現在的煎茶是將新春或春夏間採摘的「一番茶」、

「二番茶」經過蒸熱、粗揉、揉捻、中揉、精揉、乾燥6道工序製成後上市的較好的綠茶，既有綠茶的甘甜，又有一定程度的苦澀，更有茶的清香。現今或接近於現今這樣的煎茶的栽培、採摘和製作，始於江戶時代的中期（18世紀）。煎茶中當然以「一番茶」為佳。煎茶在整個日本茶的消費中所佔的比率是80%。

最後説到「番茶」。日本將一年中茶葉的採摘期分為「一番茶」（每年的3月1日~5月31日），「二番茶」（6月1日~7月31日），「三番茶」（8月1日~9月10日），「四番茶」（9月11日~10月20日），「秋冬番茶」（10月21日~12月31日），「冬春番茶」（1月1日~3月9日）。所謂的「番茶」，就是「三番茶」及以後的茶了。眾所周知，隨着氣候的變熱，茶葉的生長期也大大縮短，此時長成的茶葉，葉片大而長，葉質粗而糯，在茶葉中只能列入中下品，但同時它也具有一種粗野質樸的風味，消暑解渴，健身潤肺，也不失為一種不錯的飲品。現在的日本鄉村，還留存着「日曬番茶」和「陰乾番茶」兩大類型。岡山縣的美作鄉一帶，夏季的時候，往往將夏日的茶樹連枝葉一起砍下來，放在大鐵鍋內蒸煮，然後攤放在草席上讓烈日暴曬，一邊還澆上蒸煮後滲出的茶汁，曬乾後即可飲用。而在福井縣勝山市一帶，人們將秋天的茶葉連同枝杈一起用鎌刀砍下來，用草繩串編起來後掛在背陽的屋簷下，讓乾燥的秋風自然吹乾，飲用前用鐵鍋炒一下即可，猶如藥草茶，雖然不登大雅之堂，但健身的功效也毫不遜色。有的地方在「番茶」中加入糙米（日語中稱為

「玄米」)一起炒製,這樣的茶又被稱為「玄米茶」。在北海道和日本東北等地區,往往將採摘的「番茶」加以烘焙,稱之為「焙茶」,因此「焙茶」也可算是「番茶」的一種,不過,經烘焙的茶,構成苦味的丹寧遭到了破壞,因此口味上柔和很多。「番茶」的茶湯一般呈淺褐色,猶如大麥茶,似乎沒有「玉露」和一般的綠茶那麼誘人,但有些人就是不喜歡滋味甘甜而淡薄的「玉露」,而偏愛具有山野風味的苦澀中帶有茶香的「番茶」。近年來的科學研究表明,「秋冬番茶」中含有多糖類成分,可降低血糖值,對中老年人尤為適宜。

就日本茶的產地而言,由於日本全國多為山嶺地帶,也有較充沛的降雨量,從理論上來說,各地都可生長,以前也確曾在全國各地廣泛種植,但氣候寒冷的北海道、東北地區以及日本海沿岸的部分地區,種植時需花費相當的功夫,經濟價值不大。因此,現在日本茶的產地,主要在新潟縣村上地方以南的區域,遍佈大半個日本,其中尤以靜岡縣的種植面積和產量為最大。2012 年,日本全國的茶樹種植面積為 49,500 公頃(1975 年前後為最高峰,曾達到了 61,000 公頃,以後逐漸減少),靜岡縣為 25,000 公頃,約佔全日本的一半,而產量佔 40%。靜岡縣位於東京西部,面臨太平洋,溫潤多雨,境內既有山地,也有台地和沖積平原,旱地的大部分都種植茶樹,尤以境內中央地區的牧之原台地最為出名,其他諸如富士山麓、安倍川、大井川、天龍川流域也十分適宜於茶樹的栽培,而岡部町一帶則是「玉露」的名產地。也正因為靜岡縣是全日本最大的茶葉生產

地，如今與我國最著名的茶鄉浙江省結成了友好省縣（在行政上日本的縣相當於我國的省），此外，鐮倉時代將飲茶習俗全面傳到日本的榮西和尚在中國學佛、體會到中國茶文化的地方也正是浙江省。僅次於靜岡縣的茶葉產地是九州最南端的鹿兒島縣，茶樹的種植面也有將近一萬公頃，2012 年的粗茶產量為 2,600 噸。就種植的種類而言，2012 年的統計是，一般的綠茶（日語稱之為「普通煎茶」）為 64%，較差的番茶是 24%，高級的玉露茶等產量較少，為 7%，類似我們浙江龍井的這一類炒茶，佔 3%。

明治中期以後，尤其是近年來，隨着各種外來飲料的紛紛登陸，日本茶的消費呈現出緩慢下降的趨勢，這與清酒的情形相似。1975 年時，日本人均茶葉的年消費量是 1,000 克，2003 年逐漸減至 700 克。

傳統的沏茶方式雖然還頑強地留存在家庭生活和較為正式的接待酬酢上，但是，為了應對自歐美洶湧傳入的可口可樂之類的瓶裝和罐裝飲料，同時也為了適合快節奏的都市生活（1970 年代末，日本的都市人口差不多已達到了 80%），日本的茶葉生產銷售商和原先的酒類製造商開始矚目茶的新型飲用形式。這一新氣象出現在 1980 年。

1966 年成立於日本茶最大產地靜岡縣、1969 年改為現名的「伊藤園」，差不多是第一家嘗試將茶製成可以隨身攜帶的罐裝飲料的企業不過它最初推出的不是日本綠茶，而是中國的烏龍茶。1979 年

它與中國土產畜產進出口公司簽訂合同，首次從中國進口烏龍茶，並在翌年開發試製成了世界上最早的罐裝烏龍茶，在各超市、便利店和遍佈大街小巷的自動售貨機內銷售。緊隨其後，老牌的威士忌和啤酒製造商三得利也在 1981 年推出了罐裝烏龍茶，因其高明的營銷策略，烏龍茶的市場份額迅速超過了「伊藤園」，目前成了日本最出名的攜帶式烏龍茶的生產銷售商。第一款以罐裝形式上市的日本綠茶是「伊藤園」於 1985 年開發的「煎茶」（也就是上文中所說的沖泡的日本綠茶），1989 年改名為「おーい、お茶」（中文勉強可譯為「嗨，好茶」）。「伊藤園」在日本綠茶的生產銷售上本來就很知名，憑藉有效的廣告和市場策劃，「おーい、お茶」成了罐裝或瓶裝日本茶的第一品牌，目前的市場佔有率達到了 20% 左右。現在日本市場上比較著名的罐裝或瓶裝綠茶還有「麒麟」旗下的 Beverage 在 2000 年推出的「生茶」，原料選用比較高檔的玉露和深蒸茶等，用低溫（60 度左右）浸泡出來，以保持玉露的獨特滋味。此外還有三得利公司與京都傳統的茶莊「福壽園」（初創於江戶時代的 1790 年）聯手開發的「伊右衛門」，茶名來源於「福壽園」的創始人福井伊右衛門，企圖以京都的好茶和老字號的魅力來吸引消費者。

除了傳統的日本綠茶和從中國引進的烏龍茶之外，各廠商還開發研製了各類適合當代人生活的茶飲料，比較著名的有「朝日飲料」在 1885 年推出的「十六茶」，選用黑豆、大麥、苡仁、昆布、桑葉、陳皮等 16 種原料調和而成，對軟化血管、降低血脂、促進消化等均

有一定的功效。在市場上影響更大的這類調和茶是後起之秀，由日本可口可樂公司研製成的「爽健美茶」，所選的原料有大麥、綠茶、糙米、普洱茶等 12 種，以其美容、降火，促進新陳代謝等功能吸引了許多年輕女性，目前在調和茶的市場上已達到了 72% 的佔有率，「十六茶」位居第二。這類保健茶還有三得利推出的「健康蕎麥茶」、「胡麻麥茶」，以生產美容護膚品而知名的「花王」研製出的「健美烏龍茶」、「健美綠茶」等。值得一提的是，從中國引進的茶，除了聲名退邁的烏龍茶之外，近來各家廠商還競相開發出了罐裝或瓶裝的茉莉花茶、普洱茶等。在日本，媒體一般將其歸類為中國茶，但這也給一般的日本人造成了一個錯覺，以為只有日本人才喝綠茶，日本是綠茶的本土和故鄉。

當然，新開發的茶飲料還不止這些，近來在中國年輕女性中頗為風靡的「午後紅茶」，就是「麒麟」在 1986 年推出的產品，其他還有諸如「梅茶」、「蘋果茶」、「檸檬茶」乃至各色奶茶，在年輕人中尤受歡迎。

需要着重指出的是，這類新形態（不同容量的紙盒裝、罐裝、塑料瓶裝）、新口味（原味的日本茶、調和茶、保健茶、果味茶、異國口味的茶）的問世及其在市場上的成功，極大地改變了日本人尤其是日本年輕人的飲茶習慣。人們不必再正襟危坐地在室內烹茶品茗，飲茶也並非一定是熱茶（雖然遍佈在日本街邊的自動售貨機內一般都有熱飲和冷飲兩種），口渴或是有飲茶慾望的時候，任何

人都可以很方便地在超市、便利店,更多的是自動售貨機中獲得。其價格也是非常地大眾化,一般 500 毫升的瓶裝是 140 日元左右,240~340 毫升罐裝的 115 日元左右,也有供家庭或團體用的 2 升瓶裝的,價格在 330~340 日元左右。

大約在 1995 年前後,日本的三得利首先將瓶裝和罐裝的烏龍茶推向中國市場,使得中國人第一次知曉了原來茶還可以有這樣的形態和飲法。以後三得利又推出了綠茶,之後,台灣的「康師傅」和「統一」,日本的「麒麟」、「朝日」迅速跟進,使得中國的茶飲料也出現了前所未有的多元化形態,逐漸改變了中國年輕一代的飲茶口味和習慣。茶當年是從中國傳入日本的,如今的飲茶新形態卻是日本人帶來的,這就如當年麵條最早是從中國傳入日本,而日本人發明的方便麵卻改變或部分改變了中國人吃麵的習慣一樣,飲食文化的傳播也如其他文化樣式一樣,都會出現循環往復、錯綜交叉的形態。

大部分的日本成年人,在家中還是習慣喝用開水沏的熱茶。對茶具的選用,小康之家都會有些講究。百貨公司和街頭的陶瓷器皿店,都有不同的貨色供應,以陶器瓷器居多,以產地而言又有「有田燒」、「砥部燒」、「清水燒」等等,也有些名家設計的作品,價格就相當高昂了。被稱為「急須」的單柄茶壺內,均會放置一個金屬過濾網罩,茶葉放入罩內,注入沸水,再倒入每人的茶杯內,茶杯比較小巧,以瓷器為多,無柄,稱為「湯吞」,一定會配以茶托。喝茶時,多在家中榻榻米的房間內,有一小矮桌,盤腿坐在軟軟的坐墊上,

閒閒地品啜。有時也會配些日本式的吃食，稱為「和菓子」。喝茶不僅是為了解渴，更是為了體會那一份風情，所以不可牛飲。一般日本人的家裡，都會有好幾套茶具。

沒有日本茶的「吃茶店」與供應餐食的「茶屋」

　　在洋風洋氣很濃的上海，原先應該也有不少咖啡館，當年施蟄存等一批所謂現代派作家，或者如夏衍那樣三十年代的左翼文人，常常在北四川路上的「公非」咖啡館聚會閒談。可是當我稍稍懂事開始閱讀西洋小說的時候，正趕上寒氣肅殺的文革時代，只記得整個上海好像就只有南京東路上有一家「東海咖啡館」和南京西路同仁路口的上海咖啡館，那時候的店名好像還不叫咖啡館，因為咖啡館都一概被視為資產階級的腐朽東西而遭到清掃。1980 年代以後，情況稍有好轉。

　　我第一次在日本較長時期的生活，是在早稻田大學訪學的 1992年，其時上海（更遑論其他地方）的街頭還鮮見咖啡館的身影。那時我居住的宿舍「奉仕園」附近的小巷子裡，就有一家頗有意思的咖啡館（2015 年 1 月我再度去踏訪時，它依然健在）。走到文學部前的西早稻田街上，沿街有一家有落地玻璃窗的咖啡館（後來這裡變成了一家叫 Saizeriya 的意大利餐館，中文叫「薩利亞」，如今也在上海南京廣州等地開出了連鎖店）。我初到東京時正是櫻花盛開的季節，

在街上常看到玻璃窗裡面有些學子或其他男女閒閒地坐在窗邊，喝一杯咖啡或其他飲料，或者俯首看書做功課，或者抬起頭來凝望着窗外爛漫的櫻花，這情景使我這個有點小資傾向的人立即對日本產生了好感。後來才慢慢感覺到，在日本，無論是繁華的大都市還是偏遠的小城鎮，隨處都可見大大小小的咖啡館。2014年秋天去岐阜縣一個人口只有4萬的小城市瑞浪採訪歷史人物，場地就借用當地的一家名曰 Miyako 的咖啡館，也有很像樣的咖啡和紅茶。有意思的是，日本人一般把咖啡館稱之為「吃茶店」。

稱喝茶為吃茶，是中國江南，尤其是浙江一帶的說法。前文已經說及，當年榮西和尚兩度來南宋學佛，就在浙江的東北部一帶，他將中國的茶連同「吃茶」這一詞語一起帶到了日本，其名著《吃茶養生記》近千年來一直為人們所誦讀。13世紀中葉以後，茶的種植和飲用慢慢在日本普及，但由於日本城鎮發展比較遲晚，一直也沒有像樣的茶館。16世紀時，漸漸在寺院或神社門前或大路邊上出現了茶攤，江戶時代以後，演變成了「茶屋」，但茶屋並不是真正喝茶的所在（這下文再詳述），像昔時在中國的街頭巷尾常可看見的鬧哄哄的茶館，近代之前的日本其實頗為罕見。

19世紀中葉開始，西風東漸，日本人後來主動接受了西洋文明，咖啡的飲用也開始在一部分上流社會和知識人階層中流行，當然最初日本人並不覺得咖啡好喝。在國門還沒有完全打開的江戶幕府末年，極少數人嘗到了長崎荷蘭人商館傳出的咖啡，當年的文人

大田南畝在所著的《瓊浦又綴》中對此評價說：「其焦臭味讓人難以忍受。」但是明治以後，以「鹿鳴館」為代表的崇洋媚外之風，雖也受到部分人的批評，但西洋的物質文明和精神文明卻漸漸滲透到了中層以上日本人的日常生活中。原先是福建人的後裔、在長崎出生長大並憑藉中文的能力在外務省擔任高級翻譯的鄭永慶，1888 年辭去了外務省的官職，在東京長野開了一家「可否茶館」，這「可否」就是當年咖啡的漢字表現。不過這還算不上一家純粹的咖啡館，裡面還有各種西洋的吃食供應，還有彈子房等遊樂設施。4 年之後，鄭永慶關閉了此店，去了美國。然而不管怎麼說，這可以稱得上是日本咖啡館或吃茶店的嚆矢了。後來相隔了很多年，在 1911 年的時候，東京美術學校畢業的（我們所熟知的李叔同，也就是後來的弘一法師是該校畢業的第一個中國學生）西洋畫家松山省三，與當時著名的戲劇家小山內薰等一起在東京的京橋日吉町（今天的銀座八町目）開了一家主要供文人墨客聚會的沙龍式的咖啡館，小山內薰用法語給它取名叫 Café Printemps 。 Printemps 是春天的意思，今天上海的繁華區可見到的「巴黎春天」百貨公司，源頭就是法國知名的 Printemps 百貨店。咖啡館初時實行會員制，主要面向當時的文學家、藝術家及社會名流，我們所熟知的森鷗外、永井荷風、谷崎潤一郎以及油畫家岸田劉生（我在中國飲食傳入日本的部分中提及的岸田吟香的兒子）等都是座上客。可是不久經營也難以為繼，會員制也解體了。不過這家咖啡館經許多文人的宣傳，名聲大振，

1923 年毀於關東大地震後，又繼續重建。戰爭期間，在政府的高壓政策下不得不關閉，建築物本身也在 1945 年的東京大空襲中被徹底炸毀。

可是咖啡館為何後來改稱吃茶店了呢？在 1925 年前後，咖啡館分化出了兩種類型，一種是有女招待的，主要供應咖啡，另一種是有簡單西餐供應的，當時被稱為「特殊吃茶」和「特殊飲食店」，可是不久，都漸漸帶上了色情的意味，於是日本政府在 1929 年（1929 年已經是昭和初期，是日本開始走向法西斯化的年代）發佈了「咖啡館、酒吧取締要項」，1933 年又將此作為「特殊飲食店取締規則」的適用對象。於是咖啡館等經營者就用了一個新名詞，曰「純吃茶」或「吃茶店」，並竭力洗清色情的形象，這樣咖啡館就以吃茶店的名稱繼續維持了下來。不僅維持下來，而且隨着 1930 年大蕭條後的經濟復蘇，在都市地區驟然興盛起來，1935 年，僅在東京市一地就有一萬家吃茶店（我估計是將各種西餐店都加在了一起）。不久日本發動全面侵華戰爭，與英美關係交惡，1938 年對進口實行了限制。隨着戰爭的擴大和白熱化，咖啡原料也完全斷了貨，再加上日本政府實行了嚴厲的去英美化政策，民眾生活日益艱難，酒吧和咖啡館（即便名稱叫吃茶店）被徹底關閉，日本歷史進入了非常黑暗的年代。

戰後，百業復蘇，萬象更新，咖啡館（人們已經習慣稱其為吃茶店了）在食物緊缺的困難中緩慢復活。1950 年廢除了進口限制，咖啡豆也開始少量進口，當時幾乎都供應給了吃茶店，民間很少有售。

1960 年代及以後，隨着日本經濟高速增長的實現，日本人的生活發生了徹底的變化，溫飽之後開始追求美酒咖啡，各色吃茶店也如雨後春筍般應運而生。既有個人經營的富有特色的小店，也有逐漸形成連鎖系統的大集團，不僅在大都市，而且將觸角漸漸延伸到地方小鎮甚至鄉村地區。我 1992 年在日本時獲得的感覺是，咖啡館完全不是年輕人集聚的時尚所在，也不是富有階級光顧的高檔場所，就是一般日本人，在白天尤其是家庭主婦們會友、閒談、小憩的地方，在軌道交通站點的附近尤其多。日本人一般很少請人到家裡來坐，平素的約談、會談、閒談都安排在吃茶店，一杯咖啡或紅茶或其他飲料的價格一般在 200-900 日元，通常是在 400-500 日元左右。

我第一次進入日本的吃茶店，記得是 1991 年 11 月下旬初訪日本時，那時有幾位熱心於中日友好的家庭婦女，陪同我們一起遊覽東京原宿附近比較出名的竹下町，一圈走下來，也許有些人覺得累了，那幾位婦女便帶我們走進了街邊的一家吃茶店。說實話，我以前在日語教科書上好像接觸過「吃茶店」這個詞，但印象已經很模糊，自己的理解好像也是喝茶的地方，就如同中國以前的茶館（在我的童年和少年時代，茶館好像也自中國消失了）。我清楚地記得日本婦女說的是「吃茶店」，可是走入店堂內，卻並無通常日本人喝的綠茶供應，而是咖啡或者紅茶，咖啡當然有許多種類，紅茶也有奶茶或者檸檬茶，但我們這幫老土們，對甚麼卡布奇諾、藍山咖啡、美式咖啡等完全不懂，胡亂點了一款，只是借個地方在那裡小憩說

說話。那幾位婦女出於對中國人的友好感情，自願向邀請我們的日本國際協力機構（JICA）報名來陪同我們。她們有點靦腆地說：「請你們吃飯，我們大概沒有這個餘力，請大家喝杯咖啡還是可以的。」那家咖啡館，我還有些印象，在二樓，空間不算寬敞，也許是因為我們人太多了。總之，從那以後，我知道了吃茶店的真正含義。

後來印象比較深的有那麼幾次。

1992 年春天，我去早稻田大學訪學一年，接待我的教授是在北京的大學時代教授過我日本文學的杉本達夫。一次杉本教授約請我在高田馬場附近見面，帶我走進了一家規模不小的吃茶店，環境舒適雅致，背景音樂播放着富有歐洲宮廷氣息的巴赫的《勃蘭登堡協奏曲》，外面下着淅淅瀝瀝的春雨，坐在裡面的感覺卻十分愜意。我冒昧地問了一下老師，這家吃茶店叫甚麼名字，老師說了一個外來語，說是一個人的名字，也不知中文怎麼說。而這個外來語我恰好知道，中文譯為雷諾阿，前幾日恰好去過位於上野的國立西洋美術館，那邊展出着雷諾阿的幾幅作品。後來才知道，「雷諾阿」在日本是一個連鎖店，它標榜的就是「無愧於名畫的吃茶室」，主要開設在東京和周邊地區，在東京市內就有 82 家，以典雅、優雅和富有藝術氣息為特色，茶具比較講究，價格稍貴，光顧者多為中年及以上的年紀，店內很少有喧譁聲。供應的飲料也比較傳統，咖啡一般就三種：美式咖啡、奶咖和採用埃塞俄比亞莫卡咖啡調和而成的雷諾阿獨家配方的咖啡，除了熱飲也有冰鎮的。還有柚子茶、加奶的宇治

抹茶、藍莓酸奶等，也有冷熱兩種。

「英國屋」也是一家創業於 1961 年的老牌吃茶店，追求純正的歐洲風情，瀰漫在店堂內的，是金黃為主的暖色調，所用的茶具都是英國的產品，努力營造紳士淑女甚至是皇家的感覺，店內設有軟椅，店堂相對比較寬敞。它一般都開在東京、大阪、橫濱、神戶、京都等大中城市的車站建築內，這樣的地方人流密集，也是人們約見朋友、商談事務的所在，生意一直很好，雖然價格不低。除了咖啡紅茶，店裡做的糕點冰淇淋也很可口，贏得了不少女性顧客的青睞。它也另闢有包房，可供人們舉行生日派對等。在此舉行派對，主辦者和參加者都覺得挺有面子。

我在日本喝過的最貴的咖啡，是每個人 900 日元，在東京老牌的高級酒店帝國飯店，一次朋友聚會，在那裡度過了一個很溫馨的下午。紅茶 900 日元一壺，咖啡可以無限量的續杯。帝國飯店的感覺，類似於上海的和平飯店，有些豪華的古典氣。900 日元，算來一點都不貴，不過那已是 20 多年前的事了，20 年來，日本的物價基本上沒有動，現在大概也就 1,000 日元左右吧。

日本很多吃茶店實行自助式，這樣可以降低成本，價格也幾乎減去一半。開設於 1986 年的 CAFFÈ VELOCE，以東京為中心，觸角遍佈全日本，店面和門窗都塗成紅色，很容易相認。VELOCE 一詞來自意大利語，意思是快速的。這家店實行自助式，拿着紅色的托盤，付了款後自己取，糖、奶和咖啡匙也是自己取。除了咖啡等

飲料外，還有一些吃食，喝完吃完後自己將托盤放到專門的回收處。中杯的咖啡 190 日元，這一價格要遠低於中國街頭的咖啡館，也要低於日本最基本的巴士車票（東京是 200 日元，京都是 230 日元，路程稍遠的，則按路程另加）。來到店內的，多為年輕人，小憩或閒談，或者手機或電腦上網，氣氛也甚為隨意。CAFFÈ VELOCE 現在已開出了 180 多家連鎖店。另一家 Doutor Coffee 則採取加盟店的方式，連鎖規模更大。Doutor 是葡萄牙語，醫生、博士的意思，當年創辦這一家店的鳥羽博道曾長期在咖啡種植園工作，他後來開設的 Doutor 不只是咖啡店，而是綜合性的企業，從咖啡的種植到運輸加工和烘焙，形成了生產製作一條龍，因此店裡所用的咖啡豆都是自家產，價格低廉而品質純正，在日本列島開出了一千多家連鎖店，成了全日本最大的吃茶店。黑黃相間的店標、水藍色的檐棚成了它標記性的外觀，男女老少都會來此小憩，花上幾百日元，喝杯咖啡或紅茶，吃點新品蛋糕，給緊張的生活帶來不小的滋潤。一般咖啡館內都設有西式早餐，價格從幾百到上千不等，但是日本人一般不習慣在外面吃早飯，因此早餐的生意也從來沒有興隆過。

關於吃茶店，我在日本有過一次較為難忘的體驗。那是 1998 年的初冬，其時我在長野大學任教，長野大學在長野縣上田市的郊外，上田市連郊區也不過十幾萬人。一次學校在上田市內有活動，結束時還有些早，一位教授提議去喝杯咖啡，於是他帶了我們七八個人走入小巷，拐彎抹角地走進了一家完全不起眼的小店。店內暗暗的，

一對年近七十的老夫婦，閒閒地坐在櫃台內，見認識的那位教授進來，立即站起身來，我們一大撥人進來，也給店內帶來了暖意。這家店燒煮咖啡，是用非常老式的類似煤油燈那樣的燒煮器，一點點蒸餾滲滴出來，等我們每人手裡都拿到一杯咖啡，好像過去了 20 幾分鐘，但那咖啡濃鬱的芳香，立即充溢在小小的房間內，瀰漫在溫暖的空氣中。談話的內容也相當的輕鬆有趣，那對老夫婦，臉上漾出了極其快活的神情，我也覺得十分愉悅。出門時，天空中開始飄起了星星點點的雪花。那次往事，已經過去了差不多 17 年，至今仍然鐫刻在我的記憶中。

日本的吃茶店，也曾經染上過幾許色情。1980 年前後，由某人的創意，在吃茶店內雇用了一批身穿迷你裙、赤裸上身不穿內褲的女招待，地上用玻璃鏡面，以此來吸引顧客，一下子風靡日本都市地區，開出了幾十家這樣的所謂吃茶店，名曰「無內褲吃茶」。日本除了妓院不准經營外，色情場所是公開的，這樣的吃茶店，也不算太過分，只是有點新奇。但後來色情的元素越來越濃，索性就轉向專門的色情服務，吃茶也免了。於是風靡一時的「無內褲吃茶」也就銷聲匿跡了。近來又有許多「漫畫吃茶」、「音樂吃茶」、「上網吃茶」、「體育彩票吃茶」等等名目繁多的店家開出來，吃茶只是一個附帶品而已，其真正的內涵，與吃茶已無多大的關係，這裡就打住了。總之，號稱吃茶店的地方，除了西式的紅茶外，其實並無日本茶可喝，人們也從來不會想到去吃茶店喝一壺綠茶。

下面再説説茶屋。

上文已經説及，茶樹在日本的廣泛種植和茶的普遍飲用是在 13世紀以後。大約在室町時代的 1400 年前後，每逢初一十五，都會有大量的信眾去寺院參拜，於是就有些會做生意的人，在寺院前擺起了茶攤，一杯一文錢，當年京都東寺外的茶攤就比較有名，這是日本茶屋最早的形態。當年人們的旅行，都是靠雙腳行走，日本甚至很少有騎馬的，也罕見轎子，於是在一些重要的大路上（日本稱之為「街道」），會有些人在那裡設茶攤，供人小憩。 1603 年江戶幕府建立以後，要求地方上的諸侯（日本稱之為「大名」）輪番來江戶參勤，於是以江戶為中心形成了所謂的「五街道」，即東海道、中山道、日光街道、奧州街道和甲州街道，各地的大名沿途要在數個地方住宿，於是以住宿點為中心形成了不少「宿町」，人們也會在此擺出一些茶攤。 17 世紀以後，在江戶和其他一些城鎮，開出了幾家茶屋，這是有固定店舖的，不再是流動的攤販。隨着江戶等一些城市經濟的形成和繁榮，就有些有錢有閒的人到茶屋來坐坐，茶屋為了吸引顧客，就雇了一些姿色美麗的女子來做招待，於是就出現了類似上文説到的「無內褲吃茶」那樣的經營，一部分茶屋慢慢升級到了料理屋，一部分茶屋則演變為色情場所，也有些是兩者兼有。這樣的茶屋，在江戶時代非常興盛，從一些歷史上流下來的地名或許可以聯想起當年的些許風貌，比如大阪有「天下茶屋」、「茶屋町」等，東京有「三軒茶屋」、「御花茶屋」等等。不過，如今都成了現代都市的格

局，昔日的蹤跡大都已不可尋，唯有石川縣金澤市，那裡還較為完整地保留了一處江戶時代的茶屋街，因位於淺野川（河流名）之東，名曰「東茶屋」，2001年被指定為國家重要傳統建築群。2010年歲尾我曾在雪霽之後的上午去探訪過，完全是昔日的風情，當然是修整過的，電線都埋到了地下，一色的兩層木結構房子，格子窗，石板路，門口掛着小小的店招。因是上午，又是大雪初霽，除了寥寥的遊客外，一片冷清，店家大都還沒有營業。

今天，在一些富於歷史風情的城市或寺院門外，還留存着一些茶屋，不過這些茶屋既不賣廉價的綠茶，也褪去了昔日的「遊廓」（日語中用於舊時花柳街的名詞）色彩。有些是以傳統的日本點心（和菓子）為主，配一碗抹茶，客人最好是穿着和服的女子，風情萬種地坐在窗邊，用一根剛剛削成的竹扦，姿態優雅地將櫻花模樣的和菓子緩緩送入口中。

這次在我所住的位於修學院離宮附近的京都大學國際交流會館周邊，有兩家很有歷史的茶屋，一家緊鄰曼殊院，或者說本身就是曼殊院的一部分，名「弁天茶屋」，從一條坡道折入，走過一片農田和稀疏的房舍，就坐落在鬱鬱蔥蔥的東山山麓，周邊一片寂靜。正是惠風和暢的四月中旬，淺黃色的平房在周邊明亮的新綠的襯映下，愈加顯得素樸典雅。進門須脫鞋，進得屋內，是純然和風的裝飾，不是榻榻米，有桌椅陳設，人們可以坐着用餐。名曰茶屋，現在供應的卻是飯食，以新鮮的豆腐衣為招牌。京都的豆腐，歷史悠

久，製作精良，已經蜚聲日本國內，豆腐衣也很受人喜愛。所謂新鮮的豆腐衣，就是在一個較大的平底鍋內，將濃稠的豆漿煮沸，然後將上面結成的一層衣用長長的竹扦撩起來，當場可食用，只需蘸一點點上等的醬油就可。我在浙江天台的一家農家風飯館嘗過，入口滑爽，有清新的豆香。弁天茶屋的吃法，卻是將乳黃色的較厚的豆腐衣層層捲起，切成一段段，放入一個紅色的漆碗內，澆上自製的調味汁，也相當可口。店內除了新鮮的（日語稱之為「生」）豆腐衣外，還供應蕎麥麵和烏冬麵，還有日本式的紅豆年糕湯，就是沒有日本的綠茶。

還有一家在弁天茶屋的西北面，名「平八茶屋」，已有四百年的歷史了。距離睿山電車修學院站較近，東側靠馬路，進門也在路邊，聽起來似乎有些吵，但店堂卻要從古色古香的、上面築有茅草屋頂的類似寺院山門的入口進去後走一段路，路是石板鋪成的，入口之內即是庭園，竹木扶疏，參差的綠蔭擋住了車流的喧譁聲。正是和暖的春日，店內取開放的形態，店的西側，就是高野川。在日本曰河，在中國人看來就是一條溪流。前幾日連續下雨，充沛的雨量帶來了充足的水流，從上游淙淙流下，在落差處發出了清越的響聲，在綠樹掩映之下，聽着清澈流水的泠泠聲，沒有美食，心也醉了。平八茶屋有些高檔，主打懷石料理，且必須預定。價格每人從12,000日元至20,000日元不等，另加消費稅和服務費，在懷石料理中算中等的價格。主要供應三種樣式，最出名的是「若狹懷石」。「若

狹」是地名，是一個位於京都府與福井縣交界的海灣，靠日本海，那裡的甘鯛比較出名，捕獲之後，立即在冰鮮的狀態下運到京都市，或者將其剖開，去除內臟，用一點鹽稍加醃製，同樣在冰鮮的狀態下運到京都市。後者因為施加了一些鹽粒，使其肉質更加緊實，些許的鹽分使魚肉中的蛋白質轉化為氨基酸，鮮味更足，而新鮮度絲毫不減。這套懷石料理中，還有一道炙烤甘鯛，保留鱗片，用煤氣火和炭火分別加以燒烤，使其鱗片達到金黃色，脆酥可食。另外一種是季節懷石，推出當令的美食，櫻花季節就以櫻鯛和竹筍為賣點。所謂櫻鯛，是春天捕獲的一種紅色鯛魚，帶有鮮亮的桃紅色，在日本就被看作是櫻花的色彩（櫻花本身有許多種），春雨後的鮮筍，也是人們的最愛，櫻鯛春筍飯，就是一種絕配。其他還有河魚懷石，京都市本身不靠海，但有許多溪流，且緊鄰琵琶湖，自古以來有不少河魚出產，其中主要是生長在溪流中的香魚以及鯽魚和鯉魚，河魚懷石的價格相對低一些，日本人還是喜歡吃海鮮。如此這般以懷石料理為主打的料理屋，店名卻叫茶屋，想來也是有些好笑，不諳此中奧秘的中國人，見到店招，很可能以為是一家茶館，可以坐下來喝杯熱茶，以消解旅途的疲乏，卻是誤解了。

當然，日本，尤其是京都，還有一種店名曰「茶寮」，卻是可以喝點茶的，但主旨卻不在解渴，而主要是提供各地所產的「和菓子」。而「和菓子」中，又以京都的菓子最出名，京都火車站二樓有一家「京都茶寮」，就是這樣一個所在，當然這裡沒有優美的風景，

只是川流不息的旅客中的一個小小的驛站，可讓人稍微坐一下，品嘗一下京都的菓子，另外還有一碗抹茶。喝過抹茶的人都知道，抹茶只在陶碗中的三分之一，色翠綠，味苦澀，並不足以解渴。一碗抹茶加兩種和菓子，或提供簡單的餐食，價格在 1,000 至 1,500 日元左右。

奈良公園內靠近春日大社的樹林邊，有一家「水谷茶屋」，歷史悠久，聲名卓著，又在旅遊景點上，為很多人所知曉。茅草屋頂，純然木結構，不施任何油彩，古色蒼然，屋內陳設也頗為雅致。它最引人注目的，是店門口的大紅傘，竹製，門外還有幾張寬大的木凳，也鋪設厚實的紅布，與其農家風的原色建築形成鮮明的對照。店裡可品嘗比較高級的宇治抹茶，加上一小塊羊羹（一種甜食），700 日元。此外還有其他飲品，諸如薑茶、麵子粥，還有咖啡甚至小瓶的生啤、刨冰供應，就是沒有一般的綠茶。與京都茶屋一樣，水谷茶屋還有烏冬麵、蕎麥麵等餐食供應，可以簡單果腹。不過觀光點的餐食，也實在不敢恭維，烏冬麵和蕎麥麵，它的澆頭只是山菜或一塊油豆腐，維持了江戶以來的傳統，價格不廉，卻難以給人充分的滿足感，尤其是喜歡肉食的中國人。

與水谷茶屋相似的，我在瀕臨日本海的日本三景之一的「天橋立」，也見到一家，店名叫「吉野茶屋」，臨觀光街，也是江戶時代以來的老舖。一層的木屋，門口掛着紅燈籠，也有紅傘，因是和煦的春日，店門敞開，榻榻米的地面，須脫鞋入內，可瞥見裡面一圈鋪

着紅毯的寬大的凳子，圍着中間的一張長方形木桌，顧客可在此閒坐小憩。裡面還有設計得頗為別致的茶室，將傳統和現代的元素巧妙地融合在一起，鋪着玻璃板的木桌邊，擺放着幾張深紫色的坐墊式的圓形軟凳，素樸典雅。供應的食品，是該店特製的「智慧餅」，日語中的「餅」，並不是中國的扁平圓形的餅，而是一種糯米製品，大都呈團子狀，一般裡面都有餡。「智慧餅」賣得不便宜，兩三個小團子，五六百日元，會同時提供一杯煎茶（大麥茶、綠茶或玄米茶），抹茶則需另外加錢，有趣的是這裡還賣抹茶冰淇淋和刨冰，也不算純粹喝茶的地方。

記得在京都還有一家「虎屋果寮」的連鎖店，雖然店名叫果寮，內容卻與京都茶寮差不多，也有幾百年的歷史了。一次一個很有雅興的中國朋友帶我去了位於一條的店舖，主要以和菓子出名。茶是抹茶，一個淺綠和灰黑色組合在一起的茶碗內，自然還是接近翠綠色的抹茶。叫一兩樣和菓子，坐在深褐色桌子邊的西式軟椅上，望着窗外綠茵般的草坪，除了鳥鳴，幾乎沒有雜聲，心緒自然靜了下來。人們說話都是輕聲細語，這與英倫風格的下午茶和中國式的茶館，又有一種不一樣的風情。

日文中還有一個詞語謂「茶室」，這是舉行茶道活動的所在，如裡千家的「今日庵」，表千家的「不審庵」等，都藏在深牆高院內，一般不對外公開。各個禪寺裡，也多設有茶室，也是茶道活動的場所，並不是一般人喝茶的休閒地，它往往與茶庭連在一起，不會在路口

街角。

　　總之，吃茶店也罷，或者茶屋、茶寮、茶室也罷，都不是中國人意義上的茶館，無法喝到一般的綠茶。昔日中國的三教九流都可入內的社交場所茶館，在日本大概只有室町幕府末年和江戶初年的茶攤可以相比。如今，中國這樣的茶館也已漸漸消失，代之而起的，是不少觀光地出現了一些面向遊客的茶樓，價格似乎不菲，其性質也與昔日的茶館大異。上海城隍廟湖心亭的茶樓，喝茶一定要搭上許多吃食，喝一壺茶每個人至少 50 元以上，這就不是一般小民可以隨意進入了。在我的記憶中，只有成都青羊宮、文殊院、武侯祠等地，還留存了大眾喝茶的場所，不過那也不是茶館，而是民眾自己帶了茶杯甚至茶葉來，在這裡借幾把竹椅來嘮嗑而已，或者掏幾塊錢，在裡面買一碗廉價的茶水，氣氛倒是相當輕鬆愜意，雖然也相當的喧鬧。

參考文獻

中文文獻

1. ［德］貢特爾・希施費爾德：《歐洲飲食文化史——從石器時代至今的營養史》，吳裕康譯，廣西師範大學出版社，2006 年

2. 趙榮光：《中國飲食史論》，黑龍江科學技術出版社，1990 年

3. ［德］阿・韋伯：《文化社會學視域中的文化史》，姚燕譯，上海人民出版社，2006 年

4. ［清］袁枚：《隨園食單》，江蘇古籍出版社，2000 年

5. ［清］黃遵憲：《日本國志》，上海古籍出版社，2001 年

6. 王學泰：《中國飲食文化史》，廣西師範大學出版社，2006 年

7. 裴世安、熊建華：《長江流域的稻作文化》，湖北教育出版社，2004 年

8. 王勇主編：《中國江南：尋繹日本文化的源流》，當代中國出版社，1996 年

9. 王勇：《吳越移民與古代日本》，國際文化工房，2001 年

10. 趙榮光：《中國飲食文化史》，上海人民出版社，2006 年

11. 繆啟愉：《齊民要術校釋》，中國農業出版社，1982 年

12. ［荷蘭］彼得‧李伯庚：《歐洲文化史》上下，趙復三譯，上海社會科學院出版社 2004 年

13. 邱龐同：《中國菜肴史》，青島出版社，2001 年

14. 黎虎主編：《漢唐飲食文化史》，北京師範大學出版社，1998 年

15. 高啟安：《唐五代敦煌飲食文化研究》，民族出版社，2004 年

16. ［美］尤金‧安德森：《中國食物》，馬孆、劉東譯，江蘇人民出版社，2003 年

17. ［北宋］陶穀：《清異錄》，中華書局，1991 年

18. ［宋］孟元老：《東京夢華錄（外四種）》，周峰點校，文化藝術出版社，1998 年

19. ［南宋］林洪：《山家清供》，中國商業出版社，1985 年

20. ［宋］吳曾：《能改齋漫錄》，中國商業出版社，1986 年

21. 姚偉鈞：《長江流域的飲食文化》，湖北教育出版社，2004 年

22.《黃遵憲集》上卷，天津人民出版社，2003 年

23. 王賽時：《唐代飲食》，齊魯書社，2003 年

24. 陳文華：《中國茶文化學》，中國農業出版社，2006 年

25. 陳宗懋主編：《中國茶經》，上海文化出版社 1992 年

26. 吳覺農主編：《茶經述評》，中國農業出版社，2005 年

27. 沈冬梅：《茶經校注》，中國農業出版社，2006 年

28.《茶書集成》，黑龍江人民出版社，2001 年

29. 賈蕙萱：《中日飲食文化比較研究》，北京大學出版社，1999 年

30. 滕軍：《中日茶文化交流史》，人民出版社，2004 年

31. 王利華：《中古華北飲食文化的變遷》，中國社會科學出版社，2000 年

32. 姚偉鈞：《中國傳統飲食禮俗研究》，華中師範大學出版社，1999 年

33. 林永匡、王熹：《清代飲食文化研究——美食‧美味‧美器》，黑龍江教育出版社，1990 年

34. 關劍平：《茶與中國文化》，人民出版社，2001 年

日文文獻

1. 芳賀登、石川寬子監修『全集　日本の食文化』第一卷「食文化の領域と展開」、雄山閣、1998 年

2. 芳賀登、石川寬子監修『全集　日本の食文化』第二卷「食生活と食物史」、雄山閣、1999

3. 芳賀登、石川寬子監修『全集　日本の食文化』第三卷「米‧麦‧雑穀‧豆」、雄山閣、1998 年

4. 芳賀登、石川寬子監修『全集　日本の食文化』第四卷「魚‧野菜‧肉」、雄山閣、1998 年

5. 芳賀登、石川寬子監修『全集　日本の食文化』第五卷「油脂‧調味料‧香辛料」、雄山閣、1998 年

6. 芳賀登、石川寬子監修『全集　日本の食文化』第六卷「和菓子‧茶‧酒」、雄山閣、1996 年

7. 芳賀登、石川寬子監修『全集　日本の食文化』第七卷「日本料理の発展」、雄山閣、1998 年

8. 芳賀登、石川寬子監修『全集　日本の食文化』第八卷「異文化との接触と受容」、雄山閣、1997 年

9. 芳賀登、石川寬子監修『全集　日本の食文化』第九卷「台所‧食器‧食卓」、雄山閣、1997 年

10. 芳賀登、石川寛子監修『全集　日本の食文化』第十巻「日常の食」、雄山閣、1997年

11. 芳賀登、石川寛子監修『全集　日本の食文化』第十一巻「非常の食」、雄山閣、1999年

12. 芳賀登、石川寛子監修『全集　日本の食文化』第十二巻「郷土と行事の食」、雄山閣、1999年

13. 埴原和郎編『日本人と日本文化の形成』、朝倉書店、1996年

14. 石田一良『日本文化史——日本の心と形』、東海大学出版会、1991年

15. 大林太良『東と西　海と山——日本の文化領域』、小学館、1990年

16. 池田温『東アジアの文化交流史』、吉川弘文館、2002年

17. 上田正昭編『古代の日本と渡来の文化』、学生社、1997年

18. 鬼頭清明ほか編『体系日本史叢書』15「生活史」1、山川出版社、1994年

19. 森末義彰ほか編『体系日本史叢書』16「生活史」2、山川出版社、1986年

20. 荒野泰典ほか編『アジアのなかの日本史』6「文化と技術」、東京大学出版会、1993年

21. 矢部良明監修『日本やきもの史』、美術出版社、1998年

22. 豊田武『中世日本商業史の研究』、岩波書店、1952年

23. 広山堯道『日本製塩技術史の研究』、雄山閣、1983年

24. 生活文化研究所編著『食文化と日本人』、啓文社、1993年

25. 原田信男『日本の食文化』、放送大学教育振興会、2007年

26. 多田鉄之助『味の日本史』、新人物往来社、1976年

---

27. 多田鉄之助『たべもの日本史』、新人物往来社、1975年

28. 篠田統監修・中沢正著『日本料理史考』、柴田書店、1977年

29. 安達巌『たべもの伝来史』、柴田書店、1976年

30. 小柳輝一『日本人の食生活』、柴田書店、1976年

31. 樋口清之『日本食物史』、柴田書店、1975年

32. 渡辺実『日本食生活史』、吉川弘文館、1969年

33. 加藤秀俊編著『明治・大正・昭和食生活世相史』、柴田書店、1975年

34. 川上行蔵編『料理文献解題』、柴田書店、1978年

35. 篠田統『すしの本』、柴田書店、1972年

36. 日比野光敏『すしの歴史を訪ねる』、岩波書店、1999年

37. 瀬川清子『食生活の歴史』、講談社、2001年

38. 下田吉人『日本人の食生活史』、光生館、1996年

39. 小泉武夫『食と日本人の知恵』、岩波書店、2003年

40. 酒井伸雄『日本人のひるめし』、中央公論新社、2001年

41. 石毛直道監修『日本の食事文化』、味の素 食の文化センター、1999年

42. 四條隆彦『日本料理作法』、小学館、1998年

43. 小菅桂子『にっぽん台所文化史』、雄山閣、1991年

44. 獅子文六『食味歳時記』、文藝春秋、1979年

45. 平野正章『たべもの歳時記』、文藝春秋、1971年

46. 平野正章『味ごよみ』、文藝春秋、1973年

47. 市川健夫『日本の食風土記』、白水社、1998年

48. 高畠瑞峰『四季の精進料理』、文園社、1989年

49. 鳥居本幸代『精進料理と日本人』、春秋社、2006 年

50. 原田信男『江戸の料理史』、中央公論社、1989 年

51. 前坊洋『明治西洋料理起源』、岩波書店、2000 年

52. 草間俊郎『ヨコハマ洋食文化始め』、雄山閣、1999 年

53. 大塚力『「食」の近代史』、教育社、1979 年

54. 吉田よし子『カレーなる物語』、筑摩書房、1992 年

55. 小菅桂子『にっぽん洋食物語大全』、講談社、1994 年

56. 小菅桂子『近代日本食文化年表』、雄山閣、2002 年

57. 坂口謹一郎『日本の酒』、岩波書店、1964 年

58. 坂口謹一郎『古酒新酒』、講談社、1974 年

59. 加藤弁三郎『日本の酒の歴史』、協和発酵工業、1977 年

60. 秋山裕一『日本酒』、岩波書店、1994 年

61. 松崎晴雄『日本酒のテキスト 1 香りや味わいとその造り方』、同友館、2003 年

62. 松崎晴雄『日本酒のテキスト 2 産地の特徴と造り手たち』、同友館、2003 年

63. 『日本酒 取り寄せ道楽』、エルゴ・プレインズ、2004 年

64. 穂積忠彦『焼酎学入門』、毎日新聞社、1977 年

65. 重田稔『焼酎手帖』、蝸牛社、1978 年

66. 秋野葵巨矢『焼酎の本』、東洋経済新報社、1985 年

67. 『酒と日本文化』(季刊文学増刊)、岩波書店、1997 年

68. 千宗室『「茶経」と我が国茶道の歴史的意義』、淡交社、1983 年

69. 布目潮渢『茶経詳解』、淡交社、2001 年

70. 布目潮渢『中国喫茶文化史』、岩波書店、1996 年

71. 小川後楽『茶の文化史——喫茶趣味の流れ』、文一総合出版、1981 年

72. 古田紹欽訳注『栄西 喫茶養生記』、講談社、2001 年

73. 林屋辰三郎著、村井康彦図版解説『図録茶道史』、淡交新社、1980 年

74. 千賀四郎編集『茶道聚錦』1「茶の文化」、小学館、1990 年

75. 千賀四郎編集『茶道聚錦』2「茶の湯の成立」、小学館、1990 年

76. 千賀四郎編集『茶道聚錦』3「千利休」、小学館、1990 年

77. 千賀四郎編集『茶道聚錦』5「茶の湯の展開」、小学館、1990 年

78. 熊倉功夫『近代茶道史の研究』、日本放送出版協会、1980 年

79. 熊倉功夫『茶の湯の歴史——千利休まで』、朝日新聞社、1990 年

80. 村井康彦『茶の文化史』、岩波書店、1979 年

後 記

2009 年初,出版了我的《日本飲食文化:歷史與現實》(寫作完成於 2008 年 6 月),34 萬字,附有大量的文獻注釋,貌似學術氣味挺濃,煌煌一厚冊,嚇退了一大批讀者。雖然賣得還不錯,但出版社卻並沒怎麼賺錢(因為本來印數就不多)。出版社覺得飲食文化還是一個比較可以挖掘的領域,就囑我再寫一本通俗版,幾年前就簽了合同,可是我一直未能履約,實在是雜務和稿約太多,在大學裡謀職,又不得不寫若干學術氣很重的高頭講章,通俗版就一直耽擱了下來,但內心的興趣一直沒有泯滅。2010 年在神戶大學,去年又來了幾次日本,今年又來到了京都,一直在留意新的材料,忙裡偷閒,終於大致完成了所謂的通俗版。

這裡有一點要向讀者交代的,就是這不是一本完全新寫的著作,是以《日本飲食文化:歷史與現實》為基礎,在結構上作了大幅度的調整,並刪去了原書五分之三的篇幅,另外增寫了五萬多字的內容後合成的,刪去的部分都是所謂社會史、文化史以及部分考證、分析的內容,增加的主要是 2008 年以後新的信息以及自己個人的飲

食履歷。其實飲食文化是相當博大精深的，這本小書論及的僅僅是幾個側面，難免掛一漏萬，甚至汲汲於芝麻而忘了西瓜，日後如果有他人因此而撰寫出精彩的著作，那本書就是拋磚引玉了。就像《日本飲食文化：歷史與現實》的後記中寫的那樣，我的專業與飲食文化無關，寫這樣的一本書，原本是想探究形而下的飲食背後的形而上的意義，這本通俗版，就不敢存有這樣的動機了，只求好玩而已，希望讀者各位在覺得好玩之餘，對日本、日本人和日本文化能增加些了解，這就是作者的全部願望了。如今去日本觀光的熱潮方興未艾，民間對日本的興趣似乎也越來越濃，如果這本小書能對各位在日本的體驗有所裨益，我也就頗感欣慰了。而如果有的讀者讀了此書覺得還有些不過癮，《日本飲食文化：歷史與現實》或許還可以再讀一下。

此為後記。

徐靜波

2015 年 4 月 28 日於京都大學人文科學研究所

責任編輯	陳　菲	
書籍設計	林　溪	
設計總監	彭若東	
排　　版	肖　霞	
印　　務	馮政光	

書　　名	和食的饗宴
作　　者	徐靜波
出　　版	香港中和出版有限公司 Hong Kong Open Page Publishing Co., Ltd. 香港北角英皇道 499 號北角工業大廈 18 樓 http://www.hkopenpage.com http://www.facebook.com/hkopenpage http://weibo.com/hkopenpage Email: info@hkopenpage.com
香港發行	香港聯合書刊物流有限公司 香港新界荃灣德士古道 220–248 號荃灣工業中心 16 樓
印　　刷	陽光 (彩美) 印刷有限公司 香港柴灣祥利街 7 號萬峯工業大廈 11 樓 B15 室
版　　次	2021 年 3 月香港第 1 版第 1 次印刷
規　　格	32 開 (148mm×210mm) 344 面
國際書號	ISBN 978-988-8694-51-8

© 2021 Hong Kong Open Page Publishing Co., Ltd.
Published in Hong Kong